fit fürs

abi

Oberstufenwissen

Referat und Facharbeit

Schroedel

fit fürs
abi
Oberstufenwissen
Referat und Facharbeit

für Schülerinnen und Schüler zur Vorbereitung auf das Abitur

Autor:

Karlheinz Uhlenbrock ist Autor verschiedener Lernhilfen für die gymnasiale Oberstufe. Er besitzt langjährige Unterrichtserfahrung in der gymnasialen Oberstufe und in der Betreuung von Facharbeiten. Neben der Arbeit in der Schule ist er in der Lehrerausbildung tätig.

Westermann Schroedel Diesterweg Schöningh Winklers GmbH, Braunschweig
www.schroedel.de

Druck [1]/Jahr 2012

Redaktion & Satz: imprint, Zusmarshausen
Kontakt: lernhilfen@schroedel.de
Herstellung: Sandra Grünberg
Umschlaggestaltung und Innenlayout: Janssen Kahlert Design & Kommunikation, Hannover
Umschlagfoto: PantherMedia
Druck und Bindung: westermann druck GmbH, Braunschweig

ISBN 978-3-507-**23054**-5

Vorwort

Später, in der Ausbildung, an der Hochschule oder im Berufsleben, werden Sie feststellen, dass viele Fakten und Daten, die Sie im Verlauf Ihres Schullebens gelernt haben, für Sie nicht mehr von Bedeutung sind. Sie werden aber auch Lernstoff entdecken, der immer wieder abverlangt und eingefordert wird. Dazu gehören zuallererst die schriftliche Abfassung und die Präsentation wissenschaftlicher Ausarbeitungen. Ob Sie nun Sport, Englisch, Physik oder Erdkunde, Verfahrenstechnik oder Biotechnologie studieren – Sie werden Referate vortragen und Seminararbeiten erstellen. Ähnliches gilt für die Berufsschule ebenso wie für den Berufsalltag, in dem beispielsweise neue Produkte und Ideen präsentiert werden müssen.

Es ist daher sinnvoll, gerade diese beiden Methoden in der Oberstufe einzuüben. Aus diesem Grunde ist die Erstellung einer Facharbeit, der schulischen Variante einer universitären Seminararbeit, in fast allen Bundesländern verpflichtend vorgegeben. Ebenso zählt der mündliche Vortrag von Referaten zu den an allen Schulen eingeübten Grundtechniken. Dabei ist es unerheblich, in welchem Unterrichtsfach Sie die hierfür notwendigen Schritte kennenlernen. Denn diese sind, von wenigen fachlichen Besonderheiten und Feinheiten abgesehen, in allen Fächern gleich.

Doch anders als das Schreiben von Klausuren, mit dem Sie bereits seit der Unterstufe vertraut sind, ist die Präsentation eines Referats und das Erstellen einer Facharbeit für die meisten von Ihnen ungewohnt, methodisches Neuland sozusagen.

An dieser Stelle möchte Ihnen **Fit fürs Abi Referat und Facharbeit** gezielte Hilfen anbieten. Es zeigt Ihnen Schritt für Schritt den erfolgreichen Weg zu Referat und Facharbeit. Von der Themenfindung über die Literatur- und Internetrecherche bis hin zur Gestaltung der Texte und zur Präsentation der Ergebnisse.

Drei Besonderheiten prägen das Buch:

- Der Weg zu Präsentation und Facharbeit wird hier Punkt für Punkt erläutert. Daher sind **Aufzählungen** ein markantes Merkmal des Buches.
- Die einzelnen Schritte werden aber nicht nur erklärt, sondern an vielen Stellen durch **Beispielseiten** veranschaulicht. Diese sind blau eingefärbt und sollen Ihnen die Umsetzung der Erstellungsrezepte erleichtern. Die Beispiele stammen aus unterschiedlichen Fächern.

- Die an verschiedenen Stellen im Buch vorgestellten **Checklisten** ermöglichen es Ihnen, Ihr Referat bzw. Ihre Facharbeit vor der endgültigen Präsentation auf Stimmigkeit und eventuelle Schwachstellen hin zu überprüfen. So wird es einfach, das Endprodukt auch im Detail zu optimieren.

Das Buch ist in zehn Kapitel untergliedert. Nach einer Einführung in die Kennzeichen von Referat und Facharbeit zeigen Ihnen

- die Kapitel 2 bis 7 die grundlegenden Schritte der Referats- oder Facharbeitserstellung von der Themenfindung bis zur Textgestaltung auf.
- Im Kapitel 8 wird auf die Besonderheiten eigenständiger Forschungsarbeit eingegangen.
- Die Kapitel 9 und 10 stellen Ihnen dann spezielle Aspekte vor, die bei der Erstellung einer Facharbeit bzw. bei der Ausarbeitung und Präsentation eines Referats zu beachten sind.

→ **Querverweise** erleichtern das Auffinden gesuchter Informationen innerhalb des Buches. Die gleiche Funktion hat auch das **Stichwortverzeichnis** im Anhang.
Im laufenden Text ermöglichen **Halbfettdruck** oder *Kursivdruck* zentrale Aussagen und Aspekte rasch zu entdecken.

Der Dank des Verfassers gilt Prof. Dr. Volker Steenblock und Bernd Wahlbrinck für ihre Anregungen und Antje Uhlenbrock, Christina Uhlenbrock, Lena Castrup sowie Ansgar Elling für die Bereitstellung ihrer Arbeiten.

Es bleibt an dieser Stelle nur noch, Ihnen liebe Leserinnen und Leser ein erfolgreiches Arbeiten mit diesem Buch zu wünschen. Möge es Ihnen ein brauchbarer Leitfaden auf dem Weg zu einer gelungenen Facharbeit sein und Sie bei der Optimierung Ihrer Referate und Präsentationen unterstützen.

Viel Erfolg,
Karlheinz Uhlenbrock

Referat – Präsentation – Facharbeit

1

„Nicht für die Schule, sondern für das Leben lernen wir!“
Diese Weisheit gilt – wie im Vorwort aufgezeigt – in besonderer Weise für die Kompetenzen, die Sie in der Schule zu den Bereichen Referat, Facharbeit und Präsentation vermittelt bekommen.
Doch was unterscheidet diese drei eigentlich?

1.1 Referat

Der Begriff Referat leitet sich vom lateinischen Verb „referre“ ab, was Bericht erstatten, vortragen bedeutet.

Ein **Referat im klassischen Sinne** weist damit folgende Kennzeichen auf:
- Es handelt sich um einen frei gehaltenen mündlichen Vortrag.
- Die Vortragszeit ist vorgegeben und darf in der Regel nicht wesentlich überschritten werden. Sie kann je nach Themenvorgabe zwischen 5 und circa 30 Minuten liegen.
- Das Thema ist inhaltlich eng umgrenzt.
- Der Vortrag ist auf eine bestimmte Zielgruppe hin orientiert (z. B. einen Leistungskurs Biologie in der Jahrgangstufe 12.1).
- Die Materialbasis ist häufig klar eingeschränkt (z. B. zwei Zeitungsartikel, die Ergebnisse eines Versuches).
- Der Inhalt des Referats besteht in der Regel vorrangig aus einer Darstellung von Fakten und Sachzusammenhängen. Je nach Thema kann aber auch eine differenzierte Erörterung und Beurteilung eines bestimmten Sachaspektes, einer Entwicklung usw. gefordert sein.
- Zur Veranschaulichung der vorgetragenen Informationen können Medien wie Beamer, Overhead-Projektor und Flipchart oder auch Experimente und szenische Darstellungen eingesetzt werden.
- Als schriftliche Komponente kann ein Handout (Thesenpapier) den mündlichen Vortrag abrunden.

Neben dem Referat im klassischen Sinne besteht an vielen Schulen auch die Möglichkeit, **schriftliche Referate** zu erstellen. Diese ähneln einer Facharbeit. Allerdings sind Thema, Materialbasis, Ausarbeitungszeit und Umfang enger begrenzt. Zudem geht die erteilte Note in den Bereich „Sonstige Mitarbeit“ ein. Das schriftliche Referat ersetzt somit keine Klausur.

1.2 Facharbeit

Die Facharbeit ist eine selbstständig zu erstellende schriftliche Ausarbeitung.

Ihre Kennzeichen sind:
- Sie ist schriftlich zu erstellen.
- Die Schülerin oder der Schüler muss sie selbstständig verfassen. Das Abschreiben „alter“ Facharbeiten ist also verboten.
- Das Thema ist klar umrissen, jedoch weiter gefasst als das Thema eines schriftlichen Referats.
- Unter- und Obergrenze des Umfangs der Facharbeit sind vorgegeben.
- Die Erstellungszeit ist vorgegeben. In der Regel beträgt sie je nach Bundesland zwischen 3 und 12 Monaten.
- Je nach Bundesland ist die Facharbeit nur als Einzelarbeit bzw. wahlweise als Einzel- oder Gruppenarbeit abzufassen.
- Die Erstellung der Facharbeit erfolgt unter Anwendung bestimmter Formen und Methoden wissenschaftlichen Arbeitens, die im Unterricht eingeführt und geübt werden.
- In der Regel schließt sich an die schriftliche Ausarbeitung ein Kolloquium oder ein Vortrag der Arbeitsergebnisse mit anschließender Fragerunde („Verteidigung“) an, in dem man nachweisen muss, dass man die Arbeit selbstständig verfasst hat.
- In Form einer *Besonderen Lernleistung* kann eine (umfangreichere) Facharbeit in vielen Bundesländern sogar Bestandteil der Abiturprüfung sein.

Kolloquium = ein fachliches Gespräch über einen bestimmten Sachgegenstand ohne eine feste, vorgegebene Form (→ Seite 159)

Im Rahmen der Facharbeit muss nachgewiesen werden, dass man
- ein Arbeitsthema zu erfassen und auf den Punkt zu bringen vermag;
- themenrelevante Literatur eigenständig suchen, beschaffen und fachgerecht auswerten kann;
- eine themengerechte, logische Gliederung erstellen kann;
- verschiedene Formen wissenschaftlichen Zitierens anzuwenden vermag;
- Fachinhalte themenbezogen, fachlich und sprachlich korrekt darstellen kann;
- gegebenenfalls eine eigenständige Untersuchung (Befragung, Experiment, ...) fachgerecht planen und durchführen kann, sowie deren Ergebnisse korrekt darzustellen und kritisch zu reflektieren vermag;
- in der Lage ist, ein Literatur- bzw. Quellenverzeichnis zu erstellen.

Die Note der Facharbeit wird sich daran orientieren, inwieweit der Nachweis dieser methodischen und fachlichen Fähigkeiten gelungen ist.

1.3 Präsentation

In einigen Bundesländern ist eine besondere Form von Referat Bestandteil des Abiturs: die **Präsentation**. Dabei wird unter diesem Oberbegriff je nach Bundesland durchaus etwas Unterschiedliches verstanden.

In Hessen zum Beispiel muss die im fünften Abiturfach wahlweise mögliche Präsentation ein medienunterstützter Vortrag sein, bei dem unter anderem gezeigt werden soll, dass man die Auswahl und den Einsatz der Medien kritisch zu reflektieren vermag. Auch Experimente sowie musikalische, künstlerische oder sportliche Darbietungen können eingebunden werden. Thema und Aufgabenstellung legt der Lehrer fest. Die Vorbereitungszeit beträgt mindestens vier Wochen. An den ca. 15-minütigen Vortrag schließt sich ein ebenso langes **Kolloquium** an, ein vertiefendes Prüfungsgespräch über den dargebotenen Vortrag.
In Baden-Württemberg steht eine Präsentation im Rahmen des mündlichen Abiturfachs an. Diese ist in ihrer Gestaltung offener als in Hessen. Der Prüfling reicht vier Themen ein, aus denen die Schule ein Thema für die Präsentation auswählt. Neben Einzelprüfungen sind auch Gruppenprüfungen möglich. Spätestens eine Woche vor der Prüfung muss der Prüfer schriftlich über den geplanten Ablauf der Präsentation informiert werden. Die Präsentation kann medienunterstützt erfolgen oder auch als reiner Vortrag gestaltet werden. An die etwa 10-minütige Präsentation schließt sich ein gleich langes Kolloquium an.
In Berlin kann die Präsentation zu einem selbstgewählten Thema als fünfte Prüfungskomponente in Form einer Einzel- oder Gruppenprüfung durchgeführt werden. Dabei muss der Vortrag durch Medien unterstützt werden. Zwingend vorgeschrieben ist zudem, dass die Prüfung fächerübergreifende bzw. fächerverbindende Elemente enthält. Etwa zwei Wochen vor der Prüfung muss eine etwa fünfseitige Ausarbeitung zur Präsentation eingereicht werden, die eine Darstellung des Arbeitsprozesses sowie dessen Reflexion und ein Verzeichnis der benutzten Quellen enthalten muss. An die Präsentation schließt sich ein Kolloquium an. Die Gesamtdauer einer Einzelprüfung beträgt ca. 30 Minuten.

Überblick

- **Referat:** Ein in der Regel frei gehaltener mündlicher Vortrag.
- **Facharbeit:** Eine umfangreichere, selbstständig erstellte schriftliche Ausarbeitung; kann in einigen Ländern eine Oberstufenklausur ersetzen.
- **Präsentation:** In einigen Ländern Teil der Abiturprüfung; besteht in der Regel aus einer vorab einzureichenden schriftlichen Ausarbeitung, einem mediengestützten Vortrag und einem abschließenden Kolloquium.

2 Arbeitsorganisation

Zwar unterscheiden sich das Referat im klassischen Sinne und die Facharbeit in ihrer Ergebnispräsentation deutlich. Ihr Anfertigungsprozess wie auch die Anforderungen, die an ihren Aufbau und ihre Gestaltung gestellt werden, sind jedoch in zentralen Punkten gleich. Dies zeigt sich auch darin, dass die wesentlichen Schritte bei der Erstellung von Referat und Facharbeit weitgehend identisch sind.
Doch wie sieht eine optimale Organisation des Erstellungsprozesses aus?

2.1 Schritte bei der Anfertigung

Haben Sie sich für die Erstellung eines Referats bzw. einer Facharbeit in einem bestimmten Fach entschieden oder wird Ihnen dies von der Schule bzw. Ihrer Lehrerin oder Ihrem Lehrer verpflichtend vorgegeben, so stellt sich die Frage, wie Sie die Arbeit bis zum fertigen Endprodukt sinnvoll organisieren können. Folgendes Arbeitsraster bietet sich hierzu an:

① Einholen grundlegender Informationen zu den Rahmenvorgaben
- Hierzu zählen: Themenrahmen, Zeitrahmen, Vorgaben zu Umfang und formaler Gestaltung, fachspezifische Regelungen, versicherungsrechtliche Regelungen bei praktischen Arbeiten, Benotungskriterien, Gewicht der erteilten Note.
- Bei Referaten können diese Informationen durch die Kurslehrerin oder den Kurslehrer zu Beginn des Halbjahres gegeben werden.
- Bei Facharbeiten ist es üblich, die generellen Rahmenbedingungen der Erstellung in einer zentralen Informationsveranstaltung und/oder in einem Aushang bzw. auf Info-Blättern bekannt zu geben.

② Wahl bzw. Formulierung des vorläufigen Themas (→ Kapitel 3)

③ Erfassen des Themas
- Verschaffen eines ersten Überblicks über den inhaltlichen Rahmen und den methodischen Schwerpunkt des Themas
- Untergliedern des Themas in Teilaspekte oder
- Formulierung von Fragen an das Thema
- Abgrenzung des Themas von anderen, ähnlichen Themen
- eventuell Einengung des Themas durch Formulierung eines Unterthemas bzw. einer enger eingegrenzten Themenstellung (→ Kapitel 3)

④ Erstellen eines Arbeitsplanes (→ Seite 12 ff.)

⑤ Literatur-/Quellensuche (→ Kapitel 4)

⑥ Literatur-/Quellenauswertung (→ Kapitel 5)

⑦ Bei praktischen Arbeiten:

- Planung der praktischen Arbeitsteile (Experimente, Beobachtungen, Befragungen usw.) (→ Kapitel 8)
- Durchführung der praktischen Arbeiten
- Auswertung und Interpretation der Ergebnisse
- ggf. Fehleranalyse

⑧ Strukturierung des Themas und Erstellen einer vorläufigen Gliederung

⑨ Erste Schritte zum Text

- Erstellen einer Stoffsammlung (→ Seite 74 ff.)
- Erarbeitung und Formulierung erster Textbausteine (→ Kapitel 6)
- erste Überlegungen zur Veranschaulichung zentraler Aspekte (z. B. durch Folien beim Referat oder Abbildungen in einer Facharbeit; → Seite 126 ff. und 175 ff.)

⑩ Zusammenstellung der Textbausteine zu einer Rohfassung des Referats oder der Facharbeit

⑪ Festlegen der endgültigen Gliederung (→ Seite 133 ff.)

⑫ Fertigstellung der Endfassung

Beim Referat:

- Erstellen eines Redemanuskriptes oder von Karteikarten mit zentralen Stichworten als Gedächtnisstützen (→ Seite 167 ff.)
- Erstellen geeigneter Veranschaulichungsmittel (Overheadprojektor-Folien, digitale Folien, Karten usw.; → Seite 175 ff.)
- ggf. Verfassen eines Handouts (→ Seite 184 f.)

Bei der Facharbeit:

- logisch stimmige Anordnung der Textbausteine gemäß der endgültigen Gliederung
- Verbinden der einzelnen Textabschnitte durch Überleitungen
- eventuell inhaltliche und formale Überarbeitung des Textes
- Einbau der Veranschaulichungselemente (Diagramme, Skizzen, Bilder usw.; → Seite 126 ff.)
- optischer Feinschliff

⑬ Die letzten Schritte

- Beim Referat: eine oder gegebenenfalls mehrere Probepräsentationen vor Freunden, Bekannten, einer Videokamera; Schlusskorrektur
- Bei der Facharbeit: Schlusskorrektur, Ausdruck, Binden

2.2 Zeitplanung

Wichtig für die erfolgreiche Erstellung eines Referats oder einer Facharbeit ist ein durchdachtes Zeitmanagement.
Am Anfang wird Ihnen die zur Verfügung stehende Zeit märchenhaft lang erscheinen. Ein Referat innerhalb einiger Wochen oder eine Facharbeit innerhalb einiger Monate, ja eines Jahres zu erstellen, scheint problemlos möglich. Ist es auch. Doch nur, wenn Sie zu Beginn einen klaren Zeitplan erstellen.

Das Musterbeispiel eines Arbeitsplanes finden Sie auf der nachfolgenden Seite.

Nehmen Sie also Ihren Kalender zur Hand und legen Sie ein grobes Zeitraster für Ihre Arbeit fest. Bei der Erstellung eines solchen **Arbeitsplanes** sollten Sie berücksichtigen:

- die verbindlich vorgegebenen Eckdaten (z. B. Beratungsgespräche, Abgabetermin)
- eine möglichst gleichmäßige Auslastung des Gesamtzeitraumes – also nicht alles auf die letzten drei Wochen schieben
- absehbare schulische Belastungen (z. B. Klausurwochen)
- bereits bekannte private Ausfallzeiten (z. B. Urlaub, Nebenjob)
- markante Zwischenmarken Ihrer Arbeit:
  - Anfang und Ende der Literatur-/Quellensuche bzw. praktischer Arbeitsteile
  - Fertigstellung der Gliederung und der Stoffsammlung
  - Beginn der Niederschrift der Endfassung
  - Termine der Gespräche mit der betreuenden Lehrkraft
  - Datum der Fertigstellung (sollte zur Vermeidung unnötiger Schlusshektik einige Tage vor dem Abgabetermin liegen)

Ein solcher Zeitplan ist jedoch nur sinnvoll, wenn Sie ihn auch konsequent einhalten!

Tipp

Damit Sie ihn stets vor Augen haben, sollten Sie den Arbeitsplan an auffälliger Stelle aufhängen, also etwa neben Ihrem Schreibtisch oder an der Tür zu Ihrem Arbeitszimmer.

Sie können den Arbeitsplan zugleich auch als **Checkliste** für Ihre Arbeitsfortschritte nutzen:

- Streichen Sie die erfolgreich abgeschlossenen Teile/Termine durch oder haken Sie diese ab.
- Umranden Sie nicht termingerecht abgeschlossene, noch ausstehende Arbeitsschritte/Termine.

Beispiel: Arbeitsplan für eine Facharbeit

Woche Nr.	Woche	Besonderheiten	Arbeitsschritte
1	5.3. – 11. 3.	Beratungsgespräch mit Fr. Schlumpf am 7.3.	– Thema wird gestellt am 5.3. – Arbeitsfragen/Arbeitshypothesen formulieren und mit betreuender Lehrerin am 7.3. besprechen – Materialrecherche im Internet – Material quer lesen
2	12.3. – 18.3.	Klausurwoche	– Gespräch mit H. Rörr (Experte) – Materialrecherche im Internet – Materialrecherche in Stadtbücherei
3	19.3. – 25.3.	Klausurwoche	– Materialrecherche in Stadtbücherei – ausgewähltes Material durcharbeiten
4	26.3. – 1.4.	Beratungsgespräch mit Fr. Schlumpf am 30.3.	– ausgewähltes Material durcharbeiten – Erstellen einer vorläufiger Gliederung – Beginn Stoffsammlung
5	2.4. – 8.4.		– falls notwendig, weitere Material-recherche – ausgewähltes Material durcharbeiten – Fortsetzung Stoffsammlung – Abschluss Materialrecherche am Freitag
6	9.4. – 15.4.	Urlaub	
7	16.4. – 22.4.	Beratungsgespräch mit Fr. Schlumpf am 20.4.	– Material durcharbeiten – Abschluss Stoffsammlung – Gliederung fertigstellen – gegebenenfalls Nachrecherche + Ergänzung Stoffsammlung – Erstellen erster Textteile
8	23.4. – 29.4.		– Erstellen weiterer Textteile
9	30.4. – 6.5.	Geburtstag Freundin (Party vorbereiten?!)	– Erstellen weiterer Textteile
10	7.5. – 13.5.	Klausurwoche	diese Woche ist nix drin!
11	14.5. – 20.5.	Montag Mathe-Klausur! Zahnarzt-Termin am Freitag	– Erstellen letzter Textabschnitte für Hauptteil – Abbildungen (Grafiken, Bilder usw.) einbinden – Erstellen des Schlussteils – Layout-Feinabstimmung – Gedanken zum Deckblatt machen!
12	21.5. – 27.5.		– Erstellen der Einleitung – Schlusskorrektur (Tippfehler, Rechtschreibung, Kommasetzung) – Gegenlesen durch zweite Person – Erstellen Inhaltsverzeichnis – Erstellen Deckblatt + Titelblatt – Erstellen Quellenverzeichnis – Erstellen Abschlusserklärung – Ausdruck – Binden der Arbeit am 26. Mai

Abgabe am Dienstag, 29. Mai 10.00 Uhr

Bei der Erstellung und der Umsetzung Ihres Zeitplanes sollten Sie einige häufig zu beobachtende Fehler vermeiden:

Fehler 1: Zu später Beginn der Arbeit
Nach Festlegung des Themas scheint der Abgabetermin in weiter Ferne zu liegen und man zögert den Beginn der ernsthaften Arbeit am Thema immer weiter hinaus.
Gegenstrategie: Legen Sie direkt nach der Themenwahl einen Arbeitsplan fest und halten Sie diesen konsequent ein.

Fehler 2: Schulische und private Stressphasen werden nicht berücksichtigt
Sie wissen selbst, dass in „heißen" Klausurphasen kaum Zeit für eine intensive Arbeit an anderen Dingen, also an Referat oder Facharbeit, bleibt. Gleiches gilt für Zeiten starker Belastung im Privatleben (z. B. Turniere im Sport).
Gegenstrategie: Überlegen Sie, welche wichtigen Termine in Schule, Ehrenamt und Privatsphäre in die Zeit der Erstellung Ihres Referats/Ihrer Facharbeit fallen. Berücksichtigen Sie diese im Zeitplan.

Fehler 3: Zu lange Literaturrecherche
Häufig entwickelt sich im Laufe der Informationssuche das „The-next-is-the-better-Syndrom": Obwohl bereits eine Vielzahl von Quellen zusammengetragen wurde, glaubt man beständig, eine noch ergiebigere Internetquelle oder ein noch anschaulicheres Buch finden zu können. Und so recherchiert man bis zum Vortrags- bzw. Abgabetermin.
Für eine sorgfältige Erstellung des Endproduktes bleibt kaum noch Zeit. Das Ergebnis: Referat oder Facharbeit erwecken den Eindruck, mit der sprichwörtlichen „heißen Nadel" gestrickt zu sein.
Gegenstrategie: Vermerken Sie in Ihrem Zeitplan ein definitives Ende der Literatur-/Quellensuche. Dieses muss etwa auf der Hälfte Ihrer Bearbeitungszeit erreicht sein. Nur zur Lösung spezieller Probleme sollte man danach erneut nach Informationen suchen. Finden Sie zu bestimmten Aspekten keine ausreichende Literatur, bitten Sie die betreuende Lehrkraft um Hilfe.

Fehler 4: Literaturbestellzeiten werden nicht eingeplant
Unter Umständen muss Literatur per Fernleihe, direkt beim Verlag oder bei staatlichen Stellen bestellt werden (→ Seite 54 f.). Oft stehen per Fernleihe bestellte Werke erst nach zwei bis vier Wochen zur Verfügung. Um Materialzusendung gebetene Institutionen antworten eventuell erst ein bis zwei Monate später.
Gegenstrategie: Planen Sie solche Zeitverzögerungen ein – bestellen Sie frühzeitig.

Fehler 5: Das Literaturlesevermögen wird überschätzt

Bei den zu bearbeitenden Quellen handelt es sich um Fachliteratur. Diese ist nicht immer einfach zu lesen. Fachbegriffe müssen nachgeschlagen, kompliziertere Passagen eventuell mehrmals gelesen werden.
Gegenstrategie: Planen Sie ausreichend Lesezeit ein.
Halten Sie ein allgemeines sowie ein fachspezifisches Wörterbuch bereit. Schalten Sie in Lesephasen ablenkende Hintergrundgeräusche aus (Handy, Fernseher, Radio). So fällt es leichter, sich zu konzentrieren.

Bei Fachliteratur ist eine Lesegeschwindigkeit von vier bis acht Seiten pro Stunde realistischer als eine solche von zehn bis 20.

Fehler 6: Man geht von einem glatten Verlauf praktischer Arbeiten aus

Praktische Arbeiten verlaufen jedoch selten ohne Probleme: Experimente scheitern beim ersten Mal. Chemikalien sind aufgebraucht und müssen neu bestellt werden. Geräte werden defekt. Zu interviewende Zeitzeugen erkranken oder verreisen kurzfristig. Unwetter verhindert Kartierungen usw.
Gegenstrategie: Planen Sie eine Zeitreserve für eventuelle Probleme im praktischen Teil Ihrer Arbeit ein. Schließen Sie diesen so früh wie möglich ab. Liegen dann alle Daten/Befunde vor, kann man diese in Ruhe auswerten.

Fehler 7: Korrekturzeiten bleiben unberücksichtigt

Bei einem Referat sind nach dem ersten Probevortrag oft noch Korrekturen notwendig. Bei einer Facharbeit müssen Rechtschreibung, Zeichensetzung und Layout überprüft werden. Die Arbeit muss zudem kopiert und gebunden werden. All dies nimmt meist mehr Zeit in Anspruch als vorgesehen.
Gegenstrategie: Planen Sie eine großzügige Korrekturphase ein. Allgemein gilt: Die Arbeit sollte zwei Tage vor dem Abgabetermin fertig sein.

Viele Facharbeiten werden daher nicht Korrektur gelesen und enthalten formale Schwächen, die zu Notenabzügen führen.

Fehler 8: Probleme mit den Computerprogramm werden nicht eingeplant

Die Arbeit mit einem Präsentationsprogramm oder einem Schreibprogramm ist nicht unbedingt eine in allen Aspekten vertraute Tätigkeit. Die Zahl der hierbei möglicherweise auftretenden Probleme ist groß.
Gegenstrategie: Machen Sie sich bereits vor dem ersten großen Projekt mit dem Programm vertraut. Fragen Sie bei Problemen möglichst rasch einen „Experten“. Lange Experimentierphasen kosten zu viel Zeit.

Fehler 9: Wer denkt an Computer-Probleme?

Computer-Abstürze kommen aber vor. Auch pflegen Druckerkartuschen im ungünstisten Augenblick leer zu werden. Oder das Papier geht aus ...
Gegenstrategie: Sichern Sie während und am Ende jeder PC-Sitzung Ihre Daten. Speichern Sie diese zusätzlich auch auf Stick oder CD-ROM. Halten Sie in der Endphase Ersatztoner bzw. Druckerpatronen, ausreichend Papier – und am besten auch einen Bekannten mit intaktem Drucker bereit ...

2.3 Dokumentieren und Ordnen

Bei jeder Form wissenschaftlicher Arbeit ist es wichtig, vom Beginn des Arbeitsprozesses an Ergebnisse, Probleme und Ideen in schriftlicher Form festzuhalten. Hierbei kann man zwei Formen von Notizen unterscheiden:

- Notizen zum Arbeitsprozess;
- bibliografische Notizen (Vermerke zu Autor, Titel usw. der Quellen).

Diese Notizen kann man festhalten:

- handschriftlich in einem Heft (z. B. in Form eines Arbeitstagebuches);
- handschriftlich auf Karteikarten (z. B. in Form von Bibliografiekarten) oder
- elektronisch in einer Datenbank im Computer, Laptop oder Smartphone.

Alle drei Formen der Dokumentation haben Vor- und Nachteile, die sie jeweils für bestimmte Dokumentationsbereiche besonders geeignet bzw. ungeeignet erscheinen lassen (siehe unten).

Arbeitstagebuch

Bei umfangreicheren Referaten sowie bei Facharbeiten ist es hilfreich, den Prozess der Erstellung schriftlich festzuhalten. Dies geschieht in Form eines Arbeitstagebuches. Ein Arbeitstagebuch ist ein Heft mit festem Einband, in das Sie, nach Datum sortiert, handschriftlich eintragen:

- den täglichen Arbeitsprozess
- Arbeitsergebnisse
- aufgetretene Probleme, Ideen für deren Lösung und Lösungsergebnisse
- Geistesblitze
- Hinweise auf eventuell brauchbare Quellen (Buchtitel, Internetadressen)
- Fragen, die im Beratungsgespräch zu klären sind
- Ergebnisse der Beratungsgespräche usw.

Das benutzte Heft sollte handlich sein. So kann man es stets mit sich führen, also auch in der Bibliothek, im Labor, bei Befragungen, selbst im Bett. Denn brauchbare Ideen kommen einem nicht nur am Schreibtisch und Literaturtipps erhält man oft an Stellen, wo man sie am wenigsten erwartet (z. B. in einer Fernsehsendung oder beim Gespräch mit Tante Erna).

Auch nach einigen Monaten muss sich aus den Stichworten der Inhalt der Vermerke noch klar rekonstruieren lassen.

Die Eintragungen können stichwortartig, nach Oberbegriffen geordnet oder als zusammenhängender Text vorgenommen werden. Bei stichwortartigen Vermerken sollte man jedoch in den Formulierungen nicht zu knapp bleiben.

Ein Arbeitstagebuch bietet so die Möglichkeit,

- den Arbeitsprozess im Nachhinein nachzuvollziehen und zu reflektieren;
- Fehler zu erkennen und daraus Verbesserungsideen für nachfolgende Referate/schriftliche Arbeiten abzuleiten (auch für Universität oder FH);
- Ideen, die man eventuell nicht direkt verwerten konnte, festzuhalten – vielleicht benötigt man sie ja an anderer Stelle;
- Quellen, die man gefunden, aber nicht kopiert, ausgedruckt oder ausgeliehen hat, später wiederzufinden;
- die Beratungsgespräche vorzubereiten (den Arbeitsfortschritt gegenüber dem Betreuer nachzuweisen, ungeklärte Fragen festzuhalten usw.) und deren Ergebnisse zu vermerken.

An einigen Schulen ist die Führung eines solchen Arbeitstagebuches bei der Erstellung einer Facharbeit verpflichtend. Es muss bei den Beratungsgesprächen vorgelegt werden.
Für praktische Arbeitsteile (z. B. naturwissenschaftliche Versuche, Befragungen und Interviews) reicht das Arbeitstagebuch als Dokumentation meist nicht aus. Hier sollte zusätzlich ein **Protokoll** erstellt werden (→ Seite 117 ff.).

Beispielseite aus einem Arbeitstagebuch

25. Mai 2012

Arbeitsprozess und Arbeitsergebnisse

- Habe Literatur in der Stadtbücherei zur Mafia in Italien gesucht.
- Frau Brenner (Bibliotheksaufsicht) war kompetente Hilfe.
- Hat mir Signaturgruppe Ital 15 empfohlen.
- Habe dort drei brauchbare Bücher gefunden: LUPO 2002, RESKI 2009 und GASPARINI 2011.
- Alle drei habe ich ausgeliehen.
- Habe lange im Büchereicomputer nach weiteren Büchern gesucht. Ohne Ergebnis.
- Hätte sofort Frau Brenner fragen sollen!! Sie hat mir nämlich gezeigt, dass man dort nicht das Stichwort Mafia eingeben muss, sondern *Mafia*. Nur dann findet man auch Bücher zum Thema Mafia ohne das Wort Mafia im Titel.
- Habe so DICKIE 2006 (Cosa nostra) und SAVIANO 2009 (Camorra) gefunden – doch beide Bücher sind ausgeliehen bis 31. Mai. Habe sie vormerken lassen.
- Weiterer Fund: Artikel in Zeitschrift „Italienisch – Zeitschrift für italienische Sprache und Literatur" 11/1993 von V. Consolo, Titel: „La mafia nella letteratura siciliana". Problem: ist auf Italienisch. Trotzdem kopiert.

Probleme & Lösungsideen

- Artikel in Zeitschrift ist auf Italienisch!!
- Toni von Pizzeria Prima Vera fragen, ob er mir den übersetzen kann.

Geistesblitze

Möchte in die Einleitung eine Sequenz aus dem Film „Der Pate" einbauen. Glaube, die macht neugierig.

Fragen für Beratungsgespräch

- Darf man auch Zitate und Bilder aus Filmen in die Facharbeit bringen?
- Wie gebe ich für solche Bilder die Quelle an?
- Darf man Diagramme aus Büchern einscannen oder muss ich die selber neu zeichnen? Darf man eingescannte Diagramme verändern/ergänzen?

Dokumentation auf Karteikarten

Neben dem Arbeitstagebuch und eventuellen Protokollen praktischer Arbeitsteile bietet auch das Notieren wichtiger Informationen auf Karteikarten eine Möglichkeit, Arbeitsergebnisse systematisch zu dokumentieren. Man benutzt dazu meist Karteikarten im Format DIN A5.
Die Eintragungen auf Dokumentationskarteikarten sehen dabei ähnlich aus wie in einem Arbeitstagebuch. In jedem Fall sollte auf allen Karteikarten oben das Datum notiert werden.

Karteikarten besitzen gegenüber einem Arbeitstagebuch folgende **Vorteile**:
- Sie sind flexibler in der Handhabung.
- Sie sind klein und leicht. Man kann sie immer dabeihaben.
- Man kann sie – je nach Bedarf – immer wieder unter neuen Ordnungsgesichtspunkten sortieren.
- Die Verwendung unterschiedlich gefärbter Karten erlaubt es, die Eintragungen von vornherein zu systematisieren (z. B. grüne Karten für Arbeitsergebnisse, rote für offene Fragen usw.).

Nachteile der Dokumentation auf Karteikarten sind:
- Die für die Dokumentation zur Verfügung stehende Fläche ist kleiner als in einem Heft.
- Karteikarten geraten leicht durcheinander.
- Man verliert sie leichter.

Wer Schwierigkeiten hat, in seinen Unterrichtsnotizen Ordnung zu halten, sollte also besser auf die Benutzung von Karteikarten verzichten.

Bibliografische Notizen (Literatur)

Sie haben ein für Ihr Thema interessantes Buch oder einen Zeitschriftenartikel gefunden. Wollen Sie diese Quelle später im Referat oder in der Facharbeit benutzen, dann muss sie im Literatur- und Quellenverzeichnis korrekt angegeben werden. Damit dieses möglich ist, müssen Sie sich entsprechende bibliografische („bücherkundliche“) Notizen machen.
- Diese sollten alle den Literaturtitel betreffenden Informationen exakt festhalten.
- Sie können auf einem Blatt Papier, im Arbeitstagebuch oder auf Karteikarten bzw. in einer Datenbank in einem Textverarbeitungsprogramm am Computer oder auf dem Smartphone dokumentiert werden.
- Karteikarten und Datenbank sind als Dokumentationssysteme optimal, da sie die rasche Erstellung eines alphabetischen Literaturverzeichnisses erlauben.

In jedem Fall müssen die bibliografischen Notizen enthalten:
- den oder die NACHNAMEN der Autorin, des Autors oder der Autoren
- den bzw. die Vornamen
- das Erscheinungsjahr des Buches bzw. der Zeitschrift
- den Titel und gegebenenfalls den Untertitel des Buches, des vom Autor verfassten Buchkapitels oder des Zeitschriftenaufsatzes
- bei einem Buch: die Auflage, den Erscheinungsort, den Verlag und die Seitenzahl
- bei einer Zeitschrift: die Heftnummer, den Jahrgang und die Seitenzahl

Bibliographische Notizen zu Büchern oder Zeitschriftenartikeln könnten etwa folgendes Aussehen haben:

Beispiel: Literaturkarteikarten

Literaturkarteikarte für ein Buch:

DICKIE, John (2006):
Cosa nostra.
Die Geschichte der Mafia.
1. Auflage.
Frankfurt am Main:
S. Fischer Verlag

Literaturkarteikarte für ein Kapitel aus einem Buch mit Herausgebern, in dem verschiedene Autoren Kapitel geschrieben haben:

HEBERER, Thomas (1994):
Volksrepublik China.
In: NOHLEN, Dieter/ NUSCHELER, Franz (Hrsg.): Handbuch der Dritten Welt. Band 8. 3. Auflage.
Bonn: Dietz, S. 64–138

Literaturkarteikarte für einen Zeitschriftenartikel:

WOLF, Christian (2012):
Dialog zwischen Mensch und Maschine – Tastenempfindungen per Computer. Eine neuartige Gehirn-Computer-Schnittstelle vermittelt Gelähmten Tastempfindungen.
In: Spektrum der Wissenschaft,
Heft 4/2012, S. 20–21

Denken Sie daran: Wenn Sie Seiten aus Büchern oder Zeitschriften kopieren, müssen Sie auch **auf den Kopien bibliografische Angaben notieren.** In der Regel reicht es aber, oben auf jeder Kopie den Autor und die Jahreszahl festzuhalten. Anhand dieser Angaben kann die Quelle identifiziert werden – sofern eine entsprechende bibliografische Notiz auf Karteikarte oder im Computer angelegt wurde.

Merke

Alle interessanten Quellen sollten bibliografisch erfasst werden.
Denn: Sollte sich ein Buch oder ein Zeitschriftenartikel später als unbrauchbar erweisen, war die unnötigerweise für das Bibliografieren aufgewandte Zeit relativ gering.
Muss hingegen eine Quelle, die sich wider Erwarten als ergiebig erweist, im Nachhinein bibliografisch erfasst werden, ist der Zeitaufwand um ein Vielfaches höher.

Bibliografische Notizen (Internetquellen)

Haben Sie Internetquellen gefunden, können Sie diese am Bildschirm anlesen. Erweist sich eine Quelle hierbei als (wahrscheinlich) brauchbar, sollten Sie diese ausdrucken. Ein Ausdruck liest sich angenehmer und ermüdungsfreier als ein Bildschirmtext. Zudem ist er stets verfügbar, ohne dass der Computer eingeschaltet werden muss, und kann problemlos mit Anmerkungen versehen werden.

Wie ein Literaturwerk muss auch eine Internetquelle bibliografisch erfasst werden. Nur so können Sie die Quelle im Daten-Dschungel des Internets wiederfinden und sie korrekt in Ihrer Arbeit zitieren (→ Kapitel 7). Und auch hier gilt: Je mehr bibliografische Angaben festgehalten werden, desto besser.
Zur bibliografischen Erfassung einer Internetquelle gehören aber in jedem Fall folgende Angaben:

- URL (*Uniform Resource Locator*, Internetadresse)
- Datum der Entnahme der Quelle aus dem Internet
- Name und Vorname des Autors der Internetquelle (gegebenenfalls Name der Institution)
- Titel der Internetquelle
- gegebenenfalls Datum/Erstellungsjahr der Quelle (z. B. bei Zeitungs- und Zeitschriftenartikeln sowie anderen Quellen mit hohem Aktualitätsgrad)

Die **Angabe des Entnahmedatums** aus dem Internet ist von besonderer Wichtigkeit, da das Internet einem raschen Wandel unterworfen ist. Bereits morgen schon kann unter der gleichen URL eine gänzlich andere Information stehen als heute. Durch die Angabe des Entnahmedatums sichert man sich gegen solche inhaltlichen Änderungen ab.
Wie Literaturwerke können auch Internetquellen auf Blättern in einem Ringordner, auf Karteikarten, per Computer oder Smartphone bibliografiert werden. Eine bibliografische Dokumentation von Internetquellen in einer Datenbank kann etwa folgendes Aussehen haben:

Beispiel: Bibliografische Erfassung einer Internetquelle

http://www.faz.net/aktuell/wissen/medizin/reprogrammierte-hautzellen-der-koenigsweg-zur-stammzelle-1438054.html
aus dem Internet am 23.4.2012
Autor: Joachim Müller-Jung
Titel: Reprogrammierte Hautzellen – Der Königsweg zur Stammzelle?
Artikel im FAZ.NET vom 7.6.2007

In vielen Fällen werden bibliografische Angaben beim Drucken von Internetquellen automatisch mit ausgedruckt. Doch gilt dies keineswegs für alle Internetquellen: pdf-Dateien z.B. werden ohne Quellenverweis gedruckt. Kontrollieren Sie also in jedem Fall, ob Ihre Ausdrucke Quellenangaben enthalten. Falls nicht, müssen Sie diese handschriftlich ergänzen. Hier reicht es, die Kurz-URL (bis zum Domain-Namen) und das Entnahmedatum aus dem Internet zu vermerken (Beispiel: ***http://www.faz.net 23.4.2012***). Wurde die Quelle wie vorgeschlagen bibliografisch am Computer oder auf Karteikarten erfasst, können Sie sie anhand dieser beiden Angaben leicht identifizieren.

Tipp

Die Vorteile einer bibliografischen Erfassung von Internetquellen per Computer werden am Beispiel auf → Seite 20 deutlich: Lange Internetadressen können nach dem Markieren problemlos durch Nutzen der Kopierfunktion in die Datenbank übernommen werden, ohne dass man sie mühsam abschreiben muss. Zudem ist auf gleichem Weg die spätere Übernahme in das Quellenverzeichnis der Facharbeit oder des Referat-Handouts bequem möglich.

Ordnung halten

„Wer Ordnung hält ist nur zu faul zum Suchen!“ Diese Redewendung enthält mehr als nur ein Körnchen Wahrheit. Wenn Kopien, Ausdrucke und handschriftliche Notizen ohne System über- und durcheinander auf Ihrem Schreibtisch landen, werden Sie rasch feststellen, dass ein solcher Informationsberg nicht mehr beherrschbar ist, geschweige denn in vertretbarer Zeit die gesuchten Informationen preisgibt.

Legen Sie also vor Beginn Ihrer Arbeit einen Ringordner bereit. Dieser sollte farbige Trennblätter (Registerblätter) aus Pappe oder Plastik enthalten. Heften Sie nun alle Ausdrucke und Kopien, nachdem diese mit einer Quellenangabe versehen wurden, unter bestimmten Oberbegriffen im Ordner ab. Diese Oberbegriffe ergeben sich aus dem Thema des zu erstellenden Referats/der Facharbeit und sollten auf den Trennblättern/Registerblättern vermerkt werden.

Auch handschriftliche Notizen, Gliederungsentwürfe, Protokolle usw. sollten Sie in gleicher Weise abheften. Hier empfiehlt es sich, oben auf der Seite das Datum der Erstellung dieser Notizen zu vermerken. So lässt sich z.B. die letzte Fassung einer Gliederung rasch von älteren Versionen unterscheiden.

2.4 Arbeitsplatz und Arbeitsrhythmus

Arbeitsplatz

Gestalten Sie Ihren Arbeitsplatz funktional, bequem und ablenkungsarm:

- Ihr Schreibtisch sollte ausreichend Platz bieten, um mehrere Schriftstücke nebeneinanderlegen zu können. Deren Vergleich und Kombination sind dann ohne lästiges Nachschlagen problemlos möglich. Sinnvoll sind auch separate Ablagemöglichkeiten für häufig benutzte Literatur.
- Halten Sie an Ihrem Arbeitsplatz stets ein Blatt Papier griffbereit, um darauf Ideen, Formulierungen oder Fragen zu notieren.
- Ein Arbeitsplatz ist prinzipiell ein Platz zum Arbeiten. Deshalb gehört ein Fernseher nicht in Schreibtischnähe. Computerspiele sowie auch Facebook sollten während einer Arbeitssitzung am Computer tabu sein. Handy oder Smartphone gehören abgeschaltet. Trennen Sie Arbeit und Freizeitaktivitäten klar voneinander.
- Die Sitzgelegenheit sollte so beschaffen sein, dass sie ein bequemes, konzentriertes Arbeiten über längere Zeit ermöglicht.
- Die Lichtverhältnisse sollten ermüdungsfreies Lesen erlauben.

Arbeitsrhythmus

Richten Sie Ihren Arbeitsrhythmus so ein, dass längere Arbeitsphasen ohne Unterbrechungen zur Verfügung stehen. Dies bietet Vorteile:

- In einer längeren zusammenhängenden Arbeitsphase müssen Sie sich nur einmal gedanklich auf den Stoff einstellen.
- Sie können auch umfangreiches Material auswerten und dabei Strukturen und Zusammenhänge erkennen.
- Längerer Textpassagen können ohne inhaltliche und stilistische Brüche formuliert werden.

Ungünstig ist es, sich direkt nach starker körperlicher oder geistiger Anstrengung an die Arbeit zu begeben, also z. B. nach einem Fußballspiel oder einer Klausur. Man arbeitet dann oft unkonzentriert. Das Ergebnis ist trotz hohen zeitlichen Einsatzes unbefriedigend. Die Folge: Frustration entsteht.

Arbeiten Sie also bevorzugt zu Zeiten, in denen Sie körperlich und geistig frisch sind.

Setzen Sie sich erreichbare **Tagesziele**: Welche Literatur wollen Sie bis 17.00 Uhr gelesen haben? Welchen Arbeitsschritt wollen Sie heute abschließen? Beenden Sie die Arbeit, wenn Sie Ihre Tagesziele erreicht haben.

Motivieren Sie sich selbst. Gehen Sie mit einem Glas Orangensaft oder einem Tee entspannt an die Arbeit. Genießen Sie den Abschluss eines Kapitels. Belohnen Sie sich nach dem Erreichen der Tagesziele z. B. durch einen Waldlauf oder eine entspannende Spielstunde am Computer.

2.5 Beratungsgespräche

Nutzen und Gestaltung der Beratungsgespräche

Die Fachlehrerin bzw. der Fachlehrer, bei der bzw. dem Sie ein Referat anfertigen oder eine Facharbeit erstellen, wird auch diejenige/derjenige sein, der Ihre Leistung beurteilt. Sie sollten daher der Zusammenarbeit mit ihr/ihm einen besonderen Stellenwert einräumen.

Eine Möglichkeit zu intensiven Gesprächskontakten bieten die Beratungsgespräche mit der betreuenden Lehrkraft. An vielen Schulen sind solche Gespräche im Rahmen der Facharbeitserstellung verpflichtend vorgesehen. Doch auch wenn diese an Ihrer Schule nicht obligatorisch sind, sollten Sie sich um entsprechende Gesprächstermine bemühen. Selbst bei der Erstellung umfangreicher Referate zahlen sich Abstimmungs- und Beratungsgespräche mit der Lehrerin/dem Lehrer aus. Und dies aus mehreren Gründen:

- Sie vermeiden auf diese Weise, eine gänzlich andere Arbeitsrichtung einzuschlagen, als von der betreuenden Lehrkraft angedacht und gefordert.
- Auftretende Probleme lassen sich häufig im Gespräch rasch klären.
- Eine kontinuierliche, enge Zusammenarbeit mit der betreuenden Lehrkraft schützt Sie vor unangenehmen Überraschungen bei der Erteilung der Note.
- Es erleichtert der Lehrerin bzw. dem Lehrer die Bewertung. Aus dem Gesprächsverlauf kann abgeschätzt werden, wie tief Sie in die Problematik eingedrungen sind und wie intensiv Sie gearbeitet haben. Das kann sich durchaus positiv auf die Note auswirken.

Für alle Beratungsgespräche gilt:

- Planen Sie diese Gespräche fest in Ihren Arbeitsplan ein (→ Seite 13), sofern nicht bereits vonseiten der Schule konkrete Beratungstermine vorgegeben sind.
- Melden Sie sich bei der betreuenden Lehrerin/dem betreuenden Lehrer an.
- Bitten Sie diese/n, sich Zeit für das Gespräch zu nehmen. Führen Sie Beratungsgespräche nicht zwischen Tür und Angel, etwa in der Fünf-Minuten-Pause.
- Bereiten Sie sich auf diese Gespräche vor. Sichten Sie Ihr Arbeitstagebuch (→ Seite 16) Sofern Sie kein solches führen, sollte auf Ihrem Schreibtisch stets ein Blatt Papier griffbereit liegen, auf dem Sie Fragen, Probleme, aber auch Ideen notieren. Gehen Sie vor dem Beratungsgespräch Ihre Notizen durch. Ordnen Sie diese. Entwickeln Sie davon ausgehend einen Leitfaden für das Gespräch und halten Sie ihn schriftlich fest.

- Formulieren Sie wichtige Aspekte, die Sie ansprechen wollen, vorab schriftlich (z. B. Ihre vorläufige Gliederung). Geben Sie diese schriftlichen Unterlagen unter Umständen bereits einen Tag vor dem Gespräch an die betreuende Lehrperson. Diese hat so die Möglichkeit, sich mit Ihren Vorstellungen in Ruhe auseinanderzusetzen, und kann Sie dann intensiver und besser beraten.
- Vertrauen Sie nicht allein Ihrem Gedächtnis: Halten Sie wichtige Informationen und Ergebnisse schon während des laufenden Beratungsgespräches schriftlich fest. Notieren Sie Termine. Halten Sie konkrete Vorgaben und zentrale Formulierungen wörtlich fest, alles andere sinngemäß.
- Optimal ist es, den schriftlichen Leitfaden für das Beratungsgespräch so zu gestalten, dass unter dem jeweiligen Problempunkt bzw. der jeweiligen Frage Platz für Gesprächsnotizen frei gelassen wird.
- Stellen Sie wichtige Fragen direkt und unverblümt. Nur so erhalten Sie eine eindeutige Antwort.
- Bitten Sie die Lehrerin bzw. den Lehrer bei zentralen Fragen um eine klare Antwort. Aussagen wie „Machen Sie dieses zunächst einmal so. Wir werden dann ja sehen. ..." helfen Ihnen in Ihrer Arbeit nicht weiter. Sie sollten sie nicht akzeptieren.
- Lassen Sie sich zentrale Absprachen – etwa die Genehmigung der Gliederung – durch einen schriftlichen Vermerk des Lehrers bestätigen (z. B. „o. k. – Schmitz – 20. Mai 2012").
- Zeigen Sie sich flexibel: Weichen die Vorstellungen des Lehrers deutlich von den Ihren ab, suchen Sie einen Kompromiss.

Das Gespräch mit dem Lehrer sollte in jedem Fall immer dann gesucht werden, wenn größere Fragen oder Probleme auftreten.

Merke

Für Schule wie auch Universität/Fachhochschule gilt:
Kommunikation ist alles.
Suchen Sie bei Referaten wie auch schriftlichen Ausarbeitungen rechtzeitig das Gespräch mit dem Lehrer bzw. Professor/Tutor.
Denken Sie daran: Nur Fragen, die Sie auch tatsächlich stellen, können beantwortet werden!

Darüber hinaus sind Beratungsgespräche generell an vier Stellen im Arbeitsprozess sinnvoll und notwendig:

① Zu Beginn
② Bei der Themenstellung/Themenwahl
③ Zur Absegnung der Gliederung
④ Kurz nach dem Start in die Reinschriftphase

Zu Beginn

Hier sollten Sie, soweit nicht bereits im Rahmen einer allgemeinen Informationsveranstaltung für den ganzen Kurs/die gesamte Jahrgangsstufe geschehen, in einem ersten Gespräch mit der Fachlehrerin oder dem Fachlehrer abklären, wie der organisatorische Rahmen der Arbeit abgesteckt ist. Dies betrifft die Aspekte:

- Art und Weise der Themenstellung/-wahl
- Umfang der zu erstellenden Arbeit (bei Referaten minimale und maximale Vortragsdauer; bei Facharbeiten: Unter- und Obergrenze des Seitenumfanges)
- Zeitrahmen der Erstellung, genauer Vortrags- bzw. Abgabetermin
- geforderter Umfang der Literatur- bzw. Quellenarbeit
- Möglichkeiten bzw. Notwendigkeit der Einbindung praktischer Arbeitsteile
- Umfang und Form der Anbindung an das Kursthema oder die behandelten Unterrichtsinhalte
- fachspezifische Regelungen (z.B. Festlegung der Form, in der fremdsprachliche Quellen in die Arbeit eingebracht werden müssen)
- zu beachtende formale Rahmenvorgaben: Seitenlayout, Zitierweise usw.
- Bewertungskriterien
- Stellenwert der erteilten Note
- Termine weiterer Beratungsgespräche

Bei der Themenstellung/Themenwahl

Die Abläufe bei der Themenstellung/-wahl variieren je nach Bundesland, Schule, ja Lehrkraft erheblich (→ Kapitel 3). Sofern Sie an der Themenformulierung mitwirken können, ist es nötig, gemeinsam mit der betreuenden Lehrkraft das vorläufige und schließlich auch das endgültige Thema bzw. das eingrenzende Unterthema zu formulieren. Hierbei gilt es abzuklären:

- Ist das von mir gewünschte Thema nach Ansicht der Lehrkraft ergiebig genug?
- Ist es in ausreichendem Maße eingegrenzt (gegebenenfalls durch das Unterthema)?
- Sind meine spontanen Vorstellungen und Fragen zum Thema logisch und nachvollziehbar?

Nachdem Sie Ihr endgültiges Thema erhalten haben und erste Überlegungen zur Umsetzung angestellt haben, sollten Sie um ein weiteres Beratungsgespräch bitten.

Bringen Sie zu diesem Gespräch mit:

- Ihren Arbeitsplan (→ Seite 13)
- eine vorläufige Literaturliste
- eine erste grobe Gliederung

Erbitten Sie von der Lehrerin/dem Lehrer Informationen zu folgenden Punkten:

- Welche inhaltlichen Schwerpunkte stellt sie/er sich bei diesem Thema vor?
- Kann sie/er neben den von Ihnen bereits gefundenen Autoren und Literaturwerken weitere empfehlen? (So vermeidet man gegebenenfalls, einen „Lieblingsautor" der Lehrkraft zu übersehen.)
- Welche besonderen methodischen Aspekte möchte sie/er bei diesem Thema berücksichtigt wissen? Zum Beispiel: An welcher Stelle und in welchem Umfang müssen praktische Arbeiten eingebracht werden? Wird eine bestimmte Formen der Ergebnisdokumentation gewünscht (Karte, Diagramm usw.)? Wie soll in sprachlichen Fächern der Umgang mit der Primärquelle aussehen?
- In Referaten: Ob und in welchem Umfang können bzw. müssen Präsentationstechniken (→ Seite 175 ff.) angewandt werden?
- Bei praktischen Arbeiten: Welche Möglichkeiten zur Durchführung der bei diesem Thema notwendigen eigenen Forschungsarbeit gibt es in Ihrer Schule (z. B. Laborplätze; Möglichkeiten zur Haltung von Versuchstieren; Bereitstellung einer Videokamera für die Dokumentation von Lebendbeobachtungen oder von Interviews mit Zeitzeugen)? Welche Vorschriften müssen beachtet werden (z. B. Sicherheitsstandards)? Welche Genehmigungen müssen gegebenenfalls eingeholt werden (z. B. für Umfragen, bestimmte Kartierungen)?
- Welche besonderen formalen Aspekte sind bei diesem Thema zu berücksichtigen? Sollten z. B. bei praktischen Arbeiten die ermittelten Rohdaten im Anhang aufgeführt werden?
- Ist der von Ihnen vorgesehene Zeitplan praktikabel?
- Wann sollte das nächste Beratungsgespräch stattfinden? (Sofern der Termin nicht durch die Schule vorgegeben ist.)

Das Beratungsgespräch zu diesem frühen Zeitpunkt ist von besonderer Bedeutung. Durch möglichst klare Absprachen mit der Fachlehrerin oder dem Fachlehrer vermeiden Sie es, Ihre weitere Arbeit in eine völlig falsche Richtung zu lenken und dieses erst dann zu bemerken, wenn bereits viel Zeit und Mühe investiert wurde und es für eine Korrektur der Arbeitsrichtung eventuell schon zu spät ist.

Zur Absegnung der Gliederung

Bevor Sie mit der Abfassung erster Textpassagen beginnen, sollten Sie erneut das Gespräch mit der Betreuerin oder dem Betreuer suchen.

Dies sollte Ihr Arbeitsstand sein:
- Sie haben die Literatur-/Quellensuche und die Literatur-/Quellenauswertung weitestgehend abgeschlossen.
- Es wurde eine Gliederung erstellt.
- Sie haben mit dem Erstellen einer Stoffsammlung begonnen (→ Seite 74 ff.).

Bringen Sie zu diesem Gespräch mit:
- Ihre Literaturliste
- Ihre Gliederung
- gegebenenfalls Ihre Arbeitstagebuch
- gegebenenfalls Ihre Stoffsammlung
- gegebenenfalls eine Fragen- und Problemeliste

Im Gespräch sollten Sie nun
- die Ergebnisse Ihrer bisherigen Arbeit vorstellen und überprüfen, inwieweit Ihre Arbeitsrichtung mit den Vorstellungen der Lehrerin bzw. des Lehrers übereinstimmt;
- die betreuende Lehrkraft darüber informieren, welche Literatur/Quellen Sie bisher gefunden haben; bitten Sie die Lehrerin bzw. den Lehrer gegebenenfalls um Tipps für die Beschaffung von Literatur, mit der noch bestehende Lücken im Materialfundament Ihrer Arbeit ausgefüllt werden können;
- Ihre Gliederung vorstellen und erläutern; diskutieren Sie diese mit der Lehrerin bzw. dem Lehrer; klären Sie ab, ob die Abfolge der Gliederungspunkte logisch ist und dem gestellten Thema entspricht;
- gemeinsam mit der Lehrkraft überprüfen, inwieweit Ihre bisherige Arbeit der Intention des gestellten Themas entspricht;
- gegebenenfalls Probleme und Fragen besprechen, die sich bei Ihrer bisherigen Arbeit ergeben haben, und um Tipps bitten, wie Sie diese lösen können;
- den Termin für ein letztes Beratungsgespräch festlegen (sofern dieser nicht durch die Schule vorgegeben ist).

Kurz nach dem Start in die Reinschriftphase

Bei diesem letzten Beratungsgespräch kann es nicht mehr darum gehen, Ihre Arbeitsrichtung neu zu bestimmen oder weitere Literaturempfehlungen aufzunehmen. Dafür ist die Arbeit zu diesem Zeitpunkt bereits zu weit fortgeschritten. Vielmehr geht es darum, dem Endprodukt bezüglich Formulierung, Layout und Darbietung den „letzten Schliff" zu geben.

Dies sollte Ihr Arbeitsstand sein:

- Die Rohfassung Ihres Referats bzw. Ihrer Facharbeit liegt vor (Stoffsammlung sowie ausformulierte Textbausteine).
- Ebenso haben Sie Ihre vorläufige Gliederung überarbeitet und gegebenenfalls ergänzt oder umgestellt.
- Sie haben bei der Facharbeit eine erste Textseite in der vorgesehenen Reinschriftversion bzw. beim Referat eine erste Folie, ein Tafelbild oder Ähnliches erstellt, inklusive des dazu vorgesehenen gesprochenen Textes.
- Noch aber ist die Endfassung nur zu einem Bruchteil fertig, sodass Änderungen ohne großen Aufwand möglich sind.

Bringen Sie zu diesem Gespräch mit:

- die Endfassung der Gliederung
- eine Seite Ihrer Facharbeit/eine Folie etc. Ihres Referats in der vorgesehenen endgültigen Form („Probeseite")
- gegebenenfalls Ihr Arbeitstagebuch
- gegebenenfalls eine Fragen- und Problemeliste

Im Gespräch mit der Lehrerin oder dem Lehrer sollten Sie

- die von Ihnen entworfene endgültige Gliederung besprechen;
- inhaltliche und methodische Schwerpunkte erläutern, die Sie in der Endfassung Ihrer Arbeit setzen wollen;
- von Ihnen vorgesehene Veranschaulichungselemente vorstellen und deren Einsatz besprechen (bei Referaten: Folien, digitale Folien z.B. im Rahmen einer PowerPoint®-Präsentation, Karten, Filmausschnitte usw.; bei Facharbeiten: Diagramme, Karten, Tabellen usw.);
- bei Referaten: den Einsatz eines Handouts besprechen, den Einsatz von Tondokumenten erörtern;
- bei Facharbeiten: die bereits fertiggestellte Probeseite mit der betreuenden Lehrkraft durchsehen und daraufhin überprüfen, ob die formalen Aspekte, die optische Gestaltung und die Zitiertechnik den Vorstellungen der Lehrerin oder des Lehrers entsprechen;
- gegebenenfalls noch bestehende Fragen und Probleme klären.

2.6 Gruppenarbeit

Häufig besteht die Möglichkeit, ein Referat oder eine Facharbeit zu zweit, zu dritt oder zu viert zu erstellen. Eine solche Gruppenarbeit bringt Vor-, aber auch Nachteile mit sich.

Zunächst muss, so die Vorgabe der Kultusministerkonferenz, bei Arbeiten, an denen mehrere Schülerinnen oder Schüler beteiligt waren, die individuelle Leistung jedes Einzelnen gesondert bewertet werden. Das heißt, die Gruppenarbeit muss so konzipiert sein, dass die eigenständige Arbeitsleistung jeder/jedes Beteiligten für die Lehrerin oder den Lehrer klar erkennbar und erfassbar ist und getrennt von den Leistungen der Übrigen bewertet werden kann.

In **Referaten** kann dies z. B. dadurch sichergestellt werden, dass jedes Gruppenmitglied den von ihm formulierten Teil des Referats vorträgt. Dabei ist es wichtig, das Referatthema so zu untergliedern, dass jede bzw. jeder Vortragende einen etwa gleich langen und gleich ergiebigen Abschnitt zugeteilt bekommt. Es besteht jedoch auch die Möglichkeit, eine „methodische Arbeitsteilung" vorzunehmen: Ein Mitglied der Gruppe zeichnet z. B. für den Referattext verantwortlich und trägt diesen vor, ein anderes erstellt und präsentiert die Overheadfolien, digitale Folien usw. Ein weiteres Gruppenmitglied erstellt das Handout.

In einer **Facharbeit** zum Thema „Malta, eine Insel zwischen Afrika und Europa" könnte z. B. ein Gruppenmitglied den Naturraum, ein anderes die historische und politische Entwicklung Maltas, ein drittes die Wirtschaft der Inselrepublik und ein viertes die Frage nach den Auswirkungen der Aufnahme Maltas in die EU abhandeln. Gemeinsam würden dann Inhaltsverzeichnis, Einleitung, Schlusswort, Literatur-/Quellenverzeichnis und ein eventueller Anhang erstellt. Die Beiträge der Gruppenmitglieder müssen in der Schlusserklärung der Facharbeit einzeln ausgewiesen werden (→ Seite 158).

Vorteile einer Gruppenarbeit sind unter anderem:
- Jedes Gruppenmitglied kann seine persönlichen Kenntnisse, Fähigkeiten und Fertigkeiten in die Arbeit einbringen. So könnte z. B. ein Gruppenmitglied sein Talent zur Konzeption und Durchführung von Experimenten beisteuern, ein anderes hingegen seine guten Englischkenntnisse bei der Übersetzung wichtiger englischsprachiger Fachliteratur.
- Auch ein komplexes Thema, dessen Bearbeitung durch eine Einzelperson ausgeschlossen wäre, kann durch eine Gruppe bearbeitet werden.

- Bei der Quellenrecherche kann jeder seine Rechercheschwerpunkte setzen (z. B. Internet, Bibliothek usw.) und dabei stets für alle Gruppenmitglieder mitrecherchieren. Hieraus ergibt sich für alle Gruppenmitglieder ein merklicher Zeitgewinn.
- Man kann Ergebnisse gemeinsam diskutieren und Probleme in der Gruppe meist rascher lösen als allein.
- Man kann sich unter Umständen Formulierungshilfe leisten und fertiggestellte Teile der Arbeit wechselseitig Korrektur lesen.
- Gemeinsames Arbeiten macht Spaß.

Nachteile einer Gruppenarbeit sind unter anderem:

- Vielfältige Absprachen sind notwendig, da die einzelnen Abschnitte der Arbeit koordiniert werden müssen. Dazu bedarf es einer Reihe von Treffen. Diese kosten Zeit. Zudem ist es nicht immer ganz einfach, gemeinsame Arbeitstermine zu finden.
  Absprachen bei einer Facharbeit sind:
  - Einige Abschnitte müssen gemeinsam erstellt werden (z. B. Gliederung, Einleitung, Quellenverzeichnis).
  - Zudem muss man sich in der Gruppe inhaltlich abstimmen, um Dopplungen und Widersprüche zu vermeiden.
  - Auch gilt es, sich auf einen gemeinsamen Darstellungsstil zu einigen, sich eventuell sogar stilistisch anzupassen.

  Absprachen bei einem Referat:
  - Den Referattext kann man in große Blöcke aufteilen, die von jeweils einer Person vorgetragen werden. Auch möglich ist eine Untergliederung in viele kleine Abschnitte, die man abwechselnd vorträgt („Ping-Pong-System"). Für beide Varianten ist es zentral, Vorbereitung und Vortrag der Referenten zu synchronisieren. Jeder muss mit den Inhalten des Anderen vertraut sein. Nur so können die Referatteile aufeinander bezogen und miteinander vernetzt werden.
    Noch höher ist der Abstimmungsbedarf, wenn man sich für die auf der Vorseite erläuterte Variante der „methodischen Arbeitsteilung" entscheidet. Ist der eine für den Text, ein anderer für die Folien und ein dritter für das Handout zuständig, so muss jeder ganz genau wissen, was der andere präsentiert, sonst passen Folie und Text oder die Inhalte von Referat und Handout nicht zusammen.
- Einzelne Gruppenmitglieder können sich als Bremser erweisen, wenn sie z. B. ihre Arbeitsteile nicht rechtzeitig fertigstellen.
- Stellen Gruppenmitglieder ihre Arbeitsteile nicht vollständig oder nicht in befriedigender Weise fertig, so schmälert dies den Gesamteindruck. Dies wirkt sich erfahrungsgemäß negativ auf alle Einzelnoten aus.

- Gruppentreffen verleiten dazu, miteinander zu plaudern – nicht nur über die zu erstellende Arbeit. Kommunikationsfreudige Gruppenmitglieder können diese Treffen zu „Quasselstunden" werden lassen, was dazu führen kann, dass Termine nicht eingehalten werden und die Qualität der gemeinsamen Arbeit leidet.

Damit gilt:
- Zu Beginn der gemeinsamen Arbeit sollte man klare Absprachen über Arbeitsaufteilung, Arbeitsstil und einzuhaltende Termine treffen.
- Es empfiehlt sich, diese Absprachen schriftlich festzuhalten (z. B. im Arbeitstagebuch).
- Verletzt ein Gruppenmitglied die getroffenen Vereinbarungen, muss dieses darauf hingewiesen werden. In gravierenden Fällen sollte man dessen Ausschluss aus der Gruppe in Erwägung ziehen.
- Je genauer man den Arbeitspartner kennt, desto leichter wird die Erstellung gemeinsamer Abschnitte oder die Koordination des Vortrages bei einem Referat fallen.
- Die Anfertigung einer Gruppenarbeit empfiehlt sich deshalb nur mit Mitschülerinnen und Mitschülern, deren Arbeitsbereitschaft und Arbeitsfähigkeiten man einschätzen kann.

Überblick

- **Arbeitsplan:** Erstellen Sie zu Beginn Ihrer Arbeit an Referat oder Facharbeit einen Arbeitsplan. Notieren Sie, bis wann Sie markante Elemente fertigstellen wollen (z.B. die Quellensuche, das erste Kapitel). Berücksichtigen Sie hierbei verbindlich vorgegeben Eckdaten (z. B. Beratungsgespräche), aber auch absehbare schulische und persönliche Belastungen. Hängen Sie den Arbeitsplan gut sichtbar auf und halten Sie ihn konsequent ein.
- **Dokumentieren:** Machen Sie sich Notizen zum Arbeitsprozess (z. B. in einem Arbeitstagebuch). Neben Arbeitsergebnissen, Ideen und Problemen müssen alle bibliografischen Informationen zu den Quellen, die Sie für Ihre Arbeit nutzen wollen, festgehalten werden. Dies geschieht am besten auf Karteikarten oder im PC/Smartphone.
- **Ordnen:** Ordnen Sie Notizen von Beginn an systematisch (z. B. nach Datum, Großabschnitten wie Einleitung, Hauptteil, Schlussteil oder nach Stichworten). So erhält die große Menge der Fakten, Daten und Ideen eine Struktur, die rasches Wiederfinden von Informationen ermöglicht.
- **Beratungsgespräche:** Nutzen Sie die Beratungsgespräche mit der betreuenden Lehrkraft für einen intensiven Austausch. Vergewissern Sie sich hinsichtlich der eingeschlagenen Arbeitsrichtung, klären Sie auftretende Fragen, lassen Sie sich zentrale Elemente (wie z. B. die Gliederung) absegnen, fragen Sie bei auftretenden Problemen nach Lösungshilfen.

3 Themenwahl

Die Wahl bzw. die Formulierung des Themas ist einer der wichtigsten Schritte bei der Erstellung eines Referats oder einer Facharbeit. Dieser Schritt entscheidet nicht selten darüber, ob die Arbeit erfolgreich abgeschlossen werden kann oder nicht. Daher sollte er mit besonderer Sorgfalt ausgeführt werden. Was aber kennzeichnet ein gutes Thema?

3.1 Vorüberlegungen

Für die Themenstellung gibt es prinzipiell drei Möglichkeiten:

① Es sind ausformulierte Themen vorgegeben. Aus der Liste dieser Themen können Sie Ihr Thema auswählen. Dies wird häufig bei Referaten der Fall sein. Es kann aber je nach Gepflogenheiten in Ihrem Bundesland bzw. an Ihrer Schule auch für Themen von Facharbeiten infrage kommen.
Ein Tipp: Loten Sie in einem Gespräch mit der betreuenden Lehrkraft aus, in welchem Umfang eine Umformulierung des Themas im Sinne Ihrer Wunschvorstellungen möglich ist. Selbst bei vorgegeben Themen besteht häufig noch ein gewisser Formulierungsspielraum.

② Es wird ein Oberthema vorgegeben, in dessen Rahmen Sie zusammen mit der Lehrerin bzw. dem Lehrer Ihr konkretes Thema formulieren können (Beispiele für solche Oberthemen: Impressionisten; USA; Lernverhalten bei Säugern; Naturlyrik; Gebrochenrationale Funktionen; Macbeth). Oftmals ergibt sich das Oberthema aus dem Fachunterricht der jeweiligen Jahrgangsstufe.

③ Es wird keinerlei Oberthema vorgegeben. Unter Umständen gibt es lediglich generelle Vorgaben wie „Es muss eine Anbindung an den Fachunterricht gegeben sein". Sie haben damit die Freiheit, ein Thema zu wählen, das voll und ganz Ihren Interessen entspricht, und dieses zusammen mit der betreuenden Lehrkraft auszuformulieren.

Kriterien für die Themenwahl:
- Interesse
- Vorkenntnisse
- eigene Stärken und Schwächen

Welche dieser Möglichkeiten auch immer für Sie zutrifft, in jedem Fall sollten Sie sich vor der Wahl bzw. Formulierung des Themas vier Fragen stellen:

Interessiert mich ein bestimmter Themenbereich besonders?
Ein Thema, dessen Umsetzung Ihnen Spaß macht, werden Sie leichter und besser bearbeiten als ein Thema, an das Sie mit Widerwillen herangehen. Es trägt sie auch über Schwierigkeiten und mühevolle Abschnitte hinweg, die bei der Referats-/Facharbeitserstellung unweigerlich auftreten werden.

Welche besonderen Kenntnisse habe ich?
Diese Vorkenntnisse können schulischer oder privater Natur sein. Beispiele: Sie haben sich im schulischen Rahmen intensiv in das Thema Nationalsozialismus eingearbeitet. Oder: Sie haben besonders gute Englischkenntnisse. Oder: Sie haben zwei verschiedene Aufführungen des Kleist-Dramas *Der zerbrochene Krug* im Theater gesehen. Oder: Sie haben Ihre Ferien bereits dreimal auf Mallorca verbracht.
Richten Sie Ihr Thema an solchen Vorkenntnissen aus, so garantiert Ihnen dies eine gewisse Grundsicherheit bei der Bearbeitung. So lässt sich ein Thema „Massentourismus auf Mallorca" eben leichter bearbeiten, wenn man Mallorca aus eigener Urlaubserfahrung kennt und zudem im Erdkundeunterricht das Thema „Massentourismus" behandelt hat.

Kann ich etwas besonders gut?
Diese Frage zielt auf methodische Fähigkeiten und Fertigkeiten ab, die man in ein Referat oder eine Facharbeit einbringen kann. Dies könnten Fähigkeiten aus dem schulischen Bereich sein, etwa: Ausgeprägt gute Übersetzungsfertigkeit im Fach Latein. Oder: Besonderes Geschick im Umgang mit Versuchsapparaturen im Fach Chemie. Es könnten aber auch Fähigkeiten aus Ihrem Privatbereich sein, zum Beispiel: Man ist seit Jahren an die Pflege und Beobachtung von Haustieren gewöhnt. Oder: Man tanzt schon längere Zeit in einer Musical-Dance-Gruppe.
Häufig lassen sich Ihre speziellen Fähigkeiten gut in ein Facharbeitsthema integrieren. So zum Beispiel das Vertrautsein im Umgang mit Haustieren in das Thema „Scheinschwangerschaft bei Hauskaninchen – Erscheinungsformen und hormonelle Ursachen" oder die jahrelange Tanzerfahrung in ein Thema wie „Tanz als Therapie? Die Entwicklung der Tanztherapie in Deutschland".

Was kann ich gar nicht?
Sind Sie im Besitz „zweier linker Hände", ist es wenig sinnvoll ein Thema zu wählen, bei dem Sie physikalische Versuchsanordnungen konzipieren und aufbauen müssen. Haben Sie mangelhafte Englischkenntnisse, so ist es nicht ratsam, ein Thema zu wählen, bei dem sie vor allem englischsprachige Internetquellen auswerten müssen. Sind Sie allergiegefährdet, sollten Sie auf die Arbeit mit Tieren verzichten.

Haben Sie durch die Beantwortung dieser vier Fragen die Fülle der möglichen Themen bereits ein wenig eingegrenzt, so liefert Ihnen die nachfolgende Checkliste weitere Eingrenzungsmöglichkeiten.

3.2 Checkliste: Kennzeichen guter Themen

Gute Referat- bzw. Facharbeitsthemen weisen folgende Kennzeichen auf:

Sie wecken spontan Ihr Interesse.

Sie erlauben es Ihnen, Vorwissen und gegebenenfalls auch Ihre besonderen methodischen Fertig- und Fähigkeiten einzubringen (siehe oben)

Sie ermöglichen es Ihnen, erkannte Schwächen zu meiden (siehe oben).

Sie sind nicht zu weit und zu allgemein formuliert, sondern weisen eine klare thematische Ausrichtung und eine inhaltliche Begrenzung auf.
Ein zu weit gefasstes Thema birgt Gefahren in sich:
- Die große Fülle an Literatur könnte nicht mehr beherrschbar sein.
- Das Thema könnte in der zur Verfügung stehenden Zeit und in der maximal erlaubten Seitenzahl nicht abhandelbar sein.

Behalten Sie also bei der Themenwahl bzw. -formulierung den vorgegebenen Zeitrahmen und die Präsentationsvorgaben (Vortragszeit beim Referat bzw. Seitenzahl bei einer Facharbeit) im Auge.
Generell gilt: Das Thema sollte eher in die Tiefe und weniger in die Breite gehen.
Nicht praktikable Themen sind z. B.: „Shakespeare's *A Midsummer Night's Dream*" oder „Indien" oder „Das Alte Testament".
Praktikable Themen dagegen wären: „Gender inequality in Shakespeare's *A Midsummer Night's Dream*" oder „Ziele und Ergebnisse der Grünen Revolution in Indien" oder „Auge um Auge, Zahn um Zahn? – Alttestamentarische Positionen zu Vergeltung und Vergebung".

Sie sind nicht zu eng formuliert. Eine zu enge Themenfassung kann bedeuten:
Es gibt keine ausreichende Quellenbasis. Oder: Das Thema gibt nicht genug her, um die vorgegebene Seitenzahl zu füllen.

Bei praktischen Arbeiten (→ Kapitel 8) kann das Thema auch einen methodischen Schwerpunkt enthalten. Es sollte so formuliert sein, dass die mit dem Thema verbundene Forschungsarbeit an ihrer Schule bzw. mit den Ihnen zur Verfügung stehenden Hilfsmitteln ausgeführt werden kann. Gerade bei praktischen Arbeiten ist es zudem wichtig, eine zu weit gefasste Themenstellung zu vermeiden, da hier die Forschungsarbeit bereits einen Großteil der zur Verfügung stehenden Zeit verschlingen wird.
Beispiel: „Die Ermittlung der Blattfarbstoffe verschiedener einheimischer Laubgehölze mithilfe der Dünnschichtchromatographie"

Bei Referaten/Facharbeiten ohne praktische Arbeitsteile: Die Quellenbasis sollte – soweit abschätzbar – nicht zu schmal sein.

Bei Referaten: Das Thema sollte Möglichkeiten zum Einsatz von Medien bieten.

Insbesondere bei Facharbeiten: Das Thema sollte nicht nur die reproduktive Wiedergabevon Quellentexten einfordern, sondern auch Chancen zur Erklärung und Erläuterung von Zusammenhängen sowie zur Entwicklung eigener Ideen oder zur Formulierung eigener Bewertungsaussagen bieten.

Das Thema kann eine Anbindung an Ihren Heimatraum aufweisen.
Solche Themen bieten häufig die Möglichkeit, persönliche Erfahrungen einzubringen, Originalquellen einzusehen, Begehungen durchzuführen, mit Zeitzeugen oder Experten zu sprechen usw.

Tab. 3.1: Checkliste für Kennzeichen guter Themen

3.3 Der Weg zum Thema

Wird Ihnen von der Schule ein Thema vorgeschrieben oder können Sie dieses lediglich aus einem vorgegebenen Themenpool auswählen, so reichen die in der nebenstehenden Checkliste aufgeführten Kriterien in der Regel zur Entscheidung für ein bestimmtes Thema bereits aus.
Können Sie hingegen aktiv bei der Themenfindung und -formulierung mitwirken, so stellt sich die Frage: Wie sollen Sie in diesem Fall vorgehen? Hier bietet sich ein Vorgehen in vier Schritten an:

Schritt 1 – Startphase

Dieser erste Schritt wird durch die Faktoren „Interesse" – „Neugier" – „Idee" bestimmt:

- **Interesse**: Überlegen Sie, welche Thematik Sie interessieren würde. Das könnte z.B. der Themenbereich „Migration – Gastarbeiter in Deutschland", der Bereich „Kryptologie" oder das Buch „Harry Potter und die Heiligtümer des Todes" sein. Sofern von der Schule verlangt, muss die Thematik mit dem Unterricht verknüpft sein.
- **Neugier**: Eventuell haben Sie aber auch – im Unterricht oder im Privatbereich – gerade ein Problem entdeckt, das Sie spannend finden und gerne lösen würden. Oder Sie sind schon häufiger auf eine bestimmte Frage gestoßen. Solche Fragen könnten sein: „Was kennzeichnet eigentlich einen erfolgreichen Werbespot?" oder „Welche Künstler haben die Skulpturen im Stadtpark gefertigt und welche Aussage verbinden Sie mit diesen Skulpturen?" oder „Wie sehen die gesetzliche Regelungen zu Samenspende und Leihmutterschaft in den Staaten Europas aus?"
- **Idee**: Sie haben einen Einfall, der sich in ein Thema münzen lässt, z.B. „Man könnte die Macbeth-Aufführung im Schauspielhaus mit dem Polanski-Film *Macbeth* vergleichen" oder „Das Thema Altern müsste man einmal musikalisch umzusetzen".

Schritt 2 – Von der Idee zum vorläufigen Arbeitsthema

Haben Sie im ersten Schritt eine Idee oder Frage formuliert, so sollten Sie im nächsten Schritt versuchen, diese zu einem brauchbaren (vorläufigen) Arbeitsthema auszubauen. Hierzu können Sie sehr unterschiedlich vorgehen:

Brainstorming – den Gedanken freien Lauf lassen:
Schreiben Sie die Sie interessierende Thematik, Ihre Idee bzw. Frage auf ein Blatt Papier. Notieren Sie dann alle Stichworte, die Ihnen dazu einfallen. Sie

können zudem Freunde nach deren Einfällen fragen und auch diese notieren. So erhalten Sie eine Sammlung von Einfällen und Schlagworten rund um ihre Ausgangsidee. Ein Beispiel:

Beispiel: Ideenliste

Mich interessiert: Die Lebewesen im Tropischen Regenwald

Einfälle dazu:

- Pfeilgiftfrösche
- Orchideen
- Paranüsse
- Kakao
- Schlangen
- Schimpansen und Gorillas
- Würgerfeige
- Kaffee
- Mangos
- Bananen
- Genetische Vielfalt
- Pflanzen, die man als Medikamente nutzen kann
- Medizinmänner
- Eingeborene und wie sie leben
- Kriegsbemalung der Indianer in Amazonien
- Maya
- Ernährung der Ureinwohner im Tropischen Regenwald

Nehmen Sie nun die auf Seite 34 vorgestellte Checkliste zur Hand und versuchen Sie, mithilfe dieser Liste aus den notierten Schlagworten Themen zu formulieren. Beispiele wären:

Beispiel: Vorläufige Arbeitsthemen

- Für ein Referat/eine Facharbeit in **Biologie**: Pfeilgifte der Ureinwohner Südamerikas und deren Wirkung an menschlichen Neuronen
- Für ein Referat/eine Facharbeit in **Biologie (*bilingual*)**: *Food chains in tropical rainforests*
- Für ein Referat/eine Facharbeit in **Chemie**: Alkaloide in den Pflanzen und Tieren des Tropischen Regenwaldes
- Für ein Referat/eine Facharbeit in **Erdkunde**: Lebensmittel aus dem Regenwald auf dem Frühstückstisch in Deutschland
- Für ein Referat/eine Facharbeit in **Geschichte**: Der Untergang der Maya
- Für ein Referat/eine Facharbeit in **Religion**: Die Glaubenswelt der Ureinwohner in den Regenwäldern Südostasiens
- Für ein Referat/eine Facharbeit in **Kunst**: Die Körperbemalung der Indianer Südamerikas als unmittelbare Kunstform
- Für ein Referat/eine Facharbeit mit **lokalem Bezug und praktischem Arbeitsteil**: Früchte aus dem Regenwald in den Supermärkten von Neustadt
- Für ein Referat/eine Facharbeit **mit praktischem Teil**: Die Darstellung des tropischen Regenwaldes im Öko-Display *Burgers' Bush* des Burgers Zoo in Arnheim – ein Abbild der Realität?

Mindmapping – Gedanken strukturiert sammeln

Eine **Mindmap** („Gedankenkarte“) ist eine grafische Darstellung, die Bezüge zwischen verschiedenen Begriffen in Form eines „Gedankenbaumes“ aufzeigt.

Im Internet oder in Smartphone- und Tablet-Märkten gibt es gute, zum Teil kostenlose Mindmap-Programme.

Beim Erstellen einer solchen Mindmap gehen Sie wie folgt vor:

- Legen Sie ein Papier quer auf Ihren Schreibtisch.
- Setzen Sie Ihre Ausgangsidee bzw. Frage in die Mitte des Papiers und heben Sie den Schriftzug zum Beispiel durch Umrandung hervor. Sie können die Idee auch als einprägsames Bild oder Icon darstellen.
- Von dem zentralen Begriff bzw. Bild ausgehend werden sternförmig bis zu sieben Linien gezeichnet.
- An das Ende jeder Linien bzw. auf jede Linie schreiben Sie nun tiefergehenden Gedanken bzw. Unterpunkte zum Schlagwort in der Blattmitte.
- Von den eingezeichneten Linien (bzw. den an das Ende der Linien geschriebenen Begriffen) können wiederum jeweils maximal sieben Linien ausgehen, auf denen die einzelnen Schlagworte weiter untergliedert werden. Von diesen weiterführenden Linien können wieder andere ausgehen, usw.
- Benutzen Sie eventuell auch unterschiedliche **Farben**, um die Übersichtlichkeit der Mindmap zu erhöhen. So können Sie beispielsweise zusammengehörende Gedanken und Ideen durch Verwendung der gleichen Farbe mit einer optischen Klammer versehen.
- Neben die notierten Begriffe können Symbole wie z.B. Pfeile, Figuren, Icons, Ausrufe- oder Fragezeichen gemalt werden. Dies dient der Veranschaulichung, aber auch der Hervorhebung wichtiger Punkte oder der Kennzeichnung offener Fragen.

Ein Beispiel für eine Mindmap finden Sie auf der nächsten Seite.

Die erstellte Mindmap liefert dann – ähnlich wie die Ideenliste beim Brainstorming – den Ausgangspunkt für verschiedene Referat- bzw. Facharbeitsthemen.

Tipp

Übrigens: Das Mindmapping-Verfahren lässt sich auch an vielen anderen Stellen hervorragend zur Strukturierung von Ideen, Argumenten usw. nutzen, etwa

- zur Strukturierung unübersichtlicher Sachtexte,
- bei der Erstellung der Gliederung eines Referats/einer Facharbeit,
- zur Strukturierung des Lernstoffes im Rahmen der Vorbereitung auf eine Prüfung oder
- bei der Erstellung eines Konzeptes im Rahmen einer Klausur.

Beispiel: Der Weg zum endgültigen Thema einer Facharbeit via Mindmap

Vorgegebenes Oberthema: Afrika

Vorläufiges Arbeitsthema: Entsprechend der Interessenlage der Schülerin wird als vorläufiges Arbeitsthema gewählt:
„Zimbabwe – ein Wirtschaftsraum im südlichen Afrika“

Check des vorläufigen Arbeitsthemas: Die Schülerin überprüft im Verlauf einer Woche den Umfang des vorläufigen Arbeitsthemas, dessen inhaltliche Möglichkeiten und die Quellenlage. Bei ihren Recherchen im Internet und in der Stadtbücherei findet sie heraus, dass die Quellenlage zu Zimbabwe durchaus zufriedenstellend ist. Auch Quellen zu speziellen Themen (z. B. dem CAMPFIRE-Projekt) und aktuellen Entwicklungen sind vorhanden. Ausgehend von zwei Reiseführen und vier Internetquellen erstellt die Schülerin eine Mindmap zum vorläufigen Arbeitsthema:

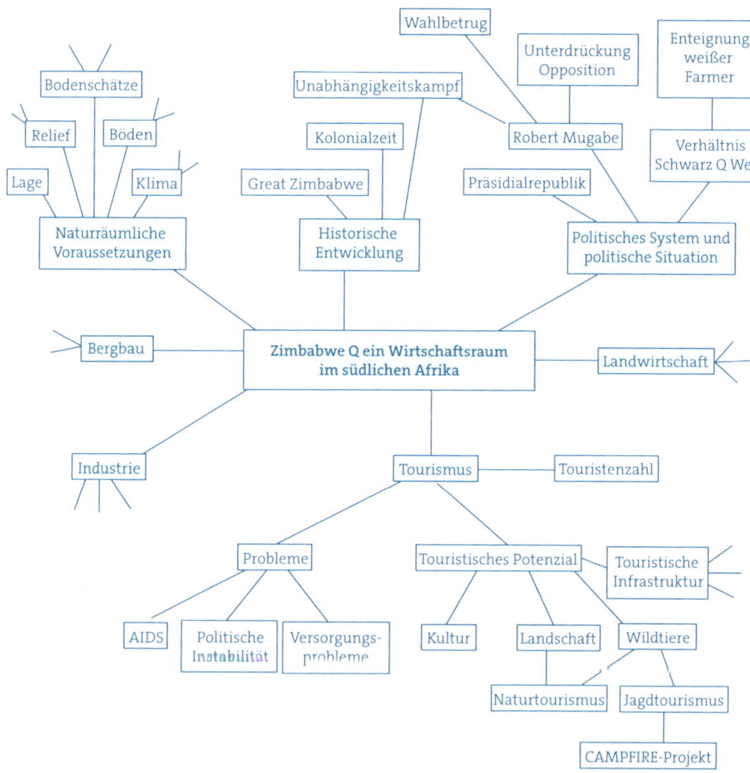

Formulierung des endgültigen Themas: In einem zweiten Beratungsgespräch legt die Schülerin dem Fachlehrer die Mindmap vor, erläutert ihren Eindruck der Literatur-/Quellenlage und ihre Interessen bezüglich der endgültigen Themenstellung.
Zusammen mit dem Lehrer wird sodann das Thema „CAMPFIRE – Ein Vorzeigeprojekt des sanften Tourismus in Zimbabwe?“ formuliert.

Listen geschickt nutzen

Sie sind nicht die/der Erste, die/der ein Referat halten oder eine Facharbeit erstellen muss. Die von Ihren Vorgängern bei der Themenformulierung geleistete Arbeit können sie sich zunutze machen: Lassen Sie sich von den Themen bereits fertiggestellter Referate/Facharbeiten inspirieren. Sie können diese wie folgt in Erfahrung bringen:

- Fragen Sie in höheren Jahrgangsstufen nach. Meist gelangen Sie auf diese Weise nicht nur an die Themen der dort gehaltenen Referate und Facharbeiten, sondern können sich diese auch ansehen.
- Fragen Sie Ihre Fachlehrerinnen oder Fachlehrer nach Themenlisten der in den Vorjahren angefertigten Referate bzw. Facharbeiten.
- An vielen Schulen sind offizielle Themenlisten der erstellten Facharbeiten vorhanden, die Sie einsehen können. Teils werden besonders gelungene Facharbeiten auch in Ausstellungen präsentiert.
- Im Internet sind Referate und Facharbeiten in Hülle und Fülle veröffentlicht: Zum einen enthalten die Homepages vieler Schulen Themenlisten der dort erstellten Facharbeiten. Zum anderen gibt es im Internet eine Vielzahl von Adressen, unter denen Referate und/oder Facharbeiten im Volltext angeboten werden. Hierzu zählen unter anderem:

Internet-adressen (Stand Mai 2012)

http://www.e-hausaufgaben.de/
http://www.pausenhof.de/schule
http://www.hausaufgabe.de
http://www.fundus.org/
http://www.abipur.de/
http://www.hausarbeiten.de/
http://www.schultreff.de/
http://www.referate-max.de/
http://www.school2000.de/
http://www.schoolunity.de/
http://www.young.de/schule/
http://www.jugend-forscht.de/

Hinter diesen Adressen sind Referate- oder Facharbeitssammlungen oder auch Link-Sammlungen zu weiteren Bezugsadressen verborgen. Häufig ist das Einsehen und Herunterladen der Arbeiten allerdings kostenpflichtig.

Noch ein Wort zur Nutzung obiger Internetquellen: Denken Sie daran, dass auch Ihre Fachlehrerin bzw. Ihr Fachlehrer diese Quellen kennt. Ein Abkupfern der dort veröffentlichten Referate oder Facharbeiten ist also nicht nur unlauter und verstößt gegen das Urheberrecht, sondern ist zugleich auch äußerst gefährlich. Stellt Ihre Lehrerin bzw. Ihr Lehrer nämlich fest, dass Sie das vorgetragene Referat bzw. die eingereichte Facharbeit einfach abgeschrieben haben, so wird sie/er Ihre Leistung mit *ungenügend* bewerten! Ein solches **Plagiat**, das Ausgeben eines fremden Werkes als eigenes („Gedankenklau"), kann heute mithilfe von Internetsuchmaschinen oder sogar speziellen Suchprogrammen relativ leicht aufgedeckt werden.

Zu Plagiaten siehe auch → Seite 88 f.

Schritt 3 – Vom vorläufigen zum endgültigen Arbeitsthema

Haben Sie ein vorläufiges Arbeitsthema formuliert, so sollten Sie es, bevor Sie mit der eigentlichen Arbeit beginnen, einem „Praktikabilitätstest" unterziehen:

- Verschaffen Sie sich einen ersten Überblick über den Literatur- und Quellenbestand zum Thema (→ Kapitel 4).
- Lesen Sie erste, möglichst allgemeine Literatur zum Thema.
- Bei praktischen Arbeiten: Planen Sie gegebenenfalls einen Vorversuch und führen Sie diesen durch. Oder begehen Sie ein zu kartierendes Gebiet.
- Erstellen Sie eine Mindmap zum vorläufigen Arbeitsthema (→ Seite 37 f.)

Loten Sie hierbei aus, ob das von Ihnen angedachte Thema

- in der vorgegebenen Zeit zu bewältigen ist;
- im vorgegeben Rahmen (Vortragsdauer bei Referaten, Seitenumfang bei Facharbeiten) machbar erscheint;
- angesichts der Quellenlage bzw. der verfügbaren Möglichkeiten zur praktischen Arbeit sinnvoll und einigermaßen vollständig zu bearbeiten ist.

Zur Absicherung Ihrer Einschätzung können Sie Ihre Themenidee mit Freunden, Bekannten sowie der betreuenden Lehrkraft diskutieren.

Eventuell wird sich bei Ihrem Themencheck herausstellen, dass Ihr vorläufiges Arbeitsthema praktikabel und umsetzbar ist. Es wird damit zum endgültigen Arbeitsthema und Sie können mit der Erstellung des Referats/der Facharbeit beginnen.
In vielen Fällen wird sich jedoch die Notwendigkeit ergeben, das vorläufige Thema umzuformulieren, einzuschränken oder zu präzisieren. Dies kann z. B. geschehen

- durch Hinzufügen eines Unterthemas;
- durch das Einfügen einschränkender bzw. präzisierender Angaben zum abzuhandelnden Gegenstand;
- durch präzisierende Angaben zur anzuwendenden Methodik;
- durch Einbindung eines lokalen Bezuges.

Nur selten wird eine totale Umformulierung des vorläufigen Arbeitsthemas notwendig sein. Falls sich jedoch herausstellt, dass Ihr Wunschthema z. B. aufgrund von Materialmangel oder eines zu gewaltigen Aufwandes in den praktischen Arbeitsteilen nicht realisierbar ist, sollten Sie sich nicht scheuen, dieses Thema aufzugeben. Beginnen Sie in diesem Fall erneut mit Schritt 1 der Themensuche (→ Seite 35).

Beispiel: Präzisierung vorläufiger Arbeitsthemen

Vorläufiges Arbeitsthema	**Endgültiges Thema**
Die Einstellung der Deutschen zum Kind	Kinder – Karrierehemmnis, Kostenfaktor, Glücksbringer? – Eine Umfrage in Münster und ihre Ergebnisse
Der Untergang der Maya	Der Untergang der Maya – die Folge einer Klimakatastrophe?
Pfeilgifte der Ureinwohner Südamerikas und deren Wirkung an menschlichen Neuronen	Pfeilgifte der Indianer Südamerikas und deren Wirkung an menschlichen Neuronen – aufgezeigt am Beispiel von Curare und Batrachotoxin
Der Roman *Tod und Teufel* von F. Schätzing	Der historische Wahrheitsgehalt im Mittelalterkrimi *Tod und Teufel* von Frank Schätzing
Muslime in Deutschland	Das Verhältnis von Muslimen und Christen in Deutschland – aufgezeigt am Beispiel des Moschee-Neubaus in Köln
Die Meinungsfreiheit in der VR China	Gibt es Meinungsfreiheit in der VR China? – Eine Analyse am Beispiel Internet
Optische Täuschungen und ihre neurobiologische Erklärung	Optische Täuschungen und ihre neurobiologische Erklärung – eine Versuchsreihe im LK Biologie und ihre Auswertung
Harry Potter	The Harry Potter phenomenon – Why are these books so successful?
Autorität und Gehorsam	Das Milgram-Experiment – Eine Studie zur Gehorsamsbereitschaft gegenüber Autoritäten
Früchte aus dem Regenwald auf dem Speiseplan	Angebot, Präsentation und Preis tropischer Früchte in den Supermärkten von Neustadt
Verkaufsprozesse und die sie steuernden Faktoren	Verkaufsprozesse und die sie steuernden Faktoren – Eine Untersuchung am Kiosk des Paul-Rudolf-Gymnasiums in Bömmelburg
Ökolandbau in Deutschland	Erstellung und Reflexion einer Präsentation zum Thema „Pro und Kontra ökologischer Landbau in Deutschland“
Die Pflanzen des Tropischen Regenwaldes	Der Tropische Regenwald – ein pharmakologischer Supermarkt? – Die Nutzung tropischer Pflanzen zur Gewinnung von Arzneimitteln
Der Film „Carmen“ von Carlos Saura	Analyse der Stücke „Habanera“ und „Seguidilla“ aus der Oper „Carmen“ von Georges Bizet im gleichnamigen Film von Carlos Saura in Bezug auf die tänzerische Umsetzung und die Funktion der jeweiligen Szenen

Überblick

Kennzeichen eines guten Themas für Referat oder Facharbeit sind u. a.:

- Es entspricht Ihrer Interessenlage und Ihren Fähigkeiten.
- Es weist einen klaren Sachschwerpunkt aus.
- Es ist hinreichend eingegrenzt und damit dem vorgegebenen Seitenumfang bzw. Zeitrahmen für Erstellung und Präsentation angepasst.
- Es bietet die Chance, Ihr Können auf verschiedenen Ebenen zu zeigen (z. B. Quellenreproduktion, Erklärung, Bewertung).

Der Weg zum guten Thema führt häufig über mehrere Zwischenschritte, z. B. Stichwortliste – vorläufiges Thema – Mindmap – endgültiges Thema.

4 Informationsbeschaffung

Für die Erstellung eines Referats oder einer Facharbeit ist eine fundierte und ausreichend breite Informationsbasis eine der wichtigsten Voraussetzungen. Damit stellen sich, nachdem man das vorläufige Arbeitsthema erhalten hat, fünf Fragen:

1. ***Welche Informationsquellen stehen prinzipiell für ein Referat/eine Facharbeit zur Verfügung?***
2. ***Wo und wie finde ich Informationsquellen für mein Referat/meine Facharbeit?***
3. ***Wie kann ich geeignete Informationsquellen erkennen?***
4. ***Wie kann ich geeignete Informationsquellen erschließen?***
5. ***In welcher Weise kann ich aus den ermittelten Informationen den Text des Referats/der Facharbeit erstellen?***

Das Kapitel 4 wird Ihnen helfen, diese Fragen zu beantworten.

4.1 Informationsquellen in der Übersicht

Als Basis Ihres Referats/Ihrer Facharbeit kommen folgende Quellen infrage:

Typische Beispiele für Primärliteratur sind: *Faust* von Johann Wolfgang von Goethe oder *Kritik der reinen Vernunft* von Immanuel Kant.

Primärliteratur *(frz. primaire = zuerst vorhanden, die Grundlage bildend)*. Hierbei handelt es sich z. B. um literarische oder philosophische Originaltexte. Zum Teil wird der Primärliteratur-Begriff jedoch weiter gefasst: In sprachlichen Fächern werden bei landeskundlichen Themen teils auch Zeitungsartikel, Gesetzestexte oder Statistiken als Primärliteratur bezeichnet. In historischen Arbeiten gilt Gleiches für archivalische Quellen (Urkunden usw.). Ebenso gehören z. B. Reise- und Forschungsberichte zur Primärliteratur. Generell gilt: In Werken der Primärliteratur stellen Autoren eigene Ideen, eigene Forschungsergebnisse oder Erfahrungen dar.

Sekundärliteratur *(frz. secondaire = an zweiter Stelle, nachträglich hinzukommend)*. Hierunter versteht man wissenschaftliche und kritische Texte über einen bestimmten Autor, sein Werk oder eine literarische Epoche, aber auch fachwissenschaftliche Analysen zu den verschiedensten Themenbereichen. Sekundärliteratur wird auch als *Forschungsliteratur* bezeichnet. Sie fasst Primärliteratur zusammen, kommentiert und interpretiert diese.

Die Unterscheidung zwischen Primär- und Sekundärliteratur ist in den sprachlichen Fächern wichtig. Beide Literaturtypen müssen dort im Literaturverzeichnis gesondert ausgewiesen werden (→ Seite 101, 105). Gleiches gilt für Fächer wie Geschichte, Philosophie oder Soziologie. In den naturwissenschaftlichen Fächern ist eine solche Differenzierung eher unüblich.

Sonstige Textquellen. Hierzu zählen alle Informationen, die nicht in Buchform oder als Zeitschriftenartikel veröffentlicht wurden. Dies sind unter anderem: Zeitungsartikel, Broschüren und Informationshefte, Diplomarbeiten und Doktorarbeiten (Dissertationen), Mitschnitte von Fernsehsendungen, Gesprächsnotizen sowie viele Internetquellen.

E-Books (elektronische Bücher) sind, obwohl sie laut dieser Definition „sonstigen Quellen“ oder „grauer Literatur“ zuzurechnen wären, ihrem Wesen nach Primär oder Sekundärliteratur. Sie werden daher in der Regel auch einer dieser beiden Kategorien zugeordnet.

„Graue Literatur“. Diese Bezeichnung bezieht sich auf die *Form der Veröffentlichung* einer Textquelle. Während „weiße Literatur“ über Verlage und Buchhändler zu beziehen ist, ist „graue Literatur“ dies nicht. Zur „grauen Literatur“ gehören somit unter anderem Skripte, Flugblätter, Veröffentlichungen von Betrieben oder Behörden sowie auch Internetquellen.

Datenquellen. Hierzu zählen insbesondere die Ergebnisse der von Ihnen selbst durchgeführten Experimente, Freilandbeobachtungen, Kartierungen, Befragungen usw. *(primäre Datenquellen)*. Wie Sie zu solch eigenen Forschungsergebnissen gelangen, wird im → Kapitel 8 vorgestellt.
Ebenso können Sie aber auch von anderen erhobene Daten nutzen. Diese stammen z.B. aus Beobachtungen, Messungen oder Befragungen anderer Forscher bzw. sind in amtlichen Statistiken, Firmenstatistiken, Jahrbüchern, Datenbanken usw. enthalten *(sekundäre Datenquellen)*.

Quellen

Textquellen			Bildquellen		Datenquellen	
Primärliteratur	Sekundärliteratur	sonstige Textquellen	Fotos	sonstige Bildquellen	Primärquellen	Sekundärquellen
– Roman im Original – Forschungsbericht aus der Hand des Forschers – Reisebericht aus der Hand des Reisenden – historische Quelle – …	– Zeitschriftenartikel über einen Roman – Zeitungskommentar – Zusammenfassende Darstellung über ein Forschungsgebiet – …	– Broschüren – Flugblätter – unveröffentlichte Manuskripte – Texte aus Radio und Fernsehen – viele Internetquellen – …		– Karten – Diagramme – Zeichnungen – Skizzen – Fernsehbilder – Luftbilder – Collagen – …	– eigene Beobachtungen – eigene Messdaten – eigene Befragungen – eigene Kartierungen – …	– amtliche Statistiken – Datenbanken – Beobachtungen, Befragungen, Messungen, Kartierungen anderer Forscher – …
„Originale“	„Texte über“					

Tab. 3.1: Informationsquellen in der Übersicht

4.2 Fundorte für Quellen

Als Fundorte für Text-, Bildquellen und sekundäre Datenquellen kommen insbesondere infrage:

- Ihre eigene Büchersammlung (inklusive der Schulbücher)
- die Büchersammlung Ihrer Eltern, Freunde und Verwandten
- Schulbibliothek
- öffentliche Bibliotheken (Gemeinde-/Stadtbibliotheken, Pfarrbüchereien, Universitätsbibliotheken usw.)
- Spezialbibliotheken (Institutsbibliotheken der Universitäten, Museumsbibliotheken, Bibliotheken von Vereinen, Firmen usw.)
- Buchhandlungen
- Archive (öffentliche oder private Sammlungen von Dokumenten, aber auch Büchern zu bestimmten Themen, insbesondere aus den Bereichen Geschichte und Sozialwissenschaften)
- Zeitungs- und Zeitschriftenarchive (Sammlungen der Ausgaben lokaler, regionaler oder überregionaler Zeitungen bzw. Zeitschriften); in der Regel sind diese in den Verlagshäusern der Zeitungen bzw. Zeitschriften einzusehen; zum Teil ist auch ein Zugriff via Internet möglich (→ Seite 49); auch größere Bibliotheken besitzen eigene Zeitungs- und Zeitschriftenarchive
- öffentliche und private Institutionen, Vereine und Firmen, die Bücher, Informationsbroschüren, Fotos oder Mitschnitte von Hörfunk- und Fernsehsendungen bereitstellen (UNO, Deutsches Rotes Kreuz, Brot für die Welt, MISEREOR, Bundes- und Landeszentralen für politische Bildung, Bundes- und Landesministerien, Stadt- und Gemeindeverwaltungen, Hörfunk- und Fernsehsender usw.)
- statistische Ämter
- Internet

Der Buchbestand von Bibliotheken muss prinzipiell unterteilt werden in den **Präsenzbestand** (Literatur, die nur innerhalb der Räume der Bibliothek gelesen und gegebenenfalls kopiert werden darf) und den **Leihbestand** (Literatur, die ausgeliehen werden kann).

Tipp

Erfahrungsgemäß tendieren viele Schüler heute dazu, die Quellensuche für ein Referat oder die Facharbeit auf das Internet zu beschränken. Hiermit engen sie Ihre Quellenbasis unnötig ein, denn entgegen landläufiger Meinung findet man im Internet eben doch nicht Alles.
Zudem stehen viele Lehrer Referaten oder Facharbeiten, die sich nur auf Internetquellen stützen, skeptisch gegenüber.
Dehnen Sie daher Ihre Quellensuche über das Internet hinaus aus. Insbesondere öffentliche Bibliotheken bieten eine solide Literaturbasis für viele Themen, die zudem dank der Fernleihemöglichkeit (→ Seite 55) problemlos zu erweitern ist.

4.3 Literaturrecherche

Zum Auffinden der für Ihr Referat bzw. Ihre Facharbeit geeigneten Primär- und Sekundärliteratur bieten sich die folgenden Wege an:

Erste Schritte

Stichworte – Mindmap

Beginnen Sie damit, Stichworte zu notieren, die Ihnen in Verbindung mit dem (vorläufigen) Arbeitsthema des Referats bzw. der Facharbeit spontan in den Sinn kommen. Ein Beispiel: Zum vorläufigen Arbeitsthema *„Opiate und ihre Wirkung auf das menschliche Gehirn"* könnten Sie die Stichworte *Opium, Morphium, Heroin, Gehirn des Menschen, Rauschgifte* und *Rausch* notieren. Stellen Sie diese Begriffe zu einer **Mindmap** (→ Seite 37 f.) zusammen.
Schlagen Sie diese Stichworte im Schulbuch und/oder einem Schülerlexikon nach. Sie werden dort weitere Begriffe finden, die Sie Ihrem Arbeitsthema zuordnen können. Tragen Sie auch diese in Ihre Mindmap ein.

Lexika und Enzyklopädien

Schlagen Sie die in Ihrer Mindmap aufgeführten Begriffe in der Print- oder der CD-ROM-Version eines allgemeinen Lexikons (z. B. *Der Brockhaus, Meyers Lexikon, Microsoft Encarta* usw.) oder eines Speziallexikons nach (z. B. *Lexikon der Biologie, Lexikon der Chemie, Lexikon der Physik oder Lexikon der Geowissenschaften, Kindlers Neues Literatur-Lexikon, Gablers Wirtschaftslexikon, Kindlers Malereilexikon* oder *Lexikon der Musik)*.
Diese Lexika können Sie teilweise der Bibliothek an Ihrer Schule finden. Zum Teil sind sie auch im Präsenzbestand größerer öffentlicher Bibliotheken vorhanden (→ Seite 46). Schließlich können Sie die Lexika auch online nutzen. Allerdings ist die Online-Nutzung häufig kostenpflichtig. Es gibt aber Ausnahmen: So sind z. B. auf ***http://www.internet-datenbanken.de/lexika.html*** bzw. ***http://www.hs-augsburg.de/mebib/fidb/lexika.html*** und ***http://www.allesklar.de/*** *(Pfad: Bildung & Wissenschaft → Lexika & Wörterbücher → Speziallexika nach Wissensgebieten)* Links zu verschiedenen Nachschlagewerken aufgeführt, deren Online-Nutzung kostenlos ist. Hier finden Sie auch spezifische Internet-Lexika, von denen ***http://de.wikipedia.org/*** das größte und bekannteste ist. Nicht immer aber sind deren Informationen sachlich stimmig und uneingeschränkt verwendbar (→ Seite 59).
In Lexika und Enzyklopädien finden Sie zum einen erste Sachinformationen zu den Stichworten Ihrer Mindmap. Zudem finden Sie zu vielen Schlagworten Hinweise auf weiterführende Literatur. Die hier angegebenen Werke sind Standardwerke. Ihre Beschaffung ist für die weitere Arbeit sinnvoll.

Literaturlisten von Lehrerin/Lehrer

Teilweise geben Lehrerinnen und Lehrer bereits bei der Themenvergabe oder aber auf Nachfrage Literaturlisten aus. Die dort vermerkten Werke können als Ausgangspunkt Ihrer Literaturarbeit dienen. Zur erschöpfenden Ausarbeitung des Themas reichen sie (außer bei kürzeren Referaten) aber nicht aus. Sie sollten sich daher bei der Anfertigung Ihres Referats/Ihrer Facharbeit nicht allein auf die angegebene Literatur stützen.

Systematische Suche

Für die weitere Literaturrecherche bieten sich fünf Wege an:

Recherche in einer öffentlichen Bibliothek

Öffentliche Bibliotheken können Sie als Schüler in vielen Fällen kostenlos nutzen. Dazu müssen Sie allerdings angemeldet sein. Bringen Sie deshalb bei Ihrem ersten Bibliotheksbesuch in jedem Fall Personal- und Schülerausweis mit. Auch in Universitätsbibliotheken können Sie als „Gastnutzer" Bücher ausleihen. Hier benötigen Sie zur Anmeldung ebenfalls Personal- und ggf. auch Schülerausweis. Stöbern Sie in den entsprechenden Fachabteilungen der Bibliothek. Neben dem Sachbuchbestand sollten Sie dabei auch ein eventuell vorhandenes Zeitschriftenarchiv als Informationsreservoir ins Auge fassen. Nutzen Sie zur Suche den **Bestandskatalog** der Bibliothek. In allen größeren Bibliotheken ist dieser heute bequem per Computer abzurufen. Suchen Sie im Bestandskatalog nach den Stichworten Ihrer Mindmap in Buchtiteln und, sofern als Abfragevariante vorhanden, im Schlagwortregister.

Tipp

Fragen Sie zudem das **Bibliothekspersonal**. Dieses kennt sich im Buchbestand der Bibliothek aus, kann damit auch solche Literatur Ihren Suchbegriffen zuordnen, die vom Titel her keinen Bezug aufweist. Zudem erspart Ihnen eine Anfrage beim Bibliothekspersonal oftmals langes Suchen nach den Standorten der gewünschten Bücher und Zeitschriften.

Recherche in Bibliografien und Literaturdatenbanken

In vielen Bibliotheken sind **Bibliografien** eingestellt. Hierbei handelt es sich um „Bücher über Quellen", also um die Zusammenstellung von Literaturtiteln zu bestimmten Themenfeldern oder Fachgebieten, in der Regel nach Autoren, Titeln oder Schlagworten geordnet. Dabei sind neben Büchern auch Zeitschriftenartikel und teilweise auch Internetquellen berücksichtigt. Oftmals sind den einzelnen Quellen kurze Inhaltsangaben oder Kommentare beigefügt. Das Le-

sen solcher Bibliografien ist jedoch nicht immer ganz einfach. Wenden Sie sich bei Fragen am besten direkt an das geschulte Bibliothekspersonal.
Neben gedruckten Bibliografien gibt es auch solche in digitalisierter Form (CD-ROM bzw. Online). Hier ist die Recherche dank entsprechender Suchfunktionen leichter möglich. Vor der Benutzung einer Bibliografie ist es wichtig, die zentralen auf Ihr Thema bezogenen Schlagworte bzw. Autoren zu ermitteln (→ Seite 45), ansonsten gestaltet sich die Suche zeitaufwendig und ineffizient.

Recherche in Buchhandlungen
Stöbern Sie in der entsprechenden Fachabteilung von Buchhandlungen. Recherchieren Sie mithilfe der Buchhändlerin/des Buchhändlers im *Verzeichnis Lieferbarer Bücher (VLB)* nach Literatur zu den von Ihnen gesuchten Stichworten. Neben einer CD-ROM-Version gibt es das VLB seit 2002 auch online – mit dem Vorteil der täglichen Aktualisierung. Das VLB bietet vielfältige Recherchemöglichkeiten, so neben der Suche nach Autor und Titel auch eine solche nach Schlagworten. Es lohnt sich zudem, erfahrene Buchhändlerinnen oder Buchhändler nach geeigneter Literatur zum Thema Ihres Referats/Ihrer Facharbeit zu fragen.

Online-Literaturrecherche
Verschiedene Internet-Buchhandlungen bieten die Möglichkeit an, nach lieferbaren Buchtiteln zu recherchieren, auch ohne dass Sie dort Bücher bestellen (entsprechede Internet-Adressen finden Sie auf → Seite 48). Nutzen Sie zur effektiven Recherche die Funktion **Profisuche** und gegebenenfalls den dort abzurufenden **Index**. Geben Sie nacheinander verschiedene mit Ihrem Thema in Verbindung stehende Schlagworte bzw. Autoren ein. So erfassen Sie ein breites Spektrum an Buchtiteln.
Viele Internet-Buchhandlungen bieten als Serviceleistung eine Inhaltangabe, das Inhaltsverzeichnis oder auch einige Probeseiten recherchierter Werke an. Die Suchmaschinen vieler Internet-Buchhandlungen erlauben auch die Suche nach lieferbaren Büchern in englischer, französischer, spanischer und italienischer Sprache (→ Seite 48). Neben der Recherche im Verzeichnis lieferbarer, das heißt aktuell über den Buchhandel zu beziehender Bücher, kann im Internet auch nach älteren Werken und Zeitschriften recherchiert werden. Hier bieten sich virtuelle Bibliotheken und Online-Kataloge großer Bibliotheken und Bibliothekszusammenschlüsse an (Internet-Adressen → Seite 48). Zudem sind viele ältere, nicht mehr über den Buchhandel zu beziehende Werke als gebrauchte Exemplare über Internetbuchhandlungen, Second-Hand-Buchhandlungen oder bei Online-Auktionshäusern (z.B. eBay®) zu erhalten.

Internet-adressen
Stand: 4.5.2012

Online-Buchhandlungen mit Recherchemöglichkeiten (Auswahl)

http://www.amazon.de/ (auch Links zu Katalogen mit fremdsprachiger Literatur)
http://www.bol.de/ (auch Links zu Katalogen fremdsprachiger Literatur)
http://www.buch.de/ (auch Schulbücher)
http://www.buchhandel.de/ (Suche im Verzeichnis lieferbarer Bücher VLB)
http://www.buchhaus-sternverlag.de/ (auch fremdsprachige Bücher)
http://www.buch24.de/ (vielfältige Suchmöglichkeiten)
http://www.buecher.de/ (spezielle Fachbuch-Suchfunktion)
http://www.rueducommerce.fr/ (französischsprachige Literatur; Rubrik: Jeux vidéo/DVD/Livre)
http://www.amazon.com/ (englischsprachige Literatur)
http://www.waterstones.com/ (englischsprachige Bücher aus GB)
http://www.boeknet.de/ (Bücher in Niederländisch)
http://www.casalini.it/ (Bücher in Italienisch)
http://www.ibs.it/ (Bücher in Italienisch)
http://www.e-libro.net/ (spanischsprachige Bücher)
http://www.express-kniga.de/ (russische Bücher, CDs, Filme, Hörbücher)
http://www.findmybook.de/ (Suche nach neuen und gebrauchten Büchern in Online-Shops und Antiquariaten weltweit)
http://www.zvab.com/ (Zentrales Verzeichnis antiquarischer bzw. vergriffener Bücher)

Es gibt viele regionale Online-Buchhandlungen, bei denen Sie bestellte Bücher abholen können. Sie sparen das Porto. Die Seite *http://www.chemie.fu-berlin.de/outerspace/verlage.html* enthält eine Auswahl entsprechender Internetadressen sowie Links zu vielen großen Buchverlagen.

Virtuelle Bibliotheken und Online-Kataloge von Bibliotheksverbünden (Auswahl)

http://www.ubka.uni-karlsruhe.de/kvk.html (Karlsruher Virtueller Katalog; Online-Recherche in Bibliotheks- und Buchhandelskatalogen weltweit)
http://www.wlb-stuttgart.de (Seite der Württembergischen Landesbibliothek Stuttgart mit Links zu weiteren Online-Katalogen)
http://www.bib-bvb.de/ (Bibliotheks-Verbund Bayern; Online-Katalog der Bibliotheken aus Bayern)
http://www.gbv.de/vgm/ (Gemeinsamer Bibliotheksverbund GBV der Länder Bremen, Hamburg, Mecklenburg-Vorpommern, Niedersachsen, Sachsen-Anhalt, Schleswig-Holstein und Thüringen)
http://www.hbz-nrw.de/recherche/ (Hochschulbibliothekszentrum NRW; Suchmaschine für Bibliotheksbestände aus Nordrhein-Westfalen und Rheinland-Pfalz)
http://www.hebis.de/ (HEBIS – Hessisches BibliotheksInformationsSystem; Recherchemöglichkeiten in den Bibliotheken Hessens und des südöstlichen Rheinland-Pfalz)

Außerdem: Die Kataloge fast aller Universitätsbibliotheken (UB) sind online einsehbar. Suchen Sie den Katalog einer Ihrem Heimatort nahe liegenden UB mithilfe einer Suchmaschine (→ Seite 62 ff.).

>>

>> Internet-adressen

http://www.kobv.de/ (Kooperativer Bibliothekverbund Berlin-Brandenburg; Online-Recherche in den Bibliotheken Berlins und Brandenburgs)
https://wiki.bsz-bw.de/doku.php (Bibliotheksservice-Zentrum Baden-Württemberg mit vielen Möglichkeiten zur Online-Recherche)

Internet-Adressen für die Suche nach Fachzeitschriften (Auswahl)
http://bibliothek.bbaw.de/bibliothek-digital/zeitschriften (Berlin-Brandenburgische Akademie der Wissenschaften; Links zur Zeitschriftendatenbank ZDB und zur Elektronischen Zeitschriftenbibliothek EZB, über die Zeitschriftenartikel teils kostenlos online abgerufen werden können)
http://dispatch.opac.d-nb.de (Die Zeitschriftendatenbank ZDB ist die weltweit größte Datenbank für Titel- und Besitznachweise von Print- und Online-Zeitschriften, Zeitungen usw.)
http://www.wissenschaft.de/wissenschaft/home.html (→ Heftarchiv; Suche in *Bild der Wissenschaft* seit 1997; Recherche kostenfrei, Artikel kostenpflichtig)
http://www.spektrum.de/ (Suche in *Spektrum der Wissenschaft* seit 1993; Recherche kostenfrei, Artikel zum großen Teil kostenpflichtig)
http://www.ub.fu-berlin.de/service_neu/internetquellen/ (→ Internetquellen; viele Links zu Zeitschriftensammlungen, Presseagenturen usw.)

Internet-Adressen für die Suche in Populären Zeitschriften und in Zeitungen (Auswahl, viele Artikel können online gelesen werden)
http://www.allesklar.de/ (→ Kunst, Kultur & Medien → Presse & Nachrichten; eine der umfangreichsten Link-Listen zu deutschsprachigen Zeitungen, Zeitschriften und Online-Magazinen im Internet)
http://www.paperball.de/ (Suche in aktuellen Ausgaben von deutsch- und englischsprachigen Online-Tageszeitungen; kostenfrei)
http://www.chemie.fu-berlin.de/outerspace/verlage.html (→ nach unten auf die Seite scrollen; dort Links zu vielen führenden deutschen und internationalen Zeitungen und Zeitschriften)
http://www.focus.de/magazin/archiv (Archiv des *Focus* ab 1993; Recherche und Artikel kostenfrei)
http://www.welt.de/nachrichtenarchiv/ (Archiv der Zeitung *Die Welt* ab 2003; kostenfrei)
http://www.spiegel.de/thema bzw. *http://www.spiegel.de/spiegel/print/* (Archiv des *Spiegel* und anderer Hefte der Spiegel-Gruppe ab 1947; Recherche kostenfrei, Artikel teils kostenfrei, teils kostenpflichtig)
http://www.berlinonline.de/berliner-zeitung/ (→ Home → Archiv; Archiv der Internetausgabe der *Berliner Zeitung* ab 1994; kostenfrei)

>>

>> Internetadressen

http://www.faz.net/ (→ Archiv; Archiv der *Frankfurter Allgemeine Zeitung* ab 1993; Suche kostenfrei, Artikel kostenpflichtig)

http://www.ub.uni-konstanz.de/ (→ Digitale Bibliothek → Elektronische Zeitschriftenbibliothek EZB; Zeitschriften nach Fachgebieten geordnet)

http://www.geo.de/ (→ Suche nach ...; Suche in älteren Ausgaben von *GEO*; kostenfrei)

http://www.handelsblatt.com/ (→ Suchen; Recherche im Archiv des *Handelsblattes* ab 2000; kostenfrei)

http://www.morgenpost.de/ (→ Home → Archiv Suche → Suche im Archiv der *Berliner Morgenpost* ab 1996; kostenfrei)

http://www.stern.de/ (oben → Kasten *Suche*; Suche im Archiv des *Stern* ab 2002; kostenfrei)

http://www.sueddeutsche.de/ (→ Weitere Angebote → SZ-Archiv → Recherche im Archiv der *Süddeutschen Zeitung*; jüngere kostenfrei)

http://www.taz.de/ (→ Archiv → „erweitert"; Archiv *die tageszeitung*; alte Ausgaben kostenpflichtig)

http://www.zeit.de/ (oben → Archiv; Suche im Archiv ab 1946; kostenfrei)

Weitere nützliche Internetadressen

http://www.bpb.de (Bundeszentrale für politische Bildung; Fundgrube für Geschichte, Politik, Erdkunde, SoWi usw.; teils kostenlose Literatur)

http://de.wikipedia.org/ (Online-Enzyklopädie *Wikipedia*®; Fülle von Artikel zu allen Themen; Einschränkung: Artikel können Fehler enthalten, da von freien Mitarbeitern geschrieben)

http://de.wikipedia.org/wiki/Kategorie:Deutsche_Organisation (Links zu *Wikipedia*®-Seiten vieler deutscher Organisationen; auf der *Wikipedia*-Seite ist dann der Link zur Homepage der Organisation)

http://de.wikipedia.org/wiki/Kategorie:Organisation_nach_Staat (Links zu den *Wikipedia*-Seiten ausländischer Organisationen; auf der *Wikipedia*-Seite dann meist der Link zur Homepage der Organisation)

Recherche bei Institutionen und Organsisationen

Schreiben Sie öffentliche und private Institutionen an, die Bücher zum Thema Ihres Referats bzw. Ihrer Facharbeit veröffentlicht haben. Dies könnten sein: Die *Bundeszentrale für politische Bildung* (Anschrift Adenauerallee 86, 53113 Bonn) bzw. die *Landeszentrale für politische Bildung Ihres Bundeslandes* (Anschrift bei Ihrer Lehrerin bzw. Ihrem Lehrer erfragen), aber auch große Organisationen und Verbände (z. B. Verband der Chemischen Industrie, Verband der Automobilindustrie, DGB).

Im Internet können Sie den für Ihr Thema relevanten Verband z. B. mithilfe der Suchmaschine *http://www.verbandsforum.de/* finden.

Eine Liste entsprechender deutscher Organisationen und Verbände finden Sie z.B. unter ***http://de.wikipedia.org/wiki/Kategorie:Deutsche_Organisation***. Für Organisationen außerhalb des Bundesgebietes stellt ***http://de.wikipedia.org/wiki/Kategorie:Organisation_nach_Staat*** eine Linkliste bereit.
Für beide Linklisten gilt: Jeder Link führt zunächst auf die Wikipedia-Seite der Organisation, auf der dann in der Regel ein Link zur Homepage der Organisation enthalten ist. Diese Institutionen und Organisationen senden Ihnen dann gegebenenfalls Literaturlisten, Broschüren sowie zum Teil kostenlose Literatur zu.
Doch Achtung: Von einer bestimmten Organisation herausgegebene Literatur ist meist nicht objektiv, sondern spiegelt die Verbandsinteressen wider. Man sollte sie daher nur vorsichtig und kritisch verwenden und hieraus entnommene Informationen entsprechend kommentieren.

Das „Tracer-Verfahren" (Spurensuche)

Mithilfe des „Tracer-Verfahrens" gelangen Sie, ausgehend von einem Zitat, zu weiterer Literatur. Gehen Sie wie folgt vor:

- Lesen Sie in der von Ihnen bereits entdeckten Literatur die für Ihr Thema relevanten Seiten. In Büchern finden Sie diese, indem Sie im Inhaltsverzeichnis oder im Register Ihre Stichworte (→ Seite 45) nachschlagen.
- Stoßen Sie beim Lesen auf eine Quellenangabe (→ Kapitel 7), so schlagen Sie die zitierte Quelle im Literaturverzeichnis oder in den Fußnoten nach. Bei Büchern befindet sich das Literaturverzeichnis am Ende eines Kapitels oder am Ende des Buches. In Fachzeitschriften finden Sie es in der Regel am Ende eines Zeitschriftenartikels/-aufsatzes.
- Erscheint die zitierte Quelle Ihnen interessant, so ermitteln Sie, wie und woher Sie diese beziehen können (→ Seite 53 ff.).
- Lesen Sie dann in der auf diese Weise gefundenen neuen Quelle die für Ihr Thema relevanten Seiten. Oftmals wird es so sein, dass Sie hier wiederum interessante und für Sie brauchbare Zitate finden.
- Stoßen Sie auf solche, so schlagen Sie die zitierte Quelle im Literaturverzeichnis nach ...

Auf diese Weise gelangen Sie zu einem immer breiteren Spektrum an Quellen. Zudem können Sie so der Spur einer Information bzw. Idee bis zu ihrem Ursprung folgen. Dabei werden Sie unter Umständen feststellen, dass Autoren voneinander „abgeschrieben" und dabei auch Fehler und Verzerrungen vom jeweiligen Vorgänger übernommen haben.

Weitere Verfahren

Recherche in Fachzeitschriften

Durchsuchen Sie die Ihnen zugänglichen Fachzeitschriften nach Artikeln zu Ihrem Thema bzw. zu den von Ihnen notierten Stichworten (Schulbibliothek, öffentliche Bibliotheken).

- Hierbei sollten Sie sich der thematisch geordneten **Jahresverzeichnisse** der Zeitschriften bedienen. Diese sind für ältere Zeitschriftenjahrgänge als Printversion, für jüngere auch auf CD-ROM oder online verfügbar.
- In vielen Fachzeitschriften werden in unregelmäßigen Abständen **Bibliografien** (→ Seite 46) zu einzelnen Themenschwerpunkten veröffentlicht. Überprüfen Sie, ob es in einer der Ihnen zugänglichen Fachzeitschriften zufällig eine Bibliografie zu Ihrem Thema gibt.
- Auch die Artikel in Fachzeitschriften enthalten **Literaturverzeichnisse**. Dort ist oft spezielle und (in jüngeren Ausgaben) aktuelle Literatur aufgeführt, die sich für Ihr Thema als besonders geeignet erweisen kann. Nach dem zuvor beschriebenen „Tracer-Verfahren" können Sie vom Literaturverzeichnis ausgehend zu weiteren Quellen gelangen.
- Sie können zudem im Internet nach Zeitschriftenartikeln suchen (Internetadressen → Seite 49).

Populäre Zeitschriften

Viele Bibliotheken verfügen über ein Zeitschriftenarchiv, in dem ältere Ausgaben populärer Zeitschriften wie *Spiegel, Focus, Stern, GEO* usw. eingelagert sind. In den meisten Fällen gibt es aber für diese Zeitschriften keine Jahresverzeichnisse, sodass Sie nach geeigneten Artikeln stöbern müssen. Eine Alternative stellt hier die Online-Suche dar (Internetadressen → Seite 49).

Sonstige Verfahren

Dazu zählt die Recherche in Museumsbüchereien und Archiven. In der Regel erhalten Sie hier nur in Begleitung von Fachkräften Zutritt. Fragen Sie diese nach der hier optimalen Suchstrategie.
Schließlich kann man in **Gesprächen mit Fachleuten** nützliche Literaturtipps erhalten. Fragen Sie z. B. Ihre Interviewpartner oder kontaktierte Spezialisten nach geeigneter Literatur. Bei etwas Glück besitzt Ihr Gesprächspartner das infrage kommende Werk selbst und stellt es Ihnen leihweise zur Verfügung.

4.4 Auswahl und Bezug geeigneter Literatur

Haben Sie mithilfe der zuvor geschilderten Verfahren interessant erscheinende Literatur ermittelt, so gilt es nun zwei Fragen zu klären:
- Wie kann ich an die entsprechen Textquellen gelangen?
- Enthält die jeweilige Quelle tatsächlich für mein Thema relevante Informationen?

Prüfung der Relevanz der Quelle
Nicht jede Quelle, deren Titel vielversprechend klingt, ist für Ihre Arbeit auch wirklich brauchbar. Um möglichst rasch die tatsächlich relevante Literatur zu identifizieren, empfehlen sich folgende Schritte:
- Lesen Sie bei Büchern den Klappentext und das Inhaltsverzeichnis. Fahnden Sie zudem im Register nach Stichworten, die für Ihr Thema markant sind.
- Scheint das Buch nach Überprüfung dieser ersten Inhaltsmerkmale weiterhin für Ihr Thema verwertbar zu sein, „lesen Sie es quer". Das heißt: Lesen Sie die Einleitung, eine eventuelle Zusammenfassung interessant erscheinender Kapitel sowie einzelne Seiten des Buches, auf denen laut Register für Ihr Thema wichtige Stichworte abgehandelt werden. Erscheint das Buch weiterhin relevant, verständlich geschrieben und im Niveau angemessen, so „stellen Sie es für die weitere Auswertung sicher" (siehe unten).
- Neben einer Prüfung der Textteile sollten Sie Bücher auch daraufhin sichten, ob diese für Ihr Thema geeignete Abbildungen (Karten, Diagramme usw.) aufweisen.
- Artikel in wissenschaftlichen Zeitschriften enthalten in der Regel zu Beginn oder am Schluss eine Zusammenfassung. Lesen Sie diese und überprüfen Sie den Artikel zudem auf nutzbare Abbildungen. Erscheint der Artikel für Ihr Thema brauchbar, „stellen sie Ihn sicher" (siehe unten).
- Ein Blick in das Literaturverzeichnis ermöglicht schließlich eine erste Einschätzung der wissenschaftlichen Qualität der Quelle (Umfang usw.).

Haben Sie eine Quelle bei der ersten inhaltlichen Prüfung als interessant und für Ihr Thema relevant identifiziert, so sollten Sie diese **Quelle „sicherstellen"**, das heißt für die weitere Auswertung nach Hause tragen. Hierfür stehen Ihnen verschiedene Wege offen:

Kaufen. Sie halten ein Buch oder die aktuelle Ausgabe einer Zeitschrift im Hinblick auf Ihr Thema für besonders ergiebig. Außerdem ist der Preis für Ihr Budget tragbar (gegebenenfalls nach einer Taschenbuchausgabe des

Buches fragen). In diesem Fall sollten Sie sich das Buch bzw. die Zeitschrift kaufen.
Der Vorteil: Sie können mit einem eigenen Buch über die gesamte Zeit bis zur Fertigstellung des Referats/der Facharbeit kontinuierlich arbeiten, ohne es etwa nach Ablauf einer Ausleihfrist wieder an die Bibliothek zurückgeben zu müssen. Sie können zudem in einem eigenen Buch nach Herzenslust Anmerkungen eintragen und markern.
Doch bedenken Sie: Handelt es sich um spezielle Literatur, so kann diese von Ihrer Buchhandlung nicht über den Buchgroßhändler bezogen werden, sondern muss direkt beim Verlag bestellt werden. Die **Lieferzeit** beträgt dann unter Umständen zwei Wochen und mehr.

Kostenlos oder verbilligt beziehen. Bei vielen Institutionen kann Literatur kostenlos bzw. zu sehr günstigen Konditionen bezogen werden. Dies gilt zum Beispiel für die Bundeszentrale für politische Bildung (→ Seite 50).

Ausleihen. Bei Bibliotheken muss generell zwischen dem *Präsenzbestand* und dem *Leihbestand* unterschieden werden.
Bücher und Zeitschriften aus dem *Präsenzbestand* können eingesehen bzw. nach Bestellung während der Öffnungszeiten der Bibliothek im Lesesaal gelesen werden. Zudem dürfen in der Regel von interessanten Seiten Kopien angefertigt werden. Ein Entleihen der Literatur ist aber nicht oder nur kurzzeitig (z. B. über das Wochenende) möglich.
Bücher und Zeitschriften aus dem *Leihbestand* können hingegen für eine gewisse Zeit ausgeliehen werden. Dabei gilt:

- Oftmals muss vor der ersten Ausleihe eine spezielle Ausleihberechtigung erworben werden (z. B. Büchereikarte; → Seite 46).
- Zudem ist unter Umständen für die Ausleihe eine Gebühr zu entrichten.
- Bei Überschreitung von Ausleihfristen werden häufig hohe Strafen fällig. Erkundigen Sie sich daher vor der ersten Ausleihe nach den Ausleihmodalitäten der Bibliothek (Leihfristen, Gebühren usw.)
- Ausgeliehene Bücher und Zeitschriften dürfen weder beschriftet noch beschädigt werden, was ihre weitere Verwendung teilweise erschwert und es durchaus sinnvoll erscheinen lässt, von wichtigen Seiten Kopien anzufertigen.
- Einige Bibliotheksbenutzer haben die Unsitte entwickelt, wichtige Seiten aus Standardwerken herauszutrennen, um sich so das Kopieren dieser Seiten zu sparen. Nachdem Sie bei Ihrer Arbeit einige Male auf die dadurch entstandenen Seitenlücken gestoßen sind, werden Sie dem kategorischen Imperativ „Was Du nicht willst, das man Dir tu, das füg auch keinem anderen zu!“ beipflichten und ihrerseits diese Unsitte vermeiden.

Fernleihe. Ist das gewünschte Buch bzw. die Zeitschrift in Ihrer Bibliothek nicht verfügbar, so haben Sie die Möglichkeit der Bestellung per Fernleihe:

- Voraussetzung dafür ist, dass die Bibliothek an das Fernleihnetz angeschlossen ist (beim Bibliothekspersonal erfragen).
- Eine Bestellung per Fernleihe bedeutet, dass das gesuchte Werk in einer anderen Bibliothek des Fernleihverbundes steht, von dort angefordert und zu Ihrer Bibliothek transportiert werden muss. Ihre Bibliothek benachrichtigt Sie, wenn das Werk eingetroffen ist. Dieser ganze Vorgang kann einige Tage, ja Wochen dauern.
- Die Fernleihe muss über ein entsprechendes Formular vorgenommen werden, das man beim Bibliothekspersonal erhält.
- Zudem ist die Fernleihe immer mit Kosten verbunden (diese beim Bibliothekspersonal vorher erfragen).

Kopieren. Im Präsenzbestand von Bibliotheken befinden sich häufig Standardwerke, Lexika, Enzyklopädien, ältere Zeitschriftenjahrgänge usw. Da ihre Ausleihe nicht möglich ist, müssen Sie die für Ihre Arbeit interessanten Abschnitte kopieren. Auch bei ausleihbaren Werken empfiehlt es sich, wichtige Seiten zu kopieren, um diese dann besser bearbeiten zu können (mit Anmerkungen versehen, markern usw.).

Beim Kopieren sollten Sie die folgenden Regeln beachten:

- Versehen Sie jede Kopie oben mit einer bibliografischen Kurzangabe. Diese besteht aus den NACHNAMEN der Autorinnen bzw. Autoren und dem Erscheinungsjahr des Buches bzw. der Zeitschrift.
  Beispiel: UHLENBROCK & WALORY 2006.
- Erstellen Sie zu jeder bibliografischen Kurzangabe eine **bibliografische Notiz** z.B. auf einer Karteikarte oder am Computer (→ Seite 18 f.). Die Karteikarte ist dabei im Rahmen der Bibliotheksarbeit im Handling besonders einfach und effizient. Notieren Sie alle wichtigen bibliografischen Angaben (→ Seite 19, oben), bei einem Zeitschriftenartikel auch die erste und letzte Seite des Artikels. Im Zweifelsfall gilt: Mehr ist besser!
  Eine zur bibliografischen Kurzangabe *UHLENBROCK & WALORY 2006* auf der kopierten Seite passende Literaturkarteikarte sollte wie folgt aussehen:

Beispiel: Literaturkarteikarte

UHLENBROCK, Karlheinz & WALORY, Michael (2006):
Fit fürs Abi Biologie Wissen. 1. Auflage.
Braunschweig: Bildungshaus Schulbuchverlage Westermann Schroedel Diesterweg Schöningh Winklers

- Notieren Sie auf Kopien von Zeitungsartikeln neben dem Namen der Zeitung auch das Erscheinungsdatum (z. B.: MÜNSTERSCHE ZEITUNG vom 4.5.2012).
- Achten Sie darauf, bei Büchern und Zeitschriften die Seitenzahlen mitzukopieren. Sie benötigen diese später für die Erstellung korrekter Textzitate. Falls die Seitenzahlen nicht mitkopiert werden können (z. B. wegen Übergröße der Vorlage), müssen Sie diese per Hand auf der Kopie notieren.
- Kopieren Sie mehrere Seiten aus einem Buch bzw. einer Zeitschrift, so sollten Sie die Kopien zusammenheften. So bleibt deren Ursprung aus einem Werk erkennbar. Zudem müssen Sie in diesem Fall nur die erste Seite des zusammengehefteten Blätterstapels mit einem entsprechenden bibliografischen Vermerk versehen.
- Sind auf den kopierten Seiten Literaturverweise enthalten, müssen Sie auch die dazugehörenden vollständigen Literaturangaben im Literaturverzeichnis kopieren. Sie benötigen dies später unter Umständen für die korrekte Gestaltung Ihrer Textzitate (→ Kapitel 7).
- Achten Sie darauf, die ausgewählten Seiten gerade, vollständig und gut lesbar zu kopieren. Abgeschnittene Seitenteile müssen erneut kopiert werden.
- Sehr klein gesetzte Textvorlagen sollten gegebenenfalls beim Kopieren vergrößert werden.
- Breite schwarze Seitenränder sollten durch Abdecken mit einem leeren weißen Blatt Papier vermieden werden.
- Prüfen Sie **vor** dem Betätigen der Copy-Taste des Kopierers, ob die ins Auge gefassten Seiten tatsächlich relevant sind. Hemmungsloses Kopieren belastet nicht nur Ihr Budget, sondern führt auch zu einer Papierflut in Ihrem Arbeitszimmer, die dann zeitaufwendig gesichtet, gelesen, abgeheftet und bibliografisch erfasst werden muss. Zudem ist es aus ökologischer Sicht nicht vertretbar.
- Heften Sie die erstellten Kopien möglichst zeitnah und geordnet in einem Aktenordner oder Schnellhefter ab. Nutzen Sie dabei z. B. zentrale Begriffe Ihrer Stichwortauflistung oder Mindmap zum Referat-/Facharbeitsthema als Ordnungskriterien.

Tipp

Häufig ist für das Kopieren in Bibliotheken Kleingeld notwendig. Nehmen Sie also beim Bibliotheksbesuch einen ausreichenden Vorrat an Münzen mit. Teilweise benötigen Sie für das Betreiben des Kopierers in Bibliotheken eine Copycard. Erkundigen Sie sich beim Bibliothekspersonal, wo diese zu erwerben ist.

Online-Bezug. Sie haben auch die Möglichkeit, Fernleihvorgänge selber via Internet über das System *subito* (***http://www.subito-doc.de/***) durchzuführen.

- *Subito* ist ein Online-Lieferdienst wissenschaftlicher Bibliotheken aus Deutschland, Österreich und der Schweiz für Aufsätze und Bücher.
- *Subito* bietet zwei Dienste an: über ***subito-article-delivery*** kann man Kopien aus gedruckten Zeitschriften oder einzelne kopierte Buchseiten erhalten, über ***subito-book-delivery*** ist die Ausleihe von Büchern möglich.
- Sie können *subito* benutzen, wenn Sie genau wissen, was Sie bestellen möchten, das heißt wenn Sie die bibliografischen Angaben des gesuchten Buches bzw. Zeitschriftenartikels bereits über eines der in Kapitel → „4.3 Literaturrecherche" auf Seite 45 ff. beschriebenen Verfahren ermittelt haben.
- Sie recherchieren dann in den *subito*-Katalogen (Zeitschriftenkatalog, Buchkataloge), ob das von Ihnen gesuchte Werk in einer der *subito* angeschlossenen Bibliotheken verfügbar ist.
- Ist dies der Fall, so haben Sie die Möglichkeit, sich Aufsätze oder Kopien einzelner Buchseiten per E-Mail, Fax oder Post zusenden zu lassen. Für die Bücher und Zeitschriften vieler Verlage ist zudem der elektronische Versand von einzelnen Seiten oder Aufsatzkopien als DRM-geschützte pdf-Datei möglich.

DRM: Digital Rights Management; eine Art Kopierschutz für elektronische Medien.

- Ganze Bücher können Sie sich gleichfalls zusenden lassen oder auch selbst abholen, sofern Sie nahe der Bibliothek wohnen, in der das Werk einsteht.
- Der Zustellservice ist sehr schnell: Bei Normalbestellung bearbeiten die Bibliotheken die Anfrage an Werktagen innerhalb von 72 Stunden, beim Eilservice sogar innerhalb von 24 Stunden.
- Ganz umsonst ist dieser sehr schnelle Bezugsweg jedoch nicht: Als Schülerin oder Schüler aus Deutschland, Österreich, Lichtenstein oder der Schweiz gehören Sie zur Kundengruppe 1 und zahlen im Normaldienst z. B. für die Zustellung eines Zeitschriftenaufsatzes per Post oder Fax 6,50 €, per E-Mail 5,00 €. Eine Buchzustellung kostet im Normaldienst 9,00 €. Zudem muss auch das Rückporto bezahlt werden. (Stand: 4.5.2012)

4.5 Internetrecherche

Die Stärken des Internet

Das Internet ist heute als Informationsquelle nicht mehr wegzudenken. Es wirkt auf den ersten Blick wie das Paradies für jeden, der Informationen sucht. Das gesamte Wissen der Menschheit scheint hier, verteilt auf Millionen von Internetseiten, nur darauf zu warten, entdeckt, abgerufen und für ein Referat oder eine Facharbeit genutzt zu werden. Nicht nur von unermesslicher Vielfalt und Breite ist das Informationsangebot im Netz, es besticht daneben in vielen Fällen auch durch seine hohe Aktualität. Nachrichten werden im Minutentakt aktualisiert. Während Bücher aufgrund der länger dauernden redaktionellen Bearbeitungs- und Druckprozesse häufig Informationen enthalten, die bereits mehrere Jahre alt sind, findet man im Internet auch Daten vom heutigen Tag. Hinzu kommt die Internationalität des Informationsangebotes: Man hat Zugang zu Quellen aus allen Teilen der Welt. Und das bequem von zu Hause oder von der Schule aus.
Führt man sich all diese bestechenden Vorteile des Internet vor Augen, drängt sich die Frage auf, warum es heutzutage neben dem Internet überhaupt noch gedruckte Literatur gibt.

Die Schwächen des Internet

Begibt man sich jedoch im Netz auf Informationssuche, so stößt man auf Probleme, Grenzen und Einschränkungen, die die Wunderwelt des **W**orld **W**ide **W**eb zumindest in Teilen entzaubern:

- Da ist zunächst einmal der **Zugang** selbst. Verfügt man zu Hause über einen eigenen Zugang zum Netz, bleibt lediglich die **Kostenfrage** und die ist dank Flatrate heute meist nur noch von geringer Bedeutung. Ist man aber auf den kostenlosen Schulanschluss angewiesen, wird man vielfach feststellen, dass dieser gerade dann nicht verfügbar ist, wenn man ihn braucht.
- Zum zweiten stellt gerade die **Vielfalt** und der **riesige Umfang** des Datenbestandes im Netz ein Problem dar. Wie soll man unter den Millionen von Internetseiten diejenigen finden, die für das spezielle Referats- oder Facharbeitsthema relevant sind?
- Erschwerend kommt bei vielen Internetquellen hinzu, dass diese **in englischer Sprache** verfasst sind. Nur ein Beispiel: Die Suche nach deutschsprachigen Internetquellen zum Stichwort *AIDS* liefert 13,8 Mio. Quellenangaben als Ergebnis. Schränkt man die Suche hingegen nicht auf deutschsprachige Quellen ein, so erhält man 349 Mio. Quellen, die Mehr-

zahl in englischer Sprache (Suchmaschine *Google*®, Suche am 4.5.2012). Um die Informationsvielfalt des Internet richtig ausnutzen zu können, sollte man also des Englischen mächtig sein.

- Als weiteres Handicap von Internetquellen ist deren **Kurzlebigkeit** zu nennen. Häufig findet man eine Internetadresse, die man vor einer Woche als besonders ergiebig empfohlen bekam, bereits heute nicht mehr im Netz. Oder die URL der empfohlenene Seite hat sich seither bereits verändert (URL = *Uniform Resource Locator*, die Adresse eines Servers oder eines Dokumentes im Internet). Zudem werden viele Webseiten beständig überarbeitet, verändert, korrigiert. Was Sie heute auf einer bestimmten Webseite lesen, muss nicht unbedingt auch morgen noch dort zu finden sein.
- Überdies sind viele Internetseiten in Ihrer **Informationsqualität mangelhaft** bzw. nur schwer beurteilbar. Gedruckte Literatur wird in der Regel vor der Veröffentlichung von Lektoreninnen oder Lektoren überprüft und korrigiert. Seriöse Verlage arbeiten nur mit seriösen Autoren zusammen. Im Internet entfallen diese Kontrollmechanismen in vielen Fällen. Hier kann jeder alles einstellen. Persönliche Meinung und Tatsachendokumentation sind häufig nicht klar getrennt. Radikale politische Tendenzen verzerren den Informationsgehalt einer Reihe von Internetseiten, so wie es eine willkürliche und unqualifizierte Datenauswahl bei anderen Seiten tut. Ein gutes Beispiel stellt hier die derzeit vielgenutzte Internet-Enzyklopädie Wikipedia® dar (***http://de.wikipedia.org/wiki/Hauptseite***). Hier können freiwillige Autoren Beiträge einstellen, die dann später überprüft, gegebenenfalls korrigiert, ergänzt oder verändert werden. Dieses Verfahren führt unweigerlich dazu, dass die Einträge bei *Wikipedia*® Fehler, Unschärfen und Lücken enthalten. Sie sind ferner einem dauernden Änderungsprozess unterworfen. *Wikipedia*®-Beiträge können damit nur eingeschränkt als wissenschaftlich seriös gelten.
  Bedenken hinsichtlich der wissenschaftlichen Seriosität vieler Internetquellen sind es denn auch, die dazu geführt haben, dass an manchen Fachbereichen der Universitäten und Fachhochschulen die Benutzung von Internetquellen unerwünscht, ja verboten ist.

Zentrale Punkte der Internetrecherche

Aus den soeben aufgeführten Schwächen des Internet ergibt sich die Notwendigkeit, bei dessen Nutzung als Informationsplattform folgende Punkte zu beachten:

- Planen Sie die Internetrecherche sorgfältig. Nur so werden Sie im Dschungel des World Wide Web geeignete Quellen aufspüren (→ Seite 60 f.).

- Speichern Sie brauchbare Internetquellen ab. So stehen Ihnen diese auch später noch in der Erstfassung zur Verfügung. Teilweise verlangen Schulen auch, die bei der Erstellung einer Facharbeit oder eines Referats benutzten Internetquellen dem Endprodukt in digitaler Form oder als Ausdruck im Anhang beizufügen.
- Alternativ können Sie nutzbar erscheinende Internetquellen auch ausdrucken.
- Achten Sie bei Abspeicherung wie Ausdruck von Internetquellen darauf, diese bibliografisch korrekt zu erfassen. Hierzu gehört die Dokumentation der URL („Internetadresse“) sowie des Datums der Entnahme der Informationen aus dem Netz (→ Seite 20).
- Stützen Sie Ihre Arbeit nur in Ausnahmefällen ausschließlich auf Internetquellen. Verwenden Sie – soweit möglich – parallel stets auch wissenschaftliche Literatur.
- Verwenden Sie möglichst nur Internetquellen, deren Seriosität Sie abschätzen können (→ Seite 67).

Die Strategie der Internetrecherche

Um in der Fülle der Internetquellen die geeigneten Informationen ausfindig zu machen, bedarf es einer ausgefeilten Suchstrategie. Gehen Sie also wie folgt vor:

Zeit
Planen Sie ausreichend Zeit für die Quellensuche im Internet ein. Angesichts der Datenfülle kann sich die Suche länger hinziehen, als Sie zunächst vermutet haben.

Internetzugang
Falls Sie nicht über einen eigenen Internetzugang verfügen, sollten Sie sich möglichst frühzeitig darum bemühen, den Schulzugang zum Netz nutzen zu dürfen.

Suchbegriffe
Bevor Sie mit Ihrer Recherche beginnen, sollten Sie sich genau überlegen, was Sie suchen wollen:

- Es ist zumeist wenig sinnvoll nach sehr allgemeinen Stichworten zu suchen. Suchbegriffe wie z. B. *Thomas Mann, USA* oder *Laser* führen zu sehr vielen Webseiten, deren Inhalte allerdings teilweise nur wenig mit dem von Ihnen gesuchten Informationen zu tun haben. Hier die Spreu vom Weizen zu trennen kostet viel Zeit und Nerven.

- Prüfen Sie also vor Ihrer Internetrecherche Ihren bisherigen Informationsstand. Beantworten Sie dazu die folgenden Fragen:
  – Am Beginn Ihrer Arbeit: Was kennzeichnet mein Thema? Welche besonderen Begriffe sind mit dem Thema verbunden?
  – Im weiteren Verlauf: Wo bestehen Lücken? Welche Informationsabschnitte sind noch ergänzungsbedürftig? Welche speziellen Begriffe müssen noch mit Hintergrundinformationen gefüllt werden?

  Erstellen Sie anhand der Antworten auf diese Fragen eine Liste mit möglichst konkreten, engen Suchbegriffen, nach denen Sie im Netz fahnden wollen. Je spezieller und enger Ihre Suchbegriffe sind, desto größer die Chance, die gewünschte konkrete Information auch direkt zu finden.
- Zu Ermittlung geeigneter Suchbegriffe bietet sich auch der folgende Weg an: Lesen Sie in einem Lexikon oder einer Enzyklopädie (z. B. auch in Wikipedia®) Einträge, die mit Ihrem Thema im Zusammenhang stehen. Diese Einträge enthalten in der Regel markante Schlagworte, Namen oder Ortsangaben, die Sie dann auf Ihre „Fahndungsliste“ setzen sollten.

Wichtig für die Suche im Internet sind die Wahl der geeigneten Suchmaschine sowie von prägnanten, zielführenden Suchbegriffen.

Suchmaschinen

Nicht nur die Wahl der richtigen Suchbegriffe, sondern auch die Wahl der richtigen Suchmaschine ist für den Erfolg Ihrer Internetrecherche von großer Bedeutung.

- Suchmaschinen durchsuchen das Internet beständig mit spezieller Software, die *Spider* (Spinne) oder *Crawler* (Krabbler) genannt wird, nach Stichworten oder Wortgruppen aller Art ab. Die Ergebnisse einer solchen Suche werden dann in einer Datenbank abgelegt. Geben Sie einen Suchbegriff in die Suchmaske einer Suchmaschine ein, so wird die Datenbank dieser Suchmaschine durchforstet und es werden Ihnen alle Internetseiten aufgelistet, auf denen Ihr Suchbegriff vorkommt.
- Die Datenbanken verschiedener Suchmaschinen weisen, je nach eingesetzter Spider-Software und nach der Häufigkeit, mit der diese das Netz durchforscht, sehr unterschiedliche Eintragungen auf. Die Eingabe desselben Suchbegriffes kann damit bei verschiedenen Suchmaschinen zu unterschiedlichen Ergebnissen führen. Es ist folglich wichtig, sich vor Beginn der Suche Gedanken über die Auswahl geeigneter Suchmaschinen zu machen.
- Die derzeit gängigste Suchmaschine ist *Google®* (***http://www.google.de/***). Doch auch wenn diese Suchmaschine sehr viele Webseiten erfasst, kann es durchaus lohnend sein, verschiedene Suchmaschinen nach demselben Suchbegriff forschen zu lassen. Deckungsgleiche Suchergebnisse lassen sich leicht aussortieren – doch man wird unter Umständen auch auf gänzlich andere Internetseiten stoßen.

Bei den Suchmaschinen unterscheidet man:

- **Allgemeine Suchmaschinen**. Sie durchsuchen das Internet oder bestimmte Teile des Netzes nach dem Vorkommen bestimmter eingegebener Suchbegriffe. Dabei beschränken sich einige Suchmaschinen auf die Durchforschung bestimmter Abschnitte der Internetdateien (z. B. der URL), andere durchsuchen den gesamten Text einer Internetquelle (Volltextsuchmaschinen). Neben Suchmaschinen, die das Internet nach deutschsprachigen Quellen durchsehen, gibt es auch Suchmaschinen, die Ihre Suche ohne Spracheinschränkung durchführen oder aber ganz speziell nach Quellen in französischer, italienischer, spanischer, portugiesischer oder einer anderen Sprache suchen.
- **Spezialsuchmaschinen**. Für eine Vielzahl von Themenfeldern gibt es spezielle Suchmaschinen, deren Datenbestand zum jeweiligen Themenfeld deutlich breiter und vollständiger ist, als bei allgemeinen Suchmaschinen. Suchen Sie spezielle Informationen, sollten Sie auf solche Spezialsuchmaschinen zurückgreifen.
- **Metasuchmaschinen**. Hierbei handelt es sich um Suchmaschinen, die den Bestand verschiedener allgemeiner und/oder spezieller Suchmaschinen parallel nach den von Ihnen eingegebenen Suchbegriffen durchstöbern und das Ergebnis der Suche dann zusammenfassen. Sie bieten teilweise weniger detaillierte Suchmöglichkeiten als allgemeine Suchmaschinen an. Zudem dauert die Suche hier häufig länger als bei allgemeinen bzw. Spezialsuchmaschinen. Auch entspricht die (bei einer großen Zahl von Treffern nicht unwichtige) Reihenfolge der Trefferangaben hier dem Mittel der Gesamtsuche in allen verwandten Suchmaschinen und ist so oft wenig aussagekräftig.

  Metasuchmaschinen sind deshalb eher dazu geeignet, seltenen Suchbegriffen nachzuspüren. Doch auch für einen ersten generellen Überblick über die Informationslage zu einem bestimmten Thema sind sie zweckdienlich.
- **Kataloge**. Diese stellen eine sortierte Sammlung von Internetadressen dar, die unter bestimmten, von Katalogebene zu Katalogebene immer spezieller werdenden Schlagworten zusammengefasst sind. Hier haben die Herausgeber des jeweiligen Katalogs eine Auswahl unter allen Internetadressen getroffen und nur die ihnen geeignet erscheinenden Links nach bestimmten inhaltlichen Kriterien zusammengestellt.

  Die Suche in einem Internetkatalog läuft ähnlich ab wie die Suche in einem Versandhauskatalog. Sie ist damit relativ einfach und führt in der Regel auch schnell zu einem Suchergebnis.

  Doch wie bei einem Versandhauskatalog auch, kann es durchaus sein, dass das Angebot Lücken aufweist. Internetquellen, die für Sie von Interesse sind, wurden unter Umständen von den Katalogherausgebern gerade nicht in den Katalog aufgenommen. Zudem entspricht das Ordnungssystem eines Katalogs dem Geschmack des jeweiligen Katalogherausgebers. Es ist damit nicht für jeden Nutzer nachvollziehbar, was bedeutet, dass man eventuell Links nicht findet, weil sie unter eher ungewöhnlichen Schlagworten einsortiert wurden. Schließlich enthalten mache Unterrubriken viele unsortierte Links, was die Suche zeitraubend und schwierig macht. Manche Kataloge bieten Abhilfe, indem sie eine Katalogsuchoption enthalten.

Oftmals ist ein Katalog zudem direkt mit einer allgemeinen Suchmaschine gekoppelt. Sie können also eine Suchanfrage im Katalog starten und diese wird dann an die Suchmaschine weitergeleitet.

Eine Übersicht über gängige Suchmaschinen und Kataloge finden Sie unten. Dabei wurde auf die Auflistung von Spezialsuchmaschinen aus Platzgründen verzichtet. Sie gelangen jedoch über die angegebenen *Suchmaschinen-Suchmaschinen* (Suchmaschinen, die das Netz nach aktiven Suchmaschinen durchforschen) zu entsprechenden Adressen.

Suchmaschinen
Stand: 4.5.2012

Suchmaschinen-Suchmaschinen (Auswahl)
http://www.klug-suchen.de/ (Links zu über 1100 deutschsprachigen Suchmaschinen aller Art)
http://www.suchlexikon.de/ (Links zu über 2500 deutschsprachigen Suchmaschinen aller Art)
http://www.suchmaschinen-online.de/ (Links zu deutschen und internationalen Suchmaschinen sowie Tipps zur Optimierung der Suche im Netz)
http://www.ub.tu-berlin.de/ (→ Literatursuche → Internetquellen; unter anderem Links zu ausgewählten Suchmaschinen)

Metasuchmaschinen (Auswahl)
http://www.apollo7.de/ (deutschsprachig; zu nutzende Suchmaschinen einzeln anwählbar)
http://www.copernic.com/ (Copernic Agent Personal; deutschprachige Meta-Suchmaschine zum Herunterladen; viele Einstellmöglichkeiten)
http://www.ixquick.com/ (deutschsprachige und internationale Metasuchmaschine)
http://www.metager.de/ (älteste deutsche Metasuchmaschine; viele Einstellmöglichkeiten)
http://www.search.com/ (internationale Metasuchmaschine (USA); sehr viele Treffer)

>>

>> Suchmaschinen

Deutschsprachige allgemeine Suchmaschinen (Auswahl)
http://de.altavista.com/ (auch Multimedia-Suche; schnell; hohe Trefferquote)
http://scholar.google.de/ (Suchmaschine für die gezielte Suche nach wissenschaftlichen Quellen)
http://www.fastbot.de/ (sehr schnell; einfach; hohe Trefferquote)
http://www.fireball.de/ (sehr schnell; hohe Trefferquote)
http://www.google.de/ (einfach zu bedienen; sehr schnell; sehr hohe Trefferquote)
http://suche.freenet.de/ (sehr schnell; sehr gute Trefferquote; Suche über *google®*)

Internationale allgemeine Suchmaschinen und Kataloge (Auswahl)
http://www.teoma.com/ (einfach zu bedienen; hohe Trefferquote)
http://www.scirus.com/ (englischsprachige Suchmaschine für die gezielte Suche nach wissenschaftlichen Quellen)
http://www.dmoz.org/ (englischsprachiger Katalog; mehr als 5 Millionen Einträge; mit Suchmaschine)
http://www.euroseek.com/ (Suche in vielen verschiedenen Sprachen möglich)
zudem:
http://www.google.com/ und
http://www.lycos.com/ und
http://www.yahoo.com/

Suche

Regeln für die Suche im Internet.

Suchmaschinen bieten eine Vielzahl von Möglichkeiten, die Suche gezielt und effektiv zu gestalten. Generell gelten dabei für die Suche mit (fast) allen Suchmaschinen die folgenden Regeln:

- Wählen Sie für die Suche Stichworte aus, die in einem klaren Zusammenhang mit Ihrem Suchgegenstand stehen (→ Beispiel auf Seite 68).
- Halten Sie Ihre Suche zunächst so einfach wie möglich: Geben Sie nur ein oder zwei markante Suchbegriffe ein. So bekommen Sie einen Überblick über den Quellenbestand zum gesuchten Themenfeld. Und vielleicht sind ja auch hier bereits brauchbare Quellen auf den ersten Ergebnisseiten enthalten.
- Engen Sie Ihre Suche nun ein: Geben Sie mehrere inhaltlich zusammenhängende Suchbegriffe gleichzeitig in die Suchmaske ein. So verfeinern und präzisieren Sie die Suche (→ Beispiel auf Seite 68).

- Wollen Sie nur eng auf Ihren Suchgegenstand zugeschnittene Quellen angezeigt bekommen, wählen Sie für die Eingabe in die Suchmaske möglich spezifische Suchbegriffe aus (also z. B. „Rosenschere“ statt „Gerät Schneiden Rosen“).
- Geben Sie den Suchbegriff, den Sie für den wichtigsten halten, als ersten Suchbegriff ein. Dies beeinflusst die Anzeigereihenfolge der Suchergebnisse.
- Erhalten Sie kein verwertbares Suchergebnis, probieren Sie andere, eventuell nur leicht abgewandelte Suchbegriffe bzw. Begriffskombinationen.
- Suchen Sie unter Umständen mit denselben Suchbegriffen in verschiedenen Suchmaschinen (→ Seite 61).

Regeln für die Suchfunktion bei Google®.

Bei der aktuell gängigsten Suchmaschine Google® gelten für die Optimierung der Suche unter anderem folgende Regeln:

- Es werden automatisch nur solche Internetseiten gesucht, auf denen *alle* in die Suchmaske eingegebenen Begriffe vorkommen (automatische „Und“-Suche).
- Groß- und Kleinschreibung sind unerheblich, bleiben also unbeachtet.
- Ein direkt vor den Suchbegriff gesetztes „-“ bedeutet, dass bei der Suche nur Quellen berücksichtigt werden, in denen der mit einem Minuszeichen versehene Begriff *nicht* vorkommt.
- Ein direkt vor den Suchbegriff gesetztes „+“ bedeutet, dass nach dem Suchbegriff in exakt der eingegebenen Schreibweise gesucht wird. Wird kein „+“ vor den Suchbegriff gesetzt, so werden auch ähnliche Schreibweisen berücksichtigt (z. B. Caesar und Cäsar).
- Werden mehrere Suchbegriffe in Anführungszeichen gesetzt, so bedeutet dies, dass diese Begriffe zusammenhängend, als sogenannte Phrase, in der Quelle vorkommen müssen (→ Seite 68).
- Setzen Sie hinter ein Wort ein „*“ (Platzhalter, Wildcard), so wird nach Wortstämmen gesucht. Es werden als Ergebnis dann alle Seiten aufgelistet, die das eingegebene Wort oder ein zusammengesetzten Wort enthalten, das dieses Wort als Anfang aufweist.
- Beim Anzeigen der Suchergebnisse erscheint links eine Liste von Optionen zur Verfeinerung der Suche. Hier ist z. B. die Option „Wortwörtlich“ interessant. Klicken Sie diese Option an und geben Sie dann Ihre Suchbegriffe in die Suchmaske ein. Google® sucht nun nach Ihren Suchbegriffen in genau der Schreibweise, wie Sie sie eingegeben haben.
- Durch das Anklicken des Buttons „Bilder“ können Sie gezielt nach Abbildungen (Bilder, Diagramme, Karten usw.) suchen. Auch hier führt die Eingabe weiterer, einengender Begriffe zur Präzisierung der Suche (z. B. Begriffe wie „Karte“ oder „Diagramm“; → Seite 68).

Tipp

Sie können sich über die konkreten Möglichkeiten Ihrer Suchmaschine informieren, indem Sie die Suchmaske der Suchmaschine aufrufen und dann auf die *Hilfe-* bzw. die *Suchtipps*-Funktion klicken.
Hier wird Ihnen genau erklärt, wie Sie die Suche mit dieser speziellen Suchmaschine optimal gestalten können.

Weitere Suchtipps

Hier noch einige Tipps, wie Sie Ihre Internetrecherche optimieren können:

- Nutzen Sie die Optimierungsmöglichkeiten Ihrer Suchmaschine, die sich bei den meisten Suchmaschinen unter der Funktion „*Erweiterte Suche*“, „*Profisuche*“, „*Detailsuche*“, „*mehr Optionen*“ oder „*Advanced Search*“ verbergen. Hier können Sie in die Suchmaske Wortkombinationen, Wortausschlüsse, die gewünschte Sprache sowie eine Fülle weiterer Suchoptionen eingeben.
- Suchen Sie im gesamten World Wide Web und nicht nur in deutschsprachigen Quellen. Insbesondere wenn Sie nach speziellen Informationen fahnden, erhalten Sie so deutlich mehr Treffer, da die Mehrzahl der Internetquellen in Englisch abgefasst ist.
- Sind Ihre Englischkenntnisse jedoch gering, so beschränken Sie die Suche durch Anklicken des entsprechenden Buttons auf deutschsprachige Internetseiten.
- Nutzen Sie nach dem Aufrufen einer fremdsprachigen Website die Übersetzungstools Ihres Browsers bzw. Ihrer Suchmaschine – aber nur, um sich einen groben Eindruck vom Inhalt der jeweiligen Quelle zu verschaffen!
  Übersetzungsmaschinen liefern zwar Übersetzungsergebnisse, doch sind diese in der Regel unzureichend. Häufig führen Übersetzungsfehler bzw. -unschärfen dazu, dass der Inhalt der Ursprungsquelle verfälscht wiedergegeben wird. Solche Übersetzungsergebnisse sind als Basis für ein Referat oder eine Facharbeit nicht zu verwenden. Haben Sie bezüglich Ihrer Fremdsprachenkenntnisse Bedenken, sollten Sie Ihre Suche auf den deutschen Sprachraum beschränken oder sprachbegabte Bekannte um Hilfe bitten.
- Auch bei der Suche im Internet funktioniert das Tracer-Verfahren (→ Seite 51): Viele Internetseiten enthalten Links zu thematisch verwandten Seiten. Durch Anklicken dieser Links gelangen Sie zu eventuell interessanten, von Ihrer Suchmaschine nicht aufgespürten Internetquellen. Und diese können wiederum weitere Links enthalten ...
- Doch Achtung: Stärker als beim Durchblättern eines Buch verleitet das Tracer-Verfahren im Internet dazu, abzuschweifen. Links reizen dazu, sie anzuklicken, die dazugehörigen Seiten zu durchstöbern und sich dabei

immer mehr vom eigentlichen Ziel der Internetrecherche zu entfernen. Hier gilt: Lassen Sie sich nicht auf Nebenpfade locken. Behalten Sie Ihr Rechercheziel im Auge.

- Denken Sie daran, geeignet erscheinende Internetseiten auszudrucken oder auf Ihrem Computer abzuspeichern. Dies ist nicht nur sinnvoll, weil Sie eventuell verpflichtet sind, die verwendeten Internetquellen Ihrer Facharbeit oder Ihrem Referat im Original beizufügen, sondern auch, weil die von Ihnen aufgespürte Quelle unter Umständen bereits am Folgetag nicht mehr im Netz verfügbar ist.

Wichtig:
Sichern Sie Ihre Suchergebnisse, indem Sie ergiebige Internetquellen abspeichern oder ausdrucken.

- Vergessen Sie die bibliografische Erfassung der Websites nicht (→ Seite 20 f.).
- Bevor Sie Internetquellen verwenden, sollten Sie deren **Seriosität abschätzen**. Internetseiten öffentlicher Institutionen, Universitäten oder großer Zeitungen sind in der Regel bedenkenlos verwendbar. Bei Seiten von Privatpersonen sollten Sie überprüfen, ob der Verfasser namentlich genannt wird. Ist dies nicht der Fall, sollte die Quelle nicht benutzt oder deren Nennung mit einem kritischen Kommentar versehen werden.
  Die Suchmaschinen ***http://scholar.google.de/*** oder ***http://www.scirus.com*** bieten die Möglichkeit, im Netz gezielt nach wissenschaftlicher Literatur zu suchen. Zusätzliche Angaben im Suchergebnis (z. B. wie oft und durch wen die Quelle zitiert worden ist) ermöglichen eine Abschätzung der wissenschaftlichen Relevanz und Seriosität der Seite.
- Werden Sie nicht zum „Aktualitätsguru"! Das Internet besticht zwar durch seine Aktualität, doch wird niemand von Ihnen erwarten, dass Sie in Ihr Referat oder Ihre Facharbeit die aktuellen Meldungen des Abgabetags einbringen.
  Legen Sie daher eine Deadline für Ihre Internetrecherche fest (→ Seite 14, Fehler 3). Nach diesem Termin, der spätestens eine Woche vor dem Referat bzw. einige Wochen vor Abgabe der Facharbeit liegen sollte, sollte die Recherche nur bei schmerzlichen Materiallücken wiederaufgenommen werden.

Tipp

Nutzen Sie nach dem Aufruf einer Seite zum Aufspüren des Suchbegriffs innerhalb des Dokuments die Suchfunktion Ihres Browsers bzw. pdf-Readers.

Suchen mit Suchmaschinen

Beispiel eines optimierten Suchvorganges mit der Suchmaschine Google® am 4.5.2012:

- Das Thema Ihrer Facharbeit in einem Leistungskurs Geschichte lautet: *Deutschland als Kolonialmacht – Das Beispiel der ehemaligen Kolonie Deutsch-Südwestafrika (heute Namibia).*
- Sie haben bereits geeignete Literatur gefunden, suchen jedoch noch weitere Informationen über die Rolle des Generalleutnants von Trotha bei der Niederschlagung des Herero-Aufstandes in Deutsch Südwestafrika im Zeitraum 1904–1907.
- Ausgehend von dieser Informationslücke notieren Sie die folgenden Suchbegriffe:
  Deutsch – Südwestafrika – Herero – Aufstand – Generalleutnant von Trotha – 1904 – 1907.
- Sie rufen die Suchmaschine *Google®* auf.
- Nun starten Sie Ihre Suche. Sie geben zunächst *deutsch südwestafrika* in die Suchmaske ein. Das Ergebnis: 292 000 Internetquellen werden aufgelistet. Deutlich zu viele, um sie alle auf ihre Verwendbarkeit hin zu überprüfen.
- Nun geben Sie *deutsch südwestafrika herero* ein. Das Ergebnis: 41 700 Quellen, darunter auch solche mit völkerkundlichem Inhalt – für Ihre Arbeit mithin nicht unbedingt geeignet.
- Schließlich geben Sie ein *deutsch südwestafrika herero „von Trotha“*. Das Ergebnis: Es werden nur noch 8060 Internetquellen aufgeführt, die jeweils alle drei Suchbegriffe und die Phrase „von Trotha“ enthalten. Diese Seiten haben den Herero-Aufstand und die Rolle von Trothas bei der Niederschlagung des Aufstandes zum Inhalt. Sie können sie nun aufrufen.

Bei der Suche werden Sie feststellen:

- *Google®* sucht automatisch nach Seiten, auf denen *alle* eingegeben Begriffe vorkommen.
- Dabei ist es für das Gesamtergebnis egal, in welcher Reihenfolge Sie die einzelnen Suchbegriffe eingeben. Allerdings variiert je nach Reihenfolge der Suchbegriffe auch die Reihenfolge, in der die Ergebnisse angezeigt werden.
  Tipp: Geben Sie den Ihnen am wichtigsten erscheinenden Begriff an erster Stelle in die Suchmaske ein.
- Durch Anklicken des Buttons „Bilder“ beschränken Sie die Suche auf Bildmaterial. Geben Sie nun *deutsch südwestafrika* in die Suchmaske ein, so erhalten Sie 46500 Abbildungen. Wollen Sie vor allem Kartenmaterial angezeigt erhalten, geben Sie *deutsch südwestafrika karte* ein.

>>

Das Ergebnis: 13200 Bildquellen, wobei Karten als erste Ergebnisse angezeigt werden, aber auch Postkarten usw. in der Auflistung enthalten sind. Die zusätzliche Eingabe von *landkarte* reduziert die Trefferzahl weiter und engt sie deutlich auf Kartenmaterial ein.

– Groß- und Kleinschreibung ist bei der Eingabe ohne Bedeutung.
– Allerdings müssen Sie auf eine exakte Schreibweise achten. Geben Sie z. B. *deutsch südwestafrika herrerro „von Trotha“* ein, so erhalten Sie drei Suchergebnisse und die Anfrage der Suchmaschine „Meinten Sie: deutsch südwestafrika herero „von Trotha“ . Klicken Sie diesen Satz an, gelangen Sie zu den bereits genannten 8060 Internetquellen.

>> Suchen mit Suchmaschinen

Überblick

- **Quellenspektrum:** Als Basis für ein Referat oder eine Facharbeit kommen verschiedene Quellen in Frage: Bücher, Zeitschriftenaufsätze, Atlanten, Internetquellen ...
  Hier gilt: Die Quellenbasis der Arbeit sollte nicht zu schmal sein, also nicht nur aus ein oder zwei Quellen bestehen.
  Auch sollten nicht ausschließlich Internetquellen genutzt werden. Literatur (z. B. aus der Bibliothek am Wohnort oder per Fernleihe bezogen) stellt eine wichtige und notwendige Ergänzung des Internetfundus dar.
- **Literaturrecherche:** Bibliotheken, Buchhandlungen aber auch online-Kataloge bieten sich als Orte für die Literaturrecherche an.
  Dabei kann z. B. das „Tracer-Verfahren“ (Schneeballsystem) zur Recherche genutzt werden (→ Seite 51).
  Gefundene Literatur muss möglichst längerfristig für die Arbeit zur Verfügung stehen, sollte also gekauft, ausgeliehen oder kopiert werden.
  Wichtig: Kopien müssen mit bibliografischen Vermerken versehen werden, um sie in Referat oder Facharbeit korrekt zitieren zu können. Diese bibliografischen Vermerke können sehr knapp sein (Nachname Autor und Erscheinungsjahr des Werkes), müssen aber ergänzt werden durch eine bibliografische Erfassung der Quelle auf Karteikarte, PC oder Smartphone (→ Seite 18 f.).
- **Internetrecherche:** Das World Wide Web bietet einen riesigen, doch unübersichtlichen Fundus an Informationen. Suchmaschinen helfen, in diesem Fundus die gewünschten Informationen zu finden.
  Wichtig ist dabei neben der Wahl der richtigen Suchmaschine (→ Seite 61 ff.) auch die strukturierte Gestaltung der Suche (→ Seite 64 ff.). Wie bei Literatur gilt: Alle relevant erscheinenden Internetquellen müssen bibliografisch erfasst werden.

5 Auswertung von Textquellen

Stapelt sich nach erfolgreicher Suche ein Berg von Literatur und Internetausdrucken auf Ihrem Schreibtisch, so können Sie sich trotzdem nur kurz zufrieden zurücklehnen. Denn nun steht die eigentliche Auswertungsarbeit bevor. Dabei besteht die Gefahr, dass Sie sich im Dschungel der vielen hundert bedruckten Seiten verlieren und nach dem Lesen der siebten Textquelle schon nicht mehr wissen, was in den Quellen zwei und drei steht. Die Meinungen der verschiedenen Autoren verschwimmen und wo Sie den Wert „4,2 Millionen Jahre" als Angabe für das Alter der ersten Frühmenschen gelesen haben, wissen Sie auch nicht mehr.
Um solch ein Chaos zu vermeiden, sollten Sie bei der Quellenauswertung ebenso planvoll vorgehen wie bei der Quellensuche. Folgende Schritte bieten sich dabei an:

1. *Rückbesinnung auf das Thema*
2. *Gewinnen eines ersten Überblicks*
3. *Gründliches Lesen*
4. *Auswertendes Lesen*
5. *Erstellen einer Stoffsammlung*

5.1 Rückbesinnung auf das Thema

Bevor Sie sich an die Auswertung der Textquellen begeben, sollten Sie sich das Thema Ihres Referats bzw. Ihrer Facharbeit erneut genau ansehen. Denn das Thema muss die Leitvorgabe der Literaturauswertung sein.
Somit gilt:

- Stellen Sie sicher, dass Sie das Thema und seine Zielrichtung klar erfasst haben.
- Überprüfen Sie die Stichworte, die Sie zum Thema notiert haben (→ Seite 45) und präzisieren, ergänzen und bereinigen Sie gegebenenfalls Ihre Stichwortsammlung bzw. Mindmap.
- Behalten Sie das Thema beim Lesen und Auswerten der Quellen stets im Auge. Sie vermeiden es auf diese Weise, sich beim Auswerten der Textquellen auf Nebengleise zu begeben und sich zu „verzetteln".
- Um das Thema als Leitfaden für die weitere Arbeit vor Augen zu haben, empfiehlt es sich, dieses zu notieren und nahe dem Arbeitsplatz aufzuhängen.

5.2 Gewinnen eines ersten Überblicks

Mit allgemeinen Werken beginnen und sich dann auf Spezialliteratur beschränken

Ordnen Sie Ihre Textquellen in eine sinnvolle und günstige Lesereihenfolge. Folgende Ordnungsfragen könnten Ihnen dabei helfen:

Leitfragen für die Festlegung der Lesereihenfolge bei Textquellen

- Welches sind Übersichtsdarstellungen oder allgemein gehaltene Werke? Mit diesen sollten Sie beginnen. Erst danach sollten Sie Detaildarstellungen und Spezialuntersuchungen zur Hand nehmen. Besonders geeignet für den Leseeinstieg sind z.B. dem Thema zuzuordnende Artikel aus Speziallexika bzw. Enzyklopädien.
- Auf welche Literaturverweise sind Sie bei Ihrer Informationssuche immer wieder gestoßen?
  In der Regel handelt es sich hierbei um Standardwerke zu Ihrem Thema. Auch sie gehören an den Anfang Ihrer Leseliste.
- Welches sind die jüngsten verfügbaren Literaturwerke?
  Diese gehören in den ersten Teil Ihrer Leseliste, greifen sie doch häufig ältere Werke auf, zitieren und verarbeiten diese.
- An das Ende der Leseliste gehören Spezialwerke, Detailstudien und thematisch eng gefasste Internetquellen.

Suchen Sie nun in jeder Quelle die Texte bzw. Textabschnitte sowie Abbildungen, die für Ihr Thema relevant sind:

- Bedienen Sie sich dabei zum einen des Inhaltsverzeichnisses der Bücher (in der Regel vorne im Buch zu finden). Hier können Sie unter Umständen bereits die Kapitel identifizieren, die Ihrem Thema zuzuordnen sind.
- Eine weitere Hilfe stellt das Personen- und Sachregister dar (in der Regel hinten im Buch zu finden). Suchen Sie hier nach den Stichworten aus Ihrer Stichwortliste bzw. Mindmap.
- In Zeitschriftenartikeln helfen oftmals die Überschriften der einzelnen Artikelabschnitte sowie eine eventuelle Zusammenfassung am Schluss des Artikels, sich im Artikeltext zu orientieren.
- In Internetquellen können Sie auch die Suchfunktion Ihres Browsers bzw. pdf-Readers zum Aufspüren Ihrer Schlüsselbegriffe nutzen.

Lesen Sie nun im dritten Schritt die für Ihr Thema relevanten Abschnitte jeder Textquelle diagonal, das heißt überfliegen Sie diese.

- Achten Sie dabei auf die für Sie wichtigen Schlüsselwörter.
- Suchen Sie nach den zentralen Aussagen der Textpassagen. Diese sind häufig optisch hervorgehoben (*kursiv gedruckt*, gesperrt gedruckt, **fettgedruckt**, unterstrichen oder durch einen Absatz hervorgehoben). Auch Begriffe wie *deshalb, daher, somit, schlussfolgernd* usw. deuten auf wichtige Textpassagen hin.

- Lesen Sie speziell auch Zusammenfassungen am Anfang oder Ende einer Textquelle.
- Stichwortartige Aufzählungen sollten Sie sich mit besonderem Interesse ansehen, denn diese fassen häufig ein ganzes Kapitel zusammen.

Beim diagonalen Lesen sollten Sie die gerade gelesene Quelle unter folgenden Gesichtspunkten rastern:
- Sind die Inhalte der Textquelle tatsächlich für mein Thema relevant?
- Welche Inhalte erscheinen mir besonders wichtig und interessant?

Legen Sie bei interessant und wichtig erscheinenden Textpassagen ein Lesezeichen zwischen die jeweiligen Buchseiten bzw. markieren Sie diese Passagen am Rand durch einen roten Punkt.

Nachdem Sie alle Textquellen einmal überflogen haben, sollten Sie
- die für Ihr Thema nicht relevanten Textquellen beiseitelegen.
- die Reihenfolge der relevanten Quellen für den eigentlichen Auswertungsvorgang überprüfen. So muss die Lesereihenfolge z. B. verändert werden, wenn eine bestimmte Textquelle sich als ergiebiger erwiesen hat als zunächst angenommen.
- Ihre bisherige Stichwortliste/Mindmap gegebenenfalls ergänzen oder korrigieren.
- einen ersten Gliederungsentwurf erstellen. Hierzu halten Sie markante Stichworte bzw. erste Ideen für Kapitelüberschriften fest und bringen diese in eine Ihnen logisch erscheinende Reihenfolge.
- zu jedem Stichwort und jeder vorläufigen Kapitelüberschrift ein separates Leerblatt anlegen. Auf diesem sollten Sie oben das Thema Ihrer Arbeit und darunter das Stichwort bzw. die vorläufige Kapitelüberschrift notieren. Das Blatt dient im Folgenden dazu, die Ergebnisse der Textauswertung aufzunehmen (→ Beispiel auf Seite 75).
  Anstelle eines Papierblattes können Sie auch für jeden Schlüsselbegriff eine Karteikarte oder eine Seite in Ihrem Schreibprogramm anlegen. Das Blatt Papier hat allerdings den Vorteil, ausreichend Platz für Notizen zu bieten und zudem jederzeit und an jedem Ort problemlos verfügbar zu sein.

Am Ende dieses Arbeitsabschnittes sollten vorliegen:
- eine sinnvollen Lesereihenfolge für die als relevant eingestuften Textquellen
- eine vorläufige Gliederung Ihres Themas mit entsprechenden Stichworten bzw. vorläufigen Kapitelüberschriften
- zu jedem Stichwort bzw. jeder vorläufigen Kapitelüberschrift ein Blatt bzw. eine Karteikarte für Notizen.

5.3 Gründliches Lesen

Lesen Sie nun die Textquellen in der zuvor festgelegten Reihenfolge gründlich. Je wichtiger Ihnen dabei ein Text erscheint, desto intensiver sollten Sie ihn durcharbeiten. Eventuell ist es auch notwendig, schwierige oder besonders wichtige Passagen mehrmals zu lesen.
Halten Sie ein Fremdwörterlexikon bzw. ein Fachlexikon bereit, um gegebenenfalls unbekannte Begriffe nachschlagen zu können.

Für die weitere Nutzung ist es sinnvoll,

- wichtige Textpassagen zu unterstreichen bzw. mit einem Textmarker zu markieren. Benutzen Sie dabei eventuell für gegensätzliche Positionen oder für Passagen, die sich auf unterschiedliche Schlüsselbegriffe beziehen, verschiedene Stift- oder Markerfarben.
- auf dem Seitenrand Anmerkungen zu notieren (Stichworte, Abkürzungen oder auch bestimmte Symbole; in der Randspalte finden Sie entsprechende Symbolvorschläge).

Symbol	Bedeutung
!	wichtiger Abschnitt
?	Unklarheit/zu klärende Frage
→	Schlussfolgerung
	Zusammenhang
	Widerspruch
Def.	wichtige Definition
Bsp.	anschauliches Beispiel
Zusf.	zentrale Zusammenfassung
1. 2. 3. 4. 5.	Glieder einer Argumentationskette bzw. zusammengehörende, einem Oberpunkt zuzuordnende Aspekte/Informationen
Zit.	Textstelle, die man wörtlich zitieren möchte

Ziel aller Markierungen und Randanmerkungen ist es, für die nachfolgenden Nutzungsschritte eine rasche Orientierung im Text zu ermöglichen. Daher ist es wenig sinnvoll, z. B. drei Viertel des Textes zu markieren oder den Rand mit einer Fülle von Anmerkungen zu versehen. Vielmehr gilt: **Weniger ist oft mehr!**
Konkret heißt dies:

- Markieren Sie nur die für Ihr Thema wirklich wichtigen Textstellen, Auffälligkeiten oder Widersprüche.
- Bleiben Sie auch bei den Randanmerkungen eher sparsam; merken Sie nur das an, was für Ihr Thema relevant ist.
- Benutzen Sie für die Randanmerkungen wenige standardisierte Symbole, die Sie zudem konsequent verwenden sollten.

Unterstreichen, markieren und mit Anmerkungen versehen dürfen Sie natürlich nur Texte in Internetausdrucken, Kopien oder eigenen Büchern. In ausgeliehenen Büchern können Sie stattdessen zur Kennzeichnung wichtiger Seiten schmale Papierstreifen verwenden, die Sie aus Altpapier selbst zurechtschneiden und an der aus dem Buch herausragenden Seite mit Notizen wie *„zentrale Definition Lernen"* oder *„optimale Abbildung Nachhaltigkeitsdreick"* versehen können. Zudem gibt es im Handel kleine selbstklebende Zettel, Punkte, Pfeile usw., die sich ohne Spuren wieder entfernt lassen. Sie können mit Anmerkungen versehen und dann an passender Stelle im Buch einklebt werden.

5.4 Auswertendes Lesen und Erstellen einer Stoffsammlung

Nach dem ersten Durcharbeiten der Textquellen gilt es nun, den Quellen die für Ihre Arbeit relevanten Informationen zu entnehmen, diese sodann zu ordnen und für die Abfassung des Referats-/Facharbeitstextes aufzubereiten. Lesen Sie dazu die bereits durchgearbeiteten Texte ein zweites Mal und halten Sie relevante Textinformationen auf den vorbereiteten **Gliederungsblättern** fest.

Die → Seite 75 stellt Ihnen ein solches Gliederungsblatt vor, auf dem die ermittelten Informationen als Stoffsammlung aufgelistet wurden. Bei den in einer solchen Stoffsammlung festgehaltenen Informationen kann es sich handeln um:

- wichtige Daten, Fakten, Definitionen ①;
- stichwortartige Hinweise auf bedeutsame Materialpassagen, brauchbare Abbildungen usw., die Sie bei der späteren Formulierung Ihres Referat- bzw. Facharbeitstextes berücksichtigen wollen ②;
- knappe, mit eigenen Worten formulierte Zusammenfassungen bzw. Inhaltsübersichten gelesener Texte ③;
- wörtliche Auszüge aus einem Text, die Sie als direkte/wörtliche Textzitate in Ihre Arbeit einbinden möchten ④;
- Zusammenhänge, die Sie bei der Auswertung eines Textes oder aus der Zusammenschau mehrerer Texte erkannt haben (gegebenenfalls in Form von Strukturdiagrammen/Pfeildiagrammen) ⑤;
- Notizen bezüglich Übereinstimmungen zwischen verschiedenen Quellen ⑥;
- die Dokumentation von Widersprüchen zwischen verschiedenen Quellen bzw. von Meinungsgegensätzen zwischen verschiedenen Autorinnen und Autoren ⑦;
- die Niederschrift eigener Gedanken, Gewichtungen und Wertungen ⑧.

Wichtig ist dabei:
Jede aus einer Textquelle entnommene Information muss auf Ihrem Stoffsammlungsblatt mit einer **Quellenangabe** (inklusive Angabe der Seitenzahl) versehen werden. Haben Sie bereits eine Literatur- und Internetquellenkartei angelegt (→ Seite 18 f.), so reicht an dieser Stelle die Literaturangabe in Kurzform, also NACHNAME der Autorin bzw. des Autors und Erscheinungsjahr des Buches bzw. der Zeitschrift (Beispiel: MÜLLER 2011) bzw. die Kurz-URL der Internetquelle und das Datum, an dem Sie diese dem Netz entnommen haben (Beispiel: *http://www.quelle.de* 21.5.2012).

Beispiel: Stoffsammlung

Thema der Arbeit:

Eine Impfung gegen AIDS – Utopie oder zum Greifen nahe ?

Stichwort: Bau des HI-Virus

Name ①

HIV = human immunodeficiency virus (menschliches Immunschwächevirus)
NYE/PARKIN 1995, S. IX unten und MÖLLING 1988, S. 3 oben

Entdeckung

HIV-1 in den Jahren 1983/84 und HIV-2 im Jahr 1985 MÖLLING 1988, S. 6 f.

Abbildungen

Zweidimensionale Darstellung HIV in MODROW et al. 2003 S. 393,
HIV-ARBEITSKREIS SÜDWEST 2001, S. 5, http://www.aidsfinder.org 23.5.2012

Elektronenmikroskopische Aufnahmen HIV in MÖLLING 1988, S. 20 ff., ②
http://www.chemgapedia.de 23.5.2012

Dreidimensionale Darstellung HIV in http://www.spiegel.de 23.5.2012 (gut!),
http://www.n-tv.de 23.5.2012, http://hiv-info.de 23.5.2012

Genom und Proteine

NYE/PARKIN 1995, S. 4 f.: Hier wird der Aufbau von HIV-1 und HIV-2 vorgestellt. Die Ähnlichkeit zwischen den beiden Subspezies wird betont. Die einzelnen Bauelemente des ③ Virus wie auch die Struktur seines Genoms werden aufgeführt und knapp erläutert, siehe dazu auch MÖLLING 1988, S. 19 ff.,
MODROW et al 2010, S. 440 ff.
klare Darstellung genereller Aufbau Genom Retroviren DOERFLER 2002, S. 65
aktuelle Informationen SCHULZ 2012, S. 508 ff.

Vorkommen

„HIV ist ein gekapselter Retrovirus, der RNA als Genom enthält. Es gibt zwei Subtypen: HIV-1 und HIV-2. Der erste ist die Hauptursache von AIDS weltweit, HIV-2 wird hauptsächlich in westafrikanischen Ländern gefunden." http://www.www.zum.de 23.5.2012 ④
aktuelle Zahlen Infektionen http://www.hiv-info.de 23.5.2012

Hülle

Austreten des Virus aus der Wirtszelle (Knospung, Budding) → „Mitnahme" von Membranteilen der Wirtszelle mit eingelagerten Glycoproteinen des Virus ⑤

→ Diese bilden Teil der Virushülle, die somit u. a. aus einer Lipiddoppelschicht mit eingelagerten viralen Proteinen besteht

NYE/PARKIN 1995, S. 6 , LEVINE 1993, S. 142, MODROW et al. 2003, S. 393 + 422 f. ⑥

Begriff „Virushülle" nicht eindeutig: ⑦

- NYE/PARKIN 1995, S.6 → Matrix (Protein p17) + Lipiddoppelschicht
- LEVINE 1993, S. 21 f. → Generell bei Viren: „Die Hülle besteht aus ... umschlossen." ⑧
  (siehe gelbe Markierung im Buch)
- http://www.zum.de 23.5.2012 → 2-schichtige zylindrische Proteinhülle aus Proteinen p24 und p17 (= Capsid + Matrix)
- http://www.uni-due.de 23.5.2012 → Hülle = zelluläre Lipidmembran + virale Glykoproteine + Matrix ← denke das ist richtig ⑨

Und hier noch einige Tipps für das Erstellen Ihrer Stoffsammlung:

- Halten Sie gegebenenfalls zentrale Inhalte gelesener Texte in Form kurzer Inhaltsangaben fest. Auf diese Weise durchdringen Sie einen Text besonders intensiv, erfassen dessen zentrale Informationen und üben zugleich das Formulieren. Auch können Sie so überprüfen, ob Sie den gelesenen Text verstanden haben und welche Aspekte des Textes für Ihre Arbeit von Bedeutung sind.
  Fragmente der erstellten Inhaltsangaben können später auch als Grundstock für den Text Ihrer Arbeit dienen.
- Bei Ihren Notizen sollten Sie darauf achten, klar zwischen den aus Textquellen *übernommenen* Sachinformationen bzw. Meinungen und Ihren *eigenen* Gedanken und Aussagen zu unterscheiden. Benutzen Sie gegebenenfalls zwei verschiedenfarbige Stifte.
- Direkte (wörtliche) Zitate müssen absolut exakt aus dem Text übernommen werden, das heißt inklusive der originalen Zeichensetzung, Rechtschreibung und Darstellung (z.B. Kursivdruck, Fettdruck usw. → Seite 90 f.). Steht Ihnen die Quelle im Original bzw. als Kopie bis zum Ende Ihrer Arbeitszeit zur Verfügung, so genügt es eventuell, das beabsichtigte wörtliche Zitat in der Textquelle zu markieren und in Ihrer Stoffsammlung nur eine Zitat-Kurzfassung mit genauer Quellenangabe zu vermerken → ⑧ auf Seite 75.
- Schreiben Sie zunächst am besten mit Bleistift. Dies unterstreicht zum einen den unverbindlichen Charakter der ersten Formulierungen. Zum anderen erlaubt ein Bleistifttext schnelles Radieren und damit Korrigieren.
  Schreiben Sie mit großem Zeilenabstand. Lassen Sie einen breiten Rand frei. So haben Sie reichlich Platz für Einschübe, Korrekturen und Umformulierungen.
- Eröffnen sich im Verlauf der Quellenarbeit Querverbindungen zwischen Schlüsselbegriffen Ihrer Stoffsammlung, so sollten Sie diese ebenfalls vermerken.
- Ideen und Stichworte, die Sie keinem Gliederungspunkt zuordnen können, notieren Sie auf einem separaten Blatt mit der Überschrift *Sammelsurium*. Sie können diese gegebenenfalls zu einem späteren Zeitpunkt bestimmten Gliederungspunkten zuordnen oder aber verwerfen.
- Heften Sie Ihre Stoffsammlungsbögen zusammen mit dem Gliederungsentwurf ab. Es wäre mehr als ungünstig, wenn diese Produkte intensiver Auswertungsarbeit aus Unachtsamkeit im Altpapier landen würden oder im Kopienberg unauffindbar wären.
- Als Alternative bietet es sich an, die Stoffsammlung im hinteren Teil Ihres Arbeitstagebuches (→ Seite 16 f.) zu vermerken. So haben Sie diese immer

griffbereit und auch für die spätere Reflexion Ihres Arbeitsprozesses zur Hand.

Der Nachteil ist hierbei aber, dass sich das Arbeitstagebuch bei der schöpferischen Arbeit eventuell als zu sperrig erweisen könnte. Zum einen ist es nicht so einfach handzuhaben wie ein Blatt Papier, zum anderen engt das kleinere Format manch schöpferischen Geist ein.

Doch hier gilt: Wählen Sie die Dokumentationsform, die Ihrem Arbeitsstil am meisten entspricht.

- Neben Textpassagen können Textquellen auch integrierte Abbildungen enthalten (Diagramme, Karten, Bilder ...). Beziehen Sie auch diese in die Auswertung ein. Notieren Sie inhaltliche Aspekte und Besonderheiten der Abbildungen. Merken Sie an, wie und an welcher Stelle Ihrer Arbeit sich die jeweilige Abbildung eventuell einbauen ließe. Denken Sie daran, die Abbildung als Kopie oder Download in einer für den Druck ausreichenden Größe und Qualität „sicherzustellen“, wenn Sie diese in Ihre Facharbeit bzw. PowerPoint©-Präsentation oder Foliensammlung für ein Referat übernehmen möchten.

Überblick

Die fünf Schritte bei der Auswertung von Textquellen sind:

- **Das Thema erneut in den Blick nehmen:** Das Thema Ihres Referats / Ihrer Facharbeit muss die Leitschnur bei der Quellenauswertung sein. Vergewissern Sie sich daher, dass Sie den „Geist des Themas“ erfasst und vor Augen haben.
- **Einen Überblick gewinnen:** Legen Sie für Ihr Quellenpaket eine sinnvolle Lesereihen folge fest (Kriterien → Seite 71). Lesen Sie die Quellen dann zunächst grob durch. Identifizieren Sie dabei offensichtlich brauchbare Textpassagen, Diagramme, Karten ... Erstellen Sie nun eine erste vorläufige Gliederung Ihrer Facharbeit / Ihres Referates.
- **Gründliches Lesen:** Beim intensiven Lesen der Textquellen geht es darum, den Inhalt der Quellen mit Blick auf das Thema Ihrer Facharbeit / Ihres Referats zu erfassen und dabei Wichtiges von Unwichtigem zu trennen. Unterstreichungen, Markierungen sowie Randanmerkungen machen das Ergebnis dieses Leseprozesses optisch deutlich.
- **Auswertendes Lesen und ⊙ Erstellen einer Stoffsammlung:** Lesen Sie nun Ihre Textquellen ein drittes Mal. Bei diesem dritten Lesedurchgang finden aber nur noch die Quellen Berücksichtigung, die sich als für Ihr Thema ergiebig erwiesen haben. Diesen Textquellen werden die zentralen Informationen entnommen und – sortiert nach den Oberbegriffen Ihrer vorläufigen Gliederung – auf Sammelblättern vermerkt. Diese Stoffsammlung bildet dann die Grundlage für die weitere Arbeit.

6 Der Weg zum eigenen Text

Sie haben
- *Ihre Literatur-/Quellenrecherche weitgehend abgeschlossen (→ Kapitel 4);*
- *die Textquellen ausgewertet und eine Stoffsammlung erstellt (→ Kapitel 5) und/oder*
- *Ihre praktischen Arbeitsteile abgeschlossen, deren Ergebnisse ausgewertet und gegebenenfalls grafisch aufbereitet (→ Kapitel 8).*

Damit ist es nun soweit: Das Formulieren Ihres Referat- bzw. Facharbeitstextes kann beginnen.

6.1 Von der Stoffsammlung zur Rohfassung des Textes

Wählen Sie für Ihr Referat anstelle des ausformulierten Vortragstextes ein **Stichwortmanuskript**, so sind einige Besonderheiten zu beachten, die an anderer Stelle vorgestellt werden (→ Seite 168 f.).

Im Folgenden soll der Weg zum ausformulierten Text Ihres Referats bzw. Ihrer Facharbeit vorgestellt werden. Dieser besteht aus einer Reihe von Arbeitsschritten, die Sie am besten nacheinander ausführen sollten:

- Überprüfen Sie zunächst die bisher vorgesehene Reihenfolge der Kapitel/Stichworte in Ihrer vorläufigen Gliederung. Ist diese jetzt, nachdem Sie die Textquellen bzw. Ihre Arbeitsergebnisse intensiv ausgewertet haben, noch immer stimmig?
  Formulieren Sie eventuell um, ergänzen Sie, verändern Sie gegebenenfalls die Reihenfolge der Gliederungspunkte.
- Arbeiten Sie nun die einzelnen Blätter Ihrer Stoffsammlung in der Reihenfolge der Kapitel Ihrer vorläufigen Gliederung ab.
- Nehmen Sie sich das erste Stoffsammlungsblatt vor (→ Beispiel Seite 75). Dieses sollte zum ersten Kapitel des *Hauptteils* Ihres Referats/Ihrer Facharbeit gehören. Die *Einleitung* für ein Referat bzw. eine Facharbeit schreibt man in der Regel erst zum Schluss, da hier auch aufgetretene Probleme, die endgültige Gliederung usw. angesprochen werden müssen – also Elemente, die logischerweise erst nach Fertigstellung des Hauptteils vorliegen.
- Gehen Sie die Punkte auf dem ersten Blatt Ihrer Stoffsammlung durch. Überlegen Sie, in welcher Reihenfolge Sie diese in den späteren Text einbringen wollen. Nummerieren Sie die Textbausteine entsprechend.
- Beginnen Sie nun mit der Erstellung der Rohfassung Ihrer Arbeit. Sie können diese mit einem Bleistift auf Papier festhalten oder, falls Ihnen dieses

lieber ist, auch bereits in den Computer eingeben. Dabei gilt: Keine Hemmungen bei der Formulierung des Textes. Es ist ja nur die Rohfassung. Änderungen sind später immer noch möglich.

- Beginnen Sie z. B. mit einer zentralen Definition, einer Ausgangshypothese, dem historischen Weg, auf dem man eine bestimmte Erkenntnis gewonnen hat, einer Abgrenzung des Untersuchungsgebietes, der Beschreibung und Auswertung einer wichtigen Abbildung oder Ähnlichem.
- Formulieren Sie dann den weiteren Text des ersten Kapitels. Greifen Sie dabei auf Formulierungen zurück, die Sie zuvor in Ihrer Stoffsammlung notiert haben.
- Ihr Text kann prinzipiell aus fünf verschiedenen Elementen bestehen:
  - Direkte (wörtliche) Textzitate aus den von Ihnen ausgewerteten Quellen; diese dürfen aber nur sparsam und unter Beachtung bestimmter Regeln in Ihren Text eingebracht werden (→ Seite 90 f.); sie müssen zudem immer mit einem Quellenbeleg versehen werden (→ Seite 92 ff.).
  - Datenangaben, kurze Sachinformationen, Abbildungen, Tabellen usw., die Sie direkt aus einer Fremdquelle in Ihren Text übernehmen; auch hierbei handelt es sich im strengen Sinne um direkte Zitate, die in jedem Fall mit einer Quellenangabe versehen werden müssen (→ Seite 129 f.).
  - Indirekte (sinngemäße) Textzitate aus Fremdquellen; hierbei handelt es sich um die Zusammenfassung der Inhalte einer oder mehrerer Textquellen mit Ihren eigenen Worten; auch diese muss mit einem Quellenbeleg versehen werden (→ Seite 98 ff.).
  - Eigene Forschungsergebnisse (→ Seite 126 ff.)
  - Eigene Beschreibungen, Auswertungen, Hypothesen, Schlussfolgerungen, Bewertungen, weiterführende Ideen usw.
- Schreiben Sie Überleitungen zwischen den einzelnen Textpassagen, aber auch zwischen den einzelnen Kapiteln, sodass ein zusammenhängender, sich logisch entwickelnder Text entsteht.
- Wenn Sie die Rohfassung Ihres Textes auf Papier abfassen, sollten Sie Platz zwischen den Zeilen sowie am Rand lassen, um so die Rohfassung später leicht ergänzen und verändern zu können.
- Rechtschreibung, Zeichensetzung und stilistische Feinheiten spielen in diesem Stadium Ihrer Arbeit noch keine Rolle. Formulieren Sie also „frisch von der Leber weg“. Schreiben Sie zügig. Wichtig ist es, Gedankengänge und Zusammenhänge zunächst einmal festzuhalten, nicht, sie auf den Punkt genau zu formulieren. Lassen Sie an Stellen, an denen Ihnen keine passende Formulierung einfällt, zunächst eine Lücke frei. Später können Sie diese Lücken füllen, ohne Angst haben zu müssen, den roten Faden Ihres Gedankengangs zu verlieren.

6.2 Von der Rohfassung zum endgültigen Text

Sie haben nun einen ersten zusammenhängenden Entwurf Ihres Gesamttextes erstellt. Sie können sich zurücklehnen. Ihre Arbeit steht. Was folgt ist Feinarbeit.

Zunächst gilt es, die **Endfassung Ihres Textes** zu formulieren. Die zuvor erstellte Rohfassung bildet hierfür eine bereits weit ausgereifte Grundlage. Sie muss lediglich sprachlich und stilistische geglättet, überarbeitet und in eine für wissenschaftliche Arbeiten angemessene Form gebracht werden.

Hier sollten Sie nun, sofern nicht bereits zuvor geschehen, bei Facharbeiten den Computer benutzen, denn eine Facharbeit muss prinzipiell in getippter Form abgegeben werden (→ Seite 140). Bei mündlichen Referaten ist die Abgabe des Referattextes in getippter Form häufig nicht vorgeschrieben. Allerdings muss hier in der Regel ein Handout erstellt werden (→ Seite 184).

Bei der Eingabe des Facharbeitstextes in den Computer bzw. der handschriftlichen Erstellung der Endfassung eines Referates müssen bestimmte Regeln beachtet werden (siehe unten). Zudem bietet sich hier die Möglichkeit, Schwächen der Rohfassung auszuräumen. Also:

- Beachten Sie bei Facharbeiten die formalen Vorgaben (→ Seite 140 ff.).
- Achten Sie auf korrekte Rechtschreibung und Zeichensetzung.
- Feilen Sie an Sprache und Stil (→ Seite 83 ff.).
- Überprüfen Sie, ob die entwickelten Gedankengänge und Argumentationsketten vollständig und nachvollziehbar sind. Schließen Sie eventuelle Lücken.
- Gestalten Sie Ihren Text straff und klar: Kürzen Sie in der Rohfassung zu langatmig geratene Beschreibungen und Erläuterungen. Beseitigen Sie Dopplungen und Wiederholungen.
- Denken Sie daran, Abbildungen (Bilder, Grafiken, Karten usw.) und Tabellen mit einer Unter- bzw. Überschrift sowie einer Quellenangabe zu versehen (→ Seite 128 f.). Zudem müssen diese in den Text eingebettet werden, das heißt, es muss im Text auf sie Bezug genommen werden, sie müssen gegebenenfalls beschrieben und erläutert werden.

Bei der **Korrektur und Ergänzung** Ihrer Rohfassung sollten Sie jedoch mit Augenmaß vorgehen: Die Leichtigkeit, mit der man am Computer Formulierungen ändern, Sätze umstellen und Textpassagen neu ordnen kann, verführt dazu, dieses im Übermaß zu tun. Dabei ist häufig die erste Formulierung die beste. Mehrfaches Umformulieren und Verschieben führt oft zu einer

„Verschlimmbesserung" des Textes. Textfluss und Einheitlichkeit des Stils gehen verloren. Die Klarheit der Gedankengänge und der Argumentationsstrukturen ebenso.
Stoppen Sie also Ihren Perfektionierungsdrang und lassen Sie den Text nach einem mit zeitlichem Abstand durchgeführten zweiten Korrekturgang einfach stehen.

Begeben Sie sich nun an die Formulierung der **Endfassung Ihrer Kapitelüberschriften:**

- Formulieren Sie unter Beachtung der Kompositionsregeln (→ Seite 133, 135) treffende Überschriften für die einzelnen Kapitel. Die zu Beginn entworfene vorläufige Gliederung kann dabei als Orientierung dienen.
- Stellen Sie die Kapitelüberschriften zum Inhaltsverzeichnis Ihrer Arbeit zusammen (→ Seite 146 ff.). Nutzen Sie hierfür gegebenenfalls das entsprechende Tool Ihres Computerprogramms. Dies allerdings nur, wenn Sie eine gewisse Erfahrung im Umgang mit dem Schreibprogramm haben. Ansonsten ist die Erstellung des Inhaltsverzeichnisses „per Hand" meist schneller und einfacher.

Sie sind in der **Schlussphase** der Arbeit angekommen. Hier gilt es,

- die Einleitung zu formulieren (→ Seite 151 ff. und 171) und
- das Literatur-/Quellenverzeichnis zusammenzustellen (→ Seite 101 ff.).

Zudem muss man bei Facharbeiten:

- eventuell weitere Verzeichnisse erstellen (→ Seite 148 ff.)
- gegebenenfalls einen Anhang hinzufügen (→ Seite 157)
- die Schlusserklärung abfassen (→ Seite 158 f.)

Den Endpunkt sollte bei allen schriftlichen Arbeiten die **Schlusskorrektur** setzen:

- Lesen Sie den Text Ihrer Arbeit sorgfältig Korrektur. Nutzen Sie zum Korrekturlesen einen Ausdruck Ihrer Arbeit. Dieser liest sich angenehmer als ein Bildschirmtext. Außerdem fallen Fehler hier eher ins Auge. Beseitigen Sie Rechtschreib- und Zeichensetzungsfehler, stilistische Ungereimtheiten, Lücken und Dopplungen.
- Nutzen Sie an dieser Stelle auch die Rechtschreibkorrekturfunktion Ihres Schreibprogramms. Doch Vorsicht: Sich bei der Schlusskorrektur der Arbeit allein auf den Computer zu verlassen, kann trügerisch sein. Zum einen erkennen manche Rechtschreibkorrekturprogramme bestimmte Fehler nicht (z. B. grammatikalische Fehler, falsche Wörter, Satzbaufehler), zum anderen entstehen durch die Korrektur einzelner Wörter häufig missverständliche Formulierungen oder sogar neue Fehler.

- Bitten Sie zudem in jedem Fall eine Bekannte bzw. einen Bekannten, Ihre Arbeit durchzulesen. Einem Außenstehenden fallen Grammatikfehler und Stilbrüche eher auf als dem Verfasser. Es muss sich dabei nicht um eine „Fachfrau“ oder einen „Fachmann“ handeln. Sie bzw. er soll ja nicht die inhaltliche, sondern lediglich die formale Richtigkeit der Arbeit überprüfen.

Noch ein paar Tipps für die Erstellung der Endfassung Ihrer Arbeit:

- Der Text muss von Ihnen selbst verfasst sein. Eine Ausnahme bilden nur klar gekennzeichnete direkte (wörtliche) Zitate. Die Übernahme von Fremdtexten z.B. aus dem Internet, ohne diese zu kennzeichnen, stellt einen „geistigen Diebstahl“ dar (→ Seite 88f.) und kann, sofern die Lehrperson dies erkennt, zur Bewertung des Referats / der Facharbeit mit „ungenügend“ führen.
- Übertreiben Sie das Feilen an Formulierungen nicht.
- Haben Sie aber den Mut, Ihre vorläufige Gliederung falls notwendig zu ändern. Schreiben ist ein schöpferischer Prozess, der in seinem Verlauf durchaus zu deutlichen Abweichungen vom ursprünglichen Gliederungskonzept führen kann. Passen Sie Ihre vorläufige Gliederung durch Umformulieren der Gliederungspunkte oder Verändern der Kapitelreihenfolge einfach den neuen Bedingungen an.
- Dabei gibt es meist eine Reihe von Alternativen für die Anordnung der Kapitel bzw. der Textabschnitte, die in vielen Fällen alle gleich überzeugend sind. Haben Sie also eine Ihnen logisch erscheinende Kapitelabfolge entwickelt, so behalten Sie diese bei.
  Notieren Sie in Ihrem Arbeitstagebuch die Gründe, die Sie zu dieser Gliederung bewogen haben. So können Sie deren Entstehung auch später noch nachvollziehen und – etwa Ihrer Lehrerin bzw. Ihrem Lehrer – erläutern.
- Es bieten sich gegebenenfalls Querverweise im Text an, um die Vernetzung von Informationen und mögliche alternative Textanordnung zu verdeutlichen (zum Beispiel: „→ Seite 14“ bzw. „siehe Kapitel 2.2“)
- Abbildungen (Diagramme, Karten, Bilder) wie auch Tabellen müssen in den Text integriert werden. Dies bedeutet, dass Sie diese im Textteil beschreiben, erläutern oder bewerten müssen. Auch hier bietet es sich an, die Einbindung der Tabellen und Abbildungen in den Text durch Querverweise zu verdeutlichen (zum Beispiel: „→ Tab. 2“ bzw. „siehe Abb. 4“).

6.3 Sprache und Stil

Bei einer Facharbeit wie auch einem schriftlichen Referattext sind Sprache und Schreibstil Mittel der Kommunikation zwischen Ihnen und dem Leser. Oberstes Ziel der sprachlichen und stilistischen Gestaltung der Arbeit muss es daher sein, Ihre Forschungsergebnisse, Erkenntnisse und Ideen für den Leser verständlich und nachvollziehbar darzustellen.

Ihr Sprach- und Schreibstil ist zugleich aber Ausdruck Ihrer Persönlichkeit. Er prägt Ihre Texte ebenso wie es die Inhalte tun. Und das ist gut so.

Bleiben Sie auch beim Schreiben Ihrer Facharbeit oder Ihres Referats Sie selbst. Lassen Sie sich nicht dazu verleiten, einen gestelzten, Ihnen nicht entsprechenden Schreibstil zu verwenden, nur weil Sie eine wissenschaftliche Arbeit und keinen „normalen Text" schreiben. Wer sich beim Schreiben zwingt, einen fremden Schreibstil zu übernehmen, wird schnell die Lust am Formulieren verlieren und oftmals auch die Begeisterung für die Sache selbst.

Das Zugeständnis einer „persönlichen Handschrift" bedeutet jedoch nicht, dass es keine Leitlinie gäbe, an die man sich beim Schreiben wissenschaftlicher Texte halten sollte.

Grundsätzlich gelten für die sprachliche und stilistische Gestaltung der Facharbeit bzw. des schriftlichen Referattextes ähnliche Vorgaben wie auch für das Schreiben von Klausuren:

- Schreiben Sie interessant, nicht langweilig.
- Schreiben Sie informativ, nicht in leeren Phrasen.
- Schreiben Sie sachlich, nicht emotional.
- Versuchen Sie durch Sachargumente zu überzeugen, nicht durch schwärmerische Rhetorik.

Für die Erstellung Ihres Textes sollten Sie im Auge behalten (Positiv-Beispiel → Seite 95; Negativ-Beispiel → Seite 84):

- Er muss in Schriftsprache abgefasst sein.
- Verwenden Sie Fachbegriffe, insbesondere solche, die Sie aus dem entsprechenden Fachunterricht kennen. Doch Vorsicht: Ein treffsicher eingebrachter Fachbegriff sagt zwar oft mehr als eine lange Erklärung; dennoch gilt: Ein „Zuviel" verdirbt den Effekt. Lassen Sie Ihren Text nicht zu einer Anhäufung von Fachvokabeln werden. Wenden Sie die Fachsprache vielmehr wohldosiert an.

Negativ-Beispiel: Sprachliche und stilistische Schwächen

3.1 Galileo Galilei ①

Wie jeder weiß ② hat kaum eine Gestalt der ③ Wissenschaftsgeschichte auf die Nachwelt, ipso ergo alle späteren Generationen bis zu uns heute, eine solche Faszination ausgeübt wie der italienische Mathematiker, Physiker, Philosoph und Konstrukteur Galileo Galilei, der am 15.2.1564 in Pisa geboren, 1592 zum Mathematikprofessor in Pisa, 1610 zum Mathematikprofessor in Padua ernannt wurde und am 8. Januar 1642 in Arcetri bei Florenz verstarb und den man ⑤ als einen der größten Naturwissenschaftler aller Zeiten bezeichnen kann und auch durchaus so bezeichnet hat (vgl. MEYERS GROSSES TASCHENLEXIKON 1987c, S. 332 und STEENBLOCK 2011, S. 39 f.). ④

Er führte das quantitative Experiment in die Naturwissenschaft ein. ⑥ Er leitete die Pendelgesetze ab. ⑦ Er erfand einen phänomenalen Proportionalzirkel. Er leitete, wie sicherlich gemeinhin bekannt, durch reine Gedankenexperimente die Gesetze des freien Falls ab. ⑧ Er konstruierte nach holländischem Vorbild optiktechnisch wie auch linsenqualitativ superbe Fernrohre. ⑨

⑩ Übrigens entdeckte er mit einem solchen Fernrohr vier Monde des Jupiter ⑪ und die Ringe des Saturn (MEYERS GROSSES TASCHENLEXIKON 1987c, S. 332; WAHLBRINCK 2009, S. 28).

⑫ So richtig bekannt aber wurde uns Galilei natürlich erst durch die Sache mit der Bewegung der Erde um die Sonne.

Schon 1613 schrieb er einen Brief an den Benediktiner ⑬ (= ein Mitglied des Ordens des heiligen Benedikt) B. Castelli, in dem er schrieb, dass seine Vorstellungen über das Verhältnis der Bibel zum heliozentrischen Weltbild so aussähen, dass dies eine neue Interpretation der Heiligen Schrift erfordern würde. Hier gab es den ersten Knatsch mit der Kirche. ⑮ ⑭

1632 musste sich Galilei bekanntlich ⑯ vor einem Inquisitionsgericht wegen seines ⑰ „Irrglaubens von der Bewegung der Erde um die Sonne“ verantworten.

Am 22.6.1633 musste er diesem ⑱ „Irrglauben von der Bewegung der Erde um die Sonne“ öffentlich abschwören.

Doch er blieb im Grunde seines Herzens dieser ⑲ coolen Idee treu und soll der Legende nach gesagt haben: „Und die Erde bewegt sich doch!“ Auf jeden Fall wurde er Ende 1633 unter Hausarrest gestellt, wo er 1642 starb.

- Versehen Sie spezielle, ausgefallene Fachbegriffe mit einer kurzen Erläuterung. Schreiben Sie diese in Klammern direkt hinter den Fachbegriff, zum Beispiel: „... Von besonderem Interesse sind hierbei die in den Pflanzen enthaltenen Alkaloide (= in Pflanzen oder Pilzen vorkommende, für Mensch und Tier in der Regel giftige Stickstoffverbindungen). ..."
- Auf keinen Fall sollten Sie eigene „Fachbegriffe" konstruieren wie z. B. „multifaktorielle Ursachenkompetenz" oder „makromolekulare Destruktionskoordination". ②, ⑧
  Ein Text wird nicht dadurch inhaltlich überzeugend, dass er wissenschaftlich *klingt*.
- Achten Sie bei der Textabfassung auf gute Lesbarkeit und einen flüssigen Schreibstil.
- Bevorzugen Sie einen prägnanten, einfachen Stil. Vermeiden Sie lange, unübersichtliche Sätze („Bandwurmsätze" ④). Bei kurzen Sätzen behalten Sie und der Leser die Übersicht. Dies darf allerdings nicht zu einem Text führen, der aus aneinandergereihten Hauptsätzen besteht. ⑨
- Verwenden Sie das Passiv und den Konjunktiv möglichst sparsam. Sätze im Konjunktiv wirken manchmal gestelzt. ⑭
- Eine Häufung gleicher Wörter in aufeinanderfolgenden Satzteilen bzw. Sätzen sollten Sie vermeiden. ⑰, ⑱
  Ersetzen Sie beim zweiten oder dritten Gebrauch das Wort durch sinnverwandte Begriffe (Synonyme). Sie finden solche Begriffe in Wörterbüchern oder, wenn Sie ein Textverarbeitungsprogramm benutzen, im sogenannten *Thesaurus* (Pfad z. B. bei Microsoft Word® 2010: → Wort schreiben → Wort mit rechter Maustaste anklicken → im sich öffnenden Menü den Unterpunkt Synonyme anwählen).
- Vermeiden Sie auch
  - Umgangssprache und zu saloppe Formulierungen *(megastark, echt krass, chillen usw.)*. ⑫, ⑮, ⑲
  - Füllwörter und leere Phrasen wie *übrigens, natürlich, selbstverständlich, wie man weiß, wie allgemein bekannt, ja doch wohl* usw. ①, ⑦, ⑩, ⑫, ⑯
  - Plattitüden/nichtssagende Passagen ⑤
  - die Anhäufung von Superlativen wie z. B. *Das größte, architektonisch überzeugendste, in seinen Strukturen klarste und schönste aller Loire-Schlösser ...*
  - Floskeln wie *nun* oder *also*
  - zu viele *„dass"*-Sätze ⑭
  - das „ärztliche" *wir* bzw. *uns* (Pluralis Majestatis), also Formulierungen wie *Wir schlussfolgern daraus ...* oder *Uns erscheint ...* – es sei denn, Sie kommen als Autorenteam zu diesen Ergebnissen. ⑫
  - unnötige inhaltliche Wiederholungen. ⑱

- unterschwellige Bewertungen (z. B. *aufgeblasene Person, inakzeptable Schadstoffkonzentration*). ⑥ Schreiben Sie möglichst wertneutral. Wenn Sie Fakten bewerten oder Stellung beziehen, dann weisen Sie diese Passagen klar als „eigene Meinung" aus. Sie können Ihren Text hier auch in der „Ich-Form" verfassen. Beispiele: *„Dieser Aussage des Autors stimme ich zu."* oder *„Meines Erachtens ist dies ein Beleg dafür, dass die Hauptfigur..."*

- Unterlassen Sie die überflüssige Erklärung eindeutiger Fakten oder allseits bekannter (Fach-)Begriffe. ③, ⑬
- Stellen Sie im Text klare Bezüge her, indem Sie Wörter und Phrasen wie *daraus folgt*, *deshalb*, *weil* usw. verwenden.
- Gliedern Sie Ihren Text durch Absätze. Immer dann, wenn ein neuer Sinnabschnitt, eine neue Argumentation oder eine Bewertung beginnt, sollte ein Absatz eingefügt werden. Ein langer ungegliederter Text ist ermüdend zu lesen. Doch sollten Sie sich genau überlegen, an welcher Stelle Sie Absätze einfügen. Willkürlich platzierte Absätze stören den Lesegang. ⑪ Zudem darf nicht Absatz auf Absatz folgen. Besteht jeder Absatz nur noch aus einem Satz, so wirkt der Text zergliedert, unruhig und unzusammenhängend. ⑯ bis ⑲
- Listen Sie gleichrangige Informationen in Form von Aufzählungen auf.
- Formulieren Sie Überleitungen. Reihen Sie die Kapitel nicht beziehungslos aneinander, sondern verbinden Sie diese durch überleitende Sätze. Stellen Sie so Bezüge zwischen den einzelnen Kapiteln her.
- Wenn Sie komplizierte Sachverhalte erläutern, kann es sinnvoll sein, zur Veranschaulichung Beispiele anzuführen.
- Stellen Sie umfangreiche Datensätze in Form von Tabellen, Diagrammen oder Karten dar (→ Seite 126 ff.). Diese sind anschaulich und für den Leser leichter zu erfassen.
- Zum Schluss noch eine Anmerkung zu einer in manch Facharbeit oder Referat zu beobachtender „Unsitte": der breiten Einbindung von Anglizismen. Da wird ein „advanced User des World Wide Web" beschrieben, eine „Story hat ihren Background" und ein „Supervisor gibt sein Feedback".

  Ein solch international und weltgewandt klingendes Sprachgemisch makes the Leser eher fassungslos, als dass es ihn wirklich besser informiert.

  Verzichten Sie daher soweit möglich auf Anglizismen. Sie stellen meist einen Stilbruch dar. Verwenden Sie stattdessen aussagekräftige deutsche Worte. Diese Empfehlung gilt natürlich nicht, wenn es sich bei den englischen Begriffen um unverzichtbare Fachbegriffe im von Ihnen zu bearbeitenden Themengebiet handelt.

6.4 Schreibblockaden

Vielleicht geht es Ihnen ja auch so: Die Formulierung Ihres Facharbeits-/Referattextes steht an. Und plötzlich werden Sie von jener Angst gepackt, die auch Koryphäen wie Goethe und Schiller nie ganz abschütteln konnten: der Angst vor dem ersten Wort. Immerhin sollen Sie etwas formulieren, von dem man eine hohe stilistische Qualität erwartet. Etwas, das den von Ihnen bearbeiteten Literaturtexten gleichwertig ist. Etwas ... Stopp! Wenn Sie mit solch hochgeschraubten Ansprüchen und Erwartungen ans Werk gehen, werden Sie nur schwer den Mut finden, die erste Seite Ihres Textes fertigzustellen.
Hier nun Tipps zur Überwindung einer solchen Schreibhemmung:

- **Kopf frei machen.** Machen Sie sich klar: Im Grunde sind es nicht Ihre Lehrerinnen bzw. Ihre Lehrer, die solch hohe Ansprüche an Ihren Text stellen, sondern allein Sie selbst.
- **Nobody is perfect.** Lesen Sie Referate bzw. Facharbeiten, die von Mitschülern verfasst oder im Internet veröffentlicht wurden (Internetquellen dazu → Seite 39). Schnell werden Sie erkennen: Auch dort wurde „nur mit Wasser gekocht". Perfekt sind meist nur Druckqualität und Layout. Jede Arbeit hat kleine oder auch größere Formulierungsschwächen und darf sie auch haben! Warum also sollte allein der von Ihnen verfasste Text perfekt sein müssen?
- **Alles ist relativ.** Relativieren Sie den Stellenwert des Referats bzw. der Facharbeit. Von der erreichten Note hängt nicht Ihr Abitur und schon gar nicht Ihr weiteres Leben ab. Die erzielte Note ist nur eine von vielen. Ob Sie ein gut (plus) oder ein befriedigend (minus) erzielen wirkt sich in der Endnotenberechung zum Abitur in der Regel gar nicht aus.
- **Einfach anfangen.** Beginnen Sie mit etwas einfach zu Formulierendem: einer wörtlich übernommenen Definition, einer Beschreibung, der Ausgangshypothese ... Sind die einleitenden Sätze erst formuliert, geht Ihnen der Rest des Textes meist leicht von der Hand.

Überblick

Stationen auf dem Weg zum endgültigen Text von Facharbeit/Referat sind:

- **Stoffsammlung auf Passgenauigkeit mit dem Thema prüfen.**
- **Ausgehend von der überprüften Stoffsammlung eine Rohfassung des Referat- / Facharbeitstextes erstellen; hierbei vor allem auf inhaltliche Stimmigkeit, weniger auf sprachliche Darstellung achten.**
- **Diese Rohfassung überarbeiten; nun auch die Darstellung in den Blick nehmen: Zusammenhänge und Bezüge deutlich herausarbeiten; Überleitungen formulieren; Fachvokabeln in angemessenem Umfang verwenden; Stilblüten und Anglizismen vermeiden (→ Seite 84 ff.); auf sprachliche Richtigkeit achten.**

7 Zitate und Quellenbelege

Ein ehemaliger deutscher Verteidigungsminister tat es, eine Europaparlamentsabgeordnete ebenso und auch ein ehemaliger ungarischer Ministerpräsident – nur Sie sollten es in Ihrer Facharbeit / Ihrem Referat nicht tun: aus den Werken Anderer abschreiben, ohne dies kenntlich zu machen. Plagiieren nennt man das Kopieren fremder Ideen, Erkenntnisse und Gedanken, ohne den Urheber zu benennen. Wie aber vermeidet man Plagiate, wo doch fremde Texte in der Regel die Grundlage für die Facharbeit / das Referat sind? Die Antwort auf diese für alle Schreibenden zentrale Frage finden Sie in diesem Kapitel.

7.1 Plagiate

Plagiat; vom lateinischen *plagium* = Menschenraub

Unter einem Plagiat versteht man den Diebstahl geistigen Eigentums. Ein solches Plagiat liegt nicht nur vor, wenn eine ganze Arbeit durch Einsetzen des eigenen Namens anstelle des ursprünglichen Verfassers „umgewidmet" wird. Auch die wörtliche oder weitgehend wörtliche Übernahme von Texten, Diagrammen oder Tabellen aus Büchern, Zeitschriften oder Internet ohne Angabe der Quelle ist ein Plagiat.

Studenten, die beim Plagiieren erwischt werden, müssen mit drastischen Strafen rechnen. Wird an der Schule ein Plagiat in einer Facharbeit oder einem Referat entdeckt, führt dies, je nach Umfang, zu Notenabzügen oder zur Bewertung der Gesamtleistung mit ungenügend.

Das Entdecken von Plagiaten ist dabei relativ einfach: Es gibt Indizien, die auf Plagiate hindeuten und jedem Lehrer bekannt sind (Stilbrüche, ungewöhnliche Fachbegriffe usw.) Zudem lassen sich mit Internet-Suchmaschinen oder spezieller Plagiat-Finder-Software (siehe z. B. *http://turnitin.com/de/home* oder *http://www.plagiarismfinder.de* 23.5.2012) Plagiate leicht aufdecken.

„Aber" – so werden Sie einwenden – „ich muss doch Informationen aus Textquellen in meine Arbeit übernehmen. Wie schütze ich mich davor, ein Plagiat zu begehen?" Die Antwort auf diese Frage lautet: Zitieren Sie!

Zitate: wörtliche oder sinngemäße Übernahme von Formulierungen oder Gedanken Anderer

Zitate sind in wissenschaftlichen Arbeiten etwas ganz Normales. Entscheidend sind hier aber zwei Dinge: Zitate müssen

- mit einem Quellenbeleg (Angabe der Ursprungsquelle) versehen werden;
- durch Anführungszeichen kenntlich gemacht werden, wenn es sich um wortwörtliche Übernahmen, sogenannte direkte Zitate, handelt.

7.2 Direkte Zitate

Was ist eine direktes Zitat?

Hierbei handelt es sich um die exakte, wortwörtliche Übernahme von Texten, Textabschnitten aber auch Tabellen, Diagrammen oder Karten aus einer von Ihnen bearbeiteten Quelle. Zu jedem direkten (wörtlichen) Zitat gehört ein Quellenbeleg, also die genaue Angabe der Quelle, aus der Sie das Zitat übernommen haben, sowie der Fundstelle des Zitates innerhalb dieser Quelle.

Wann ist ein direktes Zitat sinnvoll?

Direkte Zitate dürfen nur einen kleinen Teil Ihrer Facharbeit/Ihres Referats ausmachen (max. 5%). In keinem Fall ist es erlaubt, ein ganzes Kapitel oder gar die ganze Arbeit ganz aus direkten Zitaten aufzubauen, da dann die eigene Formulierungsleistung fehlt.

Direkte Zitate sind nur unter bestimmten Bedingungen sinnvoll:

- Hat eine Autorin bzw. ein Autor einen für Ihre Arbeit grundlegenden Gedanken so hervorragend formuliert, dass jede Veränderung zu sachlichen Unschärfen führen würde, dann sollten Sie diese Textpassage wörtlich in Ihre Arbeit übernehmen.
- Wollen Sie eine Textpassage aus einer Primärquelle (→ Seite 42 f.) im Folgenden interpretieren und kommentieren, so sollten Sie diese Passage als direktes Zitat Ihrer Interpretation voranstellen. Dasselbe gilt für Tabellen, Diagramme, Karten, Bilder usw., die Sie nachfolgend auswerten und erläutern. Auch sie gehören der Erläuterung in der Originalfassung vorangestellt.
- Vertreten Sie in einer bestimmten Frage eine andere Meinung als ein von Ihnen gelesener Autor, dann sollten Sie den Autor gerechtigkeitshalber „zu Wort kommen lassen", dessen Position also wörtlich zitieren, bevor Sie Ihre gegensätzliche Meinung darlegen.
- Definitionen, die für Ihre Arbeit besonders wichtig sind, müssen Sie exakt angeben. Dieses gilt erst recht, wenn eine Definition in der Fachliteratur umstritten ist. Mit dem wörtlichen Zitat der Definition beziehen Sie eindeutig Position, auch wenn die zwischen den Fachleuten bestehenden Meinungsunterschiede nicht ausführlich dargestellt werden (etwa aus Platzgründen).
- In praktischen naturwissenschaftlichen Arbeiten ist es oftmals sinnvoll, die Vorschriften, nach denen Sie Ihre Versuche bzw. Untersuchungen ausgeführt haben, wörtlich zu zitieren. So kann der Leser Ihren Versuchsweg nachvollziehen und eventuell aufgetretene Probleme einschätzen.
- Direkte Zitate können auch als Beleg eigener Behauptungen, Interpretationen und Argumentationsschritte angeführt werden.

Wie sollte ein direktes Zitat aussehen?

Merke Ein direktes Zitat muss exakt der Ursprungsquelle entsprechen. Groß- und Kleinschreibung, Zeichensetzung, Rechtschreibung, Hervorhebungen und Datenangaben, selbst Fehler müssen originalgetreu aus der Ursprungsquelle übernommen werden.

Es sollten nur einzelne Passagen der Ursprungsquelle zitiert werden. Lediglich in Einzelfällen können längere Abschnitte einer Quelle als direktes Zitat übernommen werden.

Bei direkten Zitaten gilt (→ Beispiel Seite 91):

- Der wörtlich übernommene Text wird in Anführungszeichen „ … “ gesetzt. ①
- Wird eine Textstelle zitiert, die ihrerseits ein Zitat beinhaltet, so wird dieses Zitat im Zitat in einfache Anführungszeichen ‚ … ’ gesetzt. ⑦
- Kürzungen in direkten Zitaten sind möglich, aber nur zulässig wenn dadurch der Sinn des Zitates nicht verfälscht wird. Zudem muss jede Kürzung kenntlich gemacht werden. Dies geschieht in folgender Weise: An die Stelle des weggelassenen Buchstabens, Wortes, Satzteils oder Satzes werden drei in eckigen Klammern stehende Punkte gesetzt [...]. ④
- Werden ein oder mehrere Absätze ausgelassen, so werden die in eckigen Klammern stehenden Auslassungspunkte in eine Extra-Zeile gesetzt. ⑩
- Zur Verbesserung der Verständlichkeit eines direkten Zitates können ergänzende Einschübe in das Zitat eingebunden werden. Diese Ergänzungen werden in eckige Klammern gesetzt, damit man sie von den in runden Klammern stehenden Einschüben im Originaltext unterscheiden kann. ③
- Fügen Sie erläuternde Einschübe ein oder heben Sie Worte des zitierten Textes durch Fettdruck hervor, so sollten sie dies durch die in eckige Klammern gesetzte Phrase [Einschub des Verfassers] bzw. [Hervorhebung des Verfassers] kenntlich machen. ⑨
- Auch Umstellungen in der Satzkonstruktion, die zur Einpassung des Zitates in den laufenden Text notwendig sind, werden durch eckige Klammern gekennzeichnet. Dabei wird an der Stelle im Satz, an der Text entfernt wurde, eine eckige Klammer mit drei Auslassungspunkten gesetzt [...]. Der an anderer Stelle im Satz wieder auftauchende Text wird gleichfalls in eckige Klammern gesetzt. ⑥
- Dies gilt nicht für die Anpassung von Groß- und Kleinschreibung am Beginn eines direkten Zitates: Hier darf ohne Kennzeichnung durch eckige Klammern beim ersten Buchstaben des Zitates die Groß-/Kleinschreibung geändert werden.

Direkte Zitate in einer Facharbeit im Fach Erdkunde **Beispiel**

2.1 Wüstentypen der Sahara

Die Sahara, „die mit 9 Millionen km² die mit Abstand größte Wüste der Erde ① darstellt und den afrikanischen Kontinent vom Atlantik bis zum Roten Meer durchzieht" (http://www.michael-martin.de 18.07.2007), ② bedeckt eine Fläche, die rund 25 mal so groß ist wie Deutschland.

Viele Europäer verbinden mit dem Begriff Sahara die Vorstellung sonnendurchglühter „endlos weite[r] Sand- und Dünenfelder, die von Karawanen auf wochenlangen Reisen durchschritten werden und in denen sich die Fahrzeuge der Rallye Paris – Dakar festfahren" (SIX 2001, S. 14). Diese Vorstellung stimmt jedoch nur bedingt. „Bau und Struktur des Großraumes Sahara sind [vielmehr ③] äußerst vielfältig. [...] Die gesamt Sandfläche [der Sahara] kann man ④ aber [...] auf [nur] ca. 20 % der Sahara-Fläche abschätzen" (SCHIFFERS 1980, S. 12). ⑤ Neben der Sandwüste mit ihren riesigen Dünenmeeren, den *Ergs*, gehören auch die Felsschuttwüste (*Hamada*), die Kies- oder Geröllwüste (*Serir*) und nicht zuletzt die Gebirgswüste mit den beeindruckenden Gebirgszügen des Ahaggar-, Aïr- und Tibesti-Massivs zu den landschaftsprägenden Wüstentypen der Sahara. Teilweise, so im Ahaggar- und Tibesti-Gebirge, „[...] begleiten [vulkanische ⑥ Erscheinungen] wichtige Strukturlinien im Untergrund. ‚Die Gleichförmigkeit ⑦ des Landschaftsbildes legt sich täuschend und verhüllend über den bunten Reichtum seines Baues' " (ebd., S. 12; mit einem Zitat aus KRENKEL 1943). ⑧

Im folgenden sollen nun die einzelnen Wüstentypen der Sahara näher vorgestellt werden. SIX (2001, S. 14) charakterisiert sie so:

> ⑨
> „Die **Hamada** [Hervorhebung des Verfassers] ist die in der Sahara am weitesten verbreitete Wüstenform (ca. zwei Drittel der Gesamtfläche) und das arabische Wort ([hamada] = tot) bezeichnet eine Steinwüste aus kantigem Felsschutt (vgl. Diercke Weltatlas S. 134/135).
> [...] In Abhängigkeit vom [Ausgangs]Gestein unterscheidet man zwischen Kalkstein-, Sandstein- und Basalthamada. Das scharfkantige Material ist an Ort und Stelle insbesondere durch Frostverwitterung (und Salzsprengung) entstanden. ⑪
> ⑩ [...]
> Erg. Die riesigen Dünenmeere oder arabisch „Erg" [...] sind äußerst spektakulär [...]. Der Kern der Ergs ist immer aus Riesendünen (= Draa) aufgebaut."

- Für die Zeichensetzung gilt:
  - Geht ein Satz nach dem Ende des direkten Zitates weiter, so steht das Komma nach dem Anführungszeichen. ②
  - Reicht das Zitat bis zum Satzende, so wird als Satzzeichen stets das Satzzeichen gesetzt, das der Satzzusammenhang fordert, in den das Zitat in der Arbeit gestellt wird. Das Satzzeichen steht nach dem Anführungszeichen bzw. nach dem Quellenbeleg. ⑤
- Kürzere Zitate werden für bessere Lesbarkeit in den laufenden Text integriert. ①
- Längere Zitate werden vom übrigen Text abgesetzt. Dies geschieht dadurch, dass sie
  - in einer neuen Zeile begonnen werden;
  - vom vorausgehenden und vom nachfolgenden Text jeweils durch eine Leerzeile abgesetzt werden;
  - rechts und links um bis zu einen Zentimeter eingerückt werden;
  - mit kleinerer Schriftgröße geschrieben werden (z. B. 10 pt statt 12 pt);
  - mit einzeiligem anstelle des sonst vorgegebenen eineinhalbzeiligen Zeilenabstand geschrieben werden.

  Sie sind auf diese Art und Weise sofort als direktes Zitat erkennbar. ⑪
- Enthält ein Zitat offensichtliche Fehler (z. B.eine falsche Datenangabe, Druckfehler), so müssen auch diese übernommen werden. Sie werden jedoch durch das in eckige Klammern gesetzte Wort *sic* (lat. *sic* = so; es steht dort wirklich so) mit oder ohne Ausrufezeichen direkt hinter dem Fehler – also [sic] bzw. [sic!] – gekennzeichnet.

Wie soll die Ursprungsquelle eines direkten Zitates angegeben werden?
Jedes direkte Zitat muss zusätzlich zum zitierten Text eine Angabe der Ursprungsquelle, einen *Quellenbeleg*, enthalten. Für diesen gibt es drei zentrale Vorgaben:

- Ein Quellenbeleg muss so gestaltet sein, dass die Ursprungsquelle sowie die Fundstelle innerhalb dieser Quelle vom Leser eindeutig zu identifizieren sind.
- Im Rahmen einer Arbeit muss der Quellenbeleg bei allen Zitaten in einheitlicher Form vorgenommen werden.
- Zusätzlich zum Quellenbeleg „direkt am Zitat" muss die jeweilige Quelle auch im Literatur- und Quellenverzeichnis aufgeführt werden (→ Seite 101 ff.).

Die Form, in der ein Quellenbeleg erfolgt, ist aber keineswegs festgelegt. Je nach Fachgebiet sind verschiedenste Formvorgaben üblich. In der Literatur werden über 400 Varianten aufgeführt. Besonders verbreitet sind aber zwei

Belegverfahren: die *naturwissenschaftliche* und die *geisteswissenschaftliche Form des Quellenbelegs*. Diese beiden sollen daher im Folgenden vorgestellt werden.
Welches der beiden Belegverfahren für Sie relevant ist, hängt von den Vorgaben der Sie betreuenden Lehrkraft ab. Fragen Sie diese daher, bevor Sie mit der Reinschrift beginnen, nach ihren Wünschen zur Gestaltung der Quellenbelege.

Beim **naturwissenschaftlichen Belegverfahren** (auch als „Harvard-Verfahren" oder „amerikanisches Verfahren" bezeichnet) wird die Quelle im Text als Kurzbeleg angegeben (z. B. MÜHLENSTEIN 2007, S. 111 oder *http://www.uni-stuttgart.de* 23.05.2012).
Das System, nach dem diese Kurzbelege erstellt werden, verdeutlicht Ihnen die Übersicht in Tab. 7.1 auf Seite 94. Hier wie auch im Beispiel auf → Seite 95 finden Sie zudem Mustervorlagen für solche Kurzbelege.
Auf drei Aspekte sei noch hingewiesen:

- Zitiert man die gleiche Quelle direkt danach ein weiteres Mal, so kann in diesem Fall der Beleg so aussehen: *ebd., S. 7* (ebd. = ebenda, eben die unmittelbar vorher angeführte Quelle; → Beispiel Seite 91, ⑧).
- Bezieht sich ein Zitat auf mehr als eine Seite in der Ausgangsquelle, so sind verschiedenen Angabevarianten üblich:
  - Die Seiten, auf welche sich das Zitat bezieht, werden konkret angegeben. Beispiel: *FENSTERHOLZ 2004, S. 5–12*
  - Die erste Seite des zitierten Textbereiches wird angegeben und dann mit dem Zusatz „f." (= eine folgende Seite) bzw. „ff." (= mehrere folgende Seiten) versehen. Beispiel: *NUDEL 2003, S. 42 f.*
- Bei anderen Quellen (CD-ROM, historischen Quellen, Zeitungen usw.) sind die Kurzbelege analog wie bei Literatur- und Internetquellen auszuführen.

Tipp

Kurzbelege nach dem naturwissenschaftlichen Belegverfahren können ein unterschiedliches Layout haben. Gänge Layout-Varianten sind dabei z. B.:

- „Es lebe die Vielfalt!" (DONNERBRINK 2011, S. 85)
- „Es lebe die Vielfalt!" (DONNERBRINK 2011, 85)
- „Es lebe die Vielfalt!" (DONNERBRINK 2011: 85)
- „Es lebe die Vielfalt!" (Donnerbrink 2011, S. 85)
- „Es lebe die Vielfalt!" (Donnerbrink 2011: 85)

Im diesem Buch wird durchgängig die erste Variante vorgestellt.
Sollte Ihre Lehrerin/Ihr Lehrer eine der anderen Variationen bevorzugen, passen Sie Ihre Kurzbelege einfach den geschmacklichen Vorstellung des Sie Bewertenden an.

Kennzeichen der Textquelle	Form des Kurzbeleges	Beispiele
Quelle wurde von einer Autorin/einem Autor verfasst	NACHNAMEN DES AUTORS IN GROSSBUCHSTABEN – Erscheinungsjahr der Quelle – Komma – Seite, von der das Zitat stammt	STEENBLOCK 2007, S. 101 ①, ②
Primärquelle, die von einer Autorin/einem Autor verfasst wurde	NACHNAMEN DES AUTORS IN GROSSBUCHSTABEN – Erscheinungsjahr der Quelle – Komma – Seite, von der das Zitat stammt – Komma – Zeilen, in denen der zitierte Text steht	GOETHE 2004, S. 71, Z. 5–9 bzw. GOETHE 2004, S. 71, Z. 5 ff.
Internetquelle	abgekürzte URL (= Internetadresse bis einschließlich Domainangabe, d.h. einschließlich .de, .org, .com usw.) – Entnahmedatum aus dem Internet – gegebenenfalls Seite, von der Zitat stammt	http://www.wahlbrinck.de 23.05.2012 oder www.wahlbrinck.de 23.05.2012 ②
Quelle wurde von zwei Autoren verfasst	NACHNAMEN BEIDER AUTOREN IN GROSSBUCHSTABEN durch „&" verbunden – Erscheinungsjahr der Quelle – Komma – Seite oder Verbindung der Autorennachnamen durch „und" bzw. „/"	RAU & BART 2006, S. 77 ④ oder RAU und BART 2006, S. 77 oder RAU/BART 2006, S. 77
Quelle hat drei oder mehr Verfasser	NACHNAME DES ERSTEN AUTORS IN GROSSBUCHSTABEN – et al. (lat. *et alii* = und andere) – Komma – Seite	CASTRUP et al. 1997, S. 41 ③
Sie zitieren aus zwei oder mehr Werken eines Autors, die alle im selben Jahr verfasst wurden. oder Sie zitieren zwei Internetquellen mit identischer abgekürzter URL, die am selben Tag aus dem Netz entnommen wurden.	Die Kennzeichnung der unterschiedlichen Quellen erfolgt durch Hinzufügen eines Kleinbuchstaben hinter die Jahreszahl (in alphabetischer Folge beginnend mit a).	ROSE 1999a, S. 11 ROSE 1999b, S. 11 ROSE 1999c, S. 5 bzw. http://www.ard.de 23.05.2012a http://www.ard.de 23.05.2012b oder www.ard.de 23.05.2012a www.ard.de 23.05.2012b
Man zitiert eine Quelle, die ihrerseits wiederum ein Zitat enthält.	Angabe der zitierten Quelle wie zuvor beschrieben – Semikolon – Phrase „mit einem Zitat aus" – Angabe der Quelle, aus der das zitierte Zitat stammt	WEIDLICH 1999, S. 12; mit einem Zitat aus LOSE 1978 bzw. http://www.uni-stuttgart.de 23.05.2012; mit einem Zitat aus BLÜTHGEN 1966
In einer Quelle wird ein Autor zitiert. Man möchte den dort zitierten Text des anderen Autoren in seiner Arbeit zitieren.	Angabe der zitierten Quelle wie zuvor beschrieben – Semikolon – Phrase „zitiert nach" – Doppelpunkt – Angabe der Quelle, aus der der zitierte Text stammt	RAFFKOPF 2002; zitiert nach: STAUFF 2007, S. 21 ⑤ oder RAFFKOPF 2002; in: STAUFF 2007, S. 21
Man zitiert eine Quelle ohne Jahresangabe.	Angabe der zitierten Quelle wie zuvor beschreiben – anstelle der Jahreszahl die Angabe „o. J." (= ohne Jahresangabe) – Seite	STEIN o.J., S. 12
Man übernimmt eine Tabelle, ein Diagramm, ein Bild oder Ähnliches	Der Quellenangabe wird die Phrase „Quelle(n):" vorangestellt.	Quelle: HUHNBEIN 2005, S. 3

Tab. 7.1: Quellenbelege nach dem naturwissenschaftlichen Belegverfahren (Kurzbelege); die Ziffern beziehen sich auf das Beispiel auf Seite 95.

Naturwissenschaftliches Belegverfahren, Facharbeit im Fach Geschichte **Beispiel**

2 Der Opium-Krieg

2.1 Der Weg in den Krieg

In der Zeit von 1775 bis 1839 war die Entwicklung Chinas von negativen Tendenzen gekennzeichnet: „Von der Bevölkerungsexplosion und der mit ihr zusammenhängenden Verarmung [der Masse der Bevölkerung; Einschub d. Verf.]; vom Verfall der Verwaltung, als einer gleichbleibenden Zahl von Beamten die unablässig steigende Zahl der Menschen in ihren Verwaltungsbezirken buchstäblich über den Kopf wuchs; und schließlich [...] von der sich ausbreitenden Korruption“ (SEITZ 2004, S. 96). ①

Von 1700 bis 1800 stieg die Bevölkerung Chinas um 204 Millionen auf 342 Millionen Menschen an (SEITZ 2004, S. 94). Chinas Bevölkerung war damit zweieinhalbmal so zahlreich wie die aller europäischen Staaten zusammengenommen und China vereinte mehr als ein Drittel der damaligen Weltbevölkerung auf sich (SEITZ 2004, S. 94; http://de.wikipedia.org 23.05.2012). ② Im Jahre 1851 besaß China ca. 432 Millionen Einwohner und damit dreimal so viel Menschen wie 150 Jahre zuvor (STAIGER et al. 2003, S. 82). ③

Im gleichen Zeitraum aber konnte die landwirtschaftliche Anbaufläche nur um 50 Prozent ausgeweitet werden. Die Hektarerträge für Getreide ließen sich mit den damals zur Verfügung stehenden Mitteln kaum noch steigern. Die Agrarproduktion hielt folglich mit dem Bevölkerungswachstum nicht Schritt (SEITZ 2004, S. 94). Hinzu kam die schlechte Infrastruktur. „Die landwirtschaftlichen Produkte wurden huckepack über schmale Wege und in schmalen Booten auf einem Gewirr von Flüssen [...] transportiert. Zugtiere stellten eine Seltenheit dar, da sie zu kostspielig für die meisten Bauern waren“ (SPENCE & CHIN 1996, S. 11). ④

Und obwohl deren Einkünfte kaum für das tägliche Brot ausreichten, presste die Regierung durch korrupte Beamte aus ihnen mit grausamen Methoden immer höhere Abgaben heraus. Teilweise verließen verzweifelte Bauern ihr Land und wurden Banditen (SEITZ 2004, S. 94 f.). Gleichzeitig aber gedieh unter den hoffnungslosen, geknechteten Bauern und Handwerkern der Opiumkonsum.

Opium wurde bereits seit Mitte des 18. Jahrhunderts von den Portugiesen und später von den Engländern nach China eingeführt (WILHELMY 1905; zitiert ⑤ nach http://ww w.jaduland.de 23.05.2012). Neben der berauschenden Wirkung

– 4 –

Beim **geisteswissenschaftlichen Belegverfahren** wird der Quellenbeleg in Form von Fußnoten oder Endnoten geführt (→ Beispiele Seite 97).

- Dazu wird nach dem Anführungszeichen am Zitatende eine Ziffer gesetzt. Diese muss hochgestellt oder in runde Klammern gesetzt werden. ①
- Wird eine Statistik, Grafik usw. übernommen, so wird die Zitatziffer an das Ende der Über- bzw. Unterschrift der Tabelle, Abbildung usw. gesetzt. ②
- *Alle* Zitate einer Arbeit bzw. bei längeren Arbeiten alle Zitate eines Kapitels werden dabei *fortlaufend nummeriert*.
- Die Quellenangabe kann dann in zwei Formen erfolgen:
  Entweder als *Fußnote* am Ende (Fuß) der Seite. Dabei wird ein Teilstrich gezogen, der über ein Fünftel bis ein Drittel der Textbreite verläuft (Zitierstrich) ③. Dann wird die Ziffer des Zitates als Hochzahl bzw. als in runde Klammern gesetzte Zahl aufgeführt. Schließlich wird die Quelle angegeben. ⑤
  Oder aber in Form von *Endnoten* am Ende eines Kapitels oder am Ende der Arbeit. Die Endnoten stellen dabei eine Sammlung aller Fußnoten eines Kapitels bzw. einer Arbeit dar. Diese Art des Quellenbelegs ist allerdings die für den Leser mühsamste.
- Die Angabe der Quelle erfolgt bei Fuß- wie bei Endnoten in gleicher Weise, und zwar exakt so wie im Literatur- und Quellenverzeichnis (→ Seite 101 ff.). Dies gilt für Literatur- wie für Internetquellen.
- Bei der ersten Angabe einer Quelle in einer Fuß- oder Endnote muss diese im vollen Wortlaut angegeben werden. ⑤, ⑥
- Wird die gleiche Quelle ein zweites oder weiteres Mal zitiert, kann die Angabe abgekürzt werden. Es werden dann nur noch der Nachname des Autors (je nach formaler Gestaltung des Literaturverzeichnisses in Großbuchstaben oder Kleinbuchstaben) und die Seitenzahl angegeben. ⑦
  Teilweise ist es üblich, nach dem Nachnamen des Autors den Zusatz „*a. a. O.*“ aufzuführen (= am angegebenen Ort, das heißt die Quelle wurde bereits zitiert und kann im Literaturverzeichnis gefunden werden). Die Angaben [71] *NOSBERT, S. 9* und [71] *NOSBERT, a. a. O., S. 9* sind jedoch inhaltlich identisch, der Zusatz „*a. a. O.*“ kann daher entfallen.
- Zitieren Sie vom selben Autor mehrere Werke, so muss, um Verwechslungen auszuschließen, auch beim zweiten oder weiteren Zitat eine Kurzform des Titels der Quelle mit angegeben werden.
- Bei einem zweiten bzw. weiteren Zitat aus derselben Internetquelle reicht die Angabe der URL. ⑧
- Fußnoten werden in kleinerer Schrifttype (z. B. Times New Roman 9 pt) und mit einfachem Zeilenabstand geschrieben. ⑨

- Viele Textverarbeitungsprogramme enthalten Möglichkeiten, Fußnoten automatisch zu erstellen und zu verwalten. Diese sind im Handbuch des Programms erläutert.
- In Fußnoten können neben Quellenangaben auch Informationen aufgeführt werden, die nicht direkt in den Gedankengang des Haupttextes passen, jedoch wert sind, erwähnt zu werden. Auch Hinweise auf Querverbindungen zu anderen Stellen der Arbeit sowie Begriffserläuterungen usw. lassen sich in Fußnoten unterbringen. ④

Direkte Zitate und geisteswissenschaftliches Belegverfahren, Facharbeit im Fach Erdkunde

Beispiel

2.1 Die Bevölkerungsentwicklung Mumbais

Mumbai (ehemals Greater Bombay)[3], heute eine Megastadt mit über 13 Mio. Einwohnern, war „noch vor vierhundert Jahren nicht mehr als ein Fischernest".[4] Im Jahre 1534 erhielten die Portugiesen vom Sultan von Gujarat „sieben kleine, mit Kokospalmen bewachsene und nur von einigen Fischern bewohnte Inseln zum Geschenk".[5] Sie bezeichneten diese Inseln als Bom Bahia (= gute Bucht), woraus sich im Laufe der Zeit der Name Bombay entwickelt haben soll.[6] Die Portugiesen nutzten Bombay seiner geschützten Lage wegen als Hafen. 1661 erhielten die Briten die sieben Inseln. Sie bauten den Hafen aus. Im Jahre 1668 „verpachtete der [britische] König das Gebiet an die 1600 gegründete berühmteste Handelsgesellschaft der Welt – an die [britische] East India Company, die darauf hin ihren Hauptsitz 1687 von Surat [...] in das besser geeignete Bombay verlegte. Dies kann als eigentliches Geburtsjahr der Weltstadt gelten."[7] ①
Der Aufstieg des ehemaligen Bombay lässt sich unter anderem an der Entwicklung der Einwohnerzahl ablesen.

Tabelle 1: Die Bevölkerung Mumbais (Greater Bombays) 1661 – 2011[8] ②

Jahr	1661	1881	1901	1921	1941	1961	1981	2001	2011
Bevölkerung (Mio.)	0,01	0,77	0,81	1,24	1,69	4,15	8,23	11,98	12,48

1675 war die Einwohnerzahl mit rund 60 000 noch relativ gering. „Bei der ersten Volkszählung im Jahre 1864 waren es 817.000. In den 1860er- und 1890er-Jahren ging die Bevölkerungszahl bedingt durch Seuchen etwas zurück."[9]

③
3 Mumbai (ehemals Greater Bombay) besteht aus Bombay Island, einer rund 67 km² großen Insel, sowie der sich nördlich anschließenden Insel Salsette. Seit 1995 trägt Bombay den Namen Mumbai. Zu den Hintergründen der Umbenennung von Bombay in Mumbai vgl, Eckert, S. 65 – 79. ④
4 D. Rockmann, Mein Bombay, Frankfurt 1998, S. 10. ⑤
5 Rockmann, S. 11. ⑦
6 Vgl. zur Entwicklung des Namens Bombay: H. Nissel, Bombay/Mumbai: Stadterweiterung und Stadtumbau einer „Globalizing City", in: Ravi Ahunja & Christiane Brosius (Hrsg.): Mumbai – Delhi – Kolkata, Heidelberg 2006, S. 31 ff.
7 Nissel, S. 19 f.
8 Tabelle entnommen aus http://de.wikipedia.org/wiki/Mumbai, wikipedia, Artikel Mumbai, aus dem Internet am 23.05.2012. ⑥
9 http://de.wikipedia.org/wiki/Mumbai ⑧

⑨

– 5 –

7.3 Indirekte Zitate

Indirekte Zitate machen in Facharbeiten und Referaten in der Regel die Masse des Textes aus.

Was ist ein indirektes Zitat?

Jede Form einer singemäßen Wiedergabe fremder Texte, Daten, Quellen und Gedanken bezeichnet man als indirektes (sinngemäßes, gedankliches) Zitat (→ Beispiel Seite 99). Es handelt sich bei ihnen z. B.

- um die Wiedergabe eines gelesenen Ausspruches mit eigenen Worten ②;
- oder um einen von Ihnen selbst (frei) formulierten Text, der jedoch in seinen Grundgedanken auf den Ausführungen beruht, die Sie zuvor in einer oder mehreren Textquellen gelesen haben ④;
- oder um einen Text, den Sie selber formuliert haben, dessen Datengrundlage Sie jedoch aus einem Buch entnommen haben ③.

In all diesen Fällen haben Ihre Formulierungen geistige Mütter bzw. Väter, die der Fairness halber angegeben werden müssen. Zu jedem indirekten Zitat gehört deshalb ein Quellenbeleg, also die genaue Angabe der Quelle(n), auf die sich Ihre Ausführungen stützen. ①, ②, ⑤, ⑥

Wann liegt kein indirektes Zitat vor?

- Wenn Sie eigene Untersuchungsergebnisse vorstellen, auswerten, kommentieren.
- Wenn Sie eigene Beschreibungen, Erläuterungen, Schlussfolgerungen, Bewertungen usw. formulieren.
- Wenn Sie ein direktes Zitat einbringen.

Wie sollte ein indirektes Zitat aussehen?

- Ein indirektes Zitat steht niemals in Anführungszeichen.
- Anfang und Ende eines umfangreicheren indirekten Zitates müssen für den Leser erkennbar sein. In der Regel kann dieses dadurch erreicht werden, dass ein längeres indirektes Zitat einen eigenen Absatz bildet.
- Jedes indirekte Zitat muss mit einem Quellenbeleg versehen werden. Dieser steht am Anfang oder Ende des Satzes bzw. Absatzes, der das indirekte Zitat enthält ①, ③, es kann aber auch in den Satz integriert sein ⑤.
- Der Quellenbeleg kann nach dem naturwissenschaftlichen oder geisteswissenschaftlichen Belegverfahren erfolgen (siehe oben).
  Es muss hierbei allerdings das gleiche Belegverfahren verwendet werden wie bei den direkten Zitaten. Dem Quellennachweis kann aber der Zusatz *nach*, *siehe* oder *vgl.* (= vergleiche) vorangestellt werden.
  Die Quellenbelege werden nach den gleichen Regeln erstellt wie bei direkten Zitaten (siehe oben).
- Werden einzelne Aussprüche, Gedanken usw. eines Autors in indirekter Rede zitiert, muss der Konjunktiv verwendet werden. ②

Indirekte Zitate in einer Arbeit im Fach Pädagogik **Beispiel:**

2.2 Definition von Ablösung

Eine sehr allgemeine Definition des Begriffes Ablösung findet sich bei FRÖHLICH im *Wörterbuch Psychologie*. Dort heißt es: Der Begriff Ablösung (bzw. Abnabelung) steht als „Bezeichnung für die im Verlauf der individuellen Entwicklung schrittweise vollzogene Lösung von Bindungen an die elterliche Autorität, bzw. an die Denk- und Verhaltensnormen älterer Menschen" (FRÖHLICH 2000, S. 34). ①
FRÖHLICH vertritt die Meinung, dass die Ablösung die entscheidende Voraussetzung dafür sei, um eigenständig in der Welt der Erwachsenen bestehen und ②
handeln zu können (ebd., S. 34).
GUSKI und LANGLOTZ-BRUNNER (1991, S. 38) unterscheiden zusätzlich eine ③
innere und eine äußere Ablösung. Die innere Ablösung beinhaltet die emotionale Loslösung des Heranwachsenden aus dem Schonraum Familie. Dieser psychodynamische Prozess ist vielschichtig und vollzieht sich familienintern. Die innere Ablösung ist die Voraussetzung dafür, dass die äußere Ablösung ④
erfolgen kann. Diese dokumentiert sich in einem eigenen Lebensstil und gegebenenfalls auch einer Verlagerung des Wohnortes.

Noch differenzierter beschreibt HURRELMANN (1999, S. 142) die Ablösung. ⑤
Er unterscheidet vier Ebenen, auf denen die Ablösung erfolgt:

- *auf psychologischer Ebene* durch eine verstärkte Ausrichtung der Gefühle und Einstellungen an Gleichaltrigen, bei gleichzeitig schwindendem Einfluss der Eltern
- *auf kultureller Ebene* durch das Entdecken eines eigenen Lebensstils, der sich nicht an dem der Erwachsenen orientieren muss
- *auf räumlicher Ebene* durch die Verlagerung des Wohnortes
- *auf materieller Ebene* indem der junge Erwachsene finanziell unabhängig wird.

In der Regel werden die vier Ebenen vom Heranwachsenden in der zuvor genannten Reihenfolge durchlaufen.

STIRLIN vertritt die Meinung, dass der Ablöseprozess als Spirale zu begreifen sei, die sich allmählich in Richtung Selbstverwirklichung und Differenzierung von Heranwachsenden und Eltern weitet und Schritt für Schritt zu einer immer größeren Unabhängigkeit beider Parteien führt (vgl. STIRLIN 1974, S. 144). ⑥

Warum einmal mit vgl und einmal ohne

6

Seite erstellt nach: ANSGAR ELLING: Möglichkeiten der Begleitung des Ablöseprozesses an der Schule für Geistigbehinderte. Münster 2001, S. 10 f., unveröffentlichte Hausarbeit.

7.4 Zitate und Quellenbelege in Referaten

Auch ein mündlicher Vortrag stützt sich auf Quellen, die man gelesen und durchgearbeitet hat. Folglich enthält auch jedes mündlich vorgetragene Referat Zitate.

Direkte Zitate. Werden im Vortrag Textquellen wörtlich zitiert, muss eine solche Stelle als direktes Zitat ausgewiesen werden. Es gelten hier die gleichen Regeln wie für ein direktes Zitat in schriftlichen Texten:

- Es dürfen keine inhaltlichen Veränderungen vorgenommen werden, ohne diese kenntlich zu machen.
- Ein eindeutiger Quellenbeleg ist Pflicht.
- Zudem ist es wichtig, den Beginn und das Ende eines direkten Zitates deutlich zu markieren. Allerdings kann dieses ja, anders als in einem schriftlichen Text, nicht durch Anführungszeichen geschehen. Vielmehr markieren hier zwei Floskeln den Anfang und das Ende des direkten Zitates, nämlich: *„Ich zitiere aus“* sowie *„Zitatende“*.

Ein direktes Zitat in einem Referat sollte damit die folgende Form aufweisen:

Beispiel: Direktes Zitat im Referat

[...] Die Diskussion um eine Green Card für ausländische Spitzenkräfte und Experten begann im Zusammenhang mit der CEBIT 2000 in Hannover.
Ich zitiere hier aus einem Artikel der Frankfurter Allgemeinen Zeitung vom 25. Februar 2000: „Mit feinem Gespür für den richtigen Auftritt kündigte Bundeskanzler Gerhard Schröder auf der CEBIT an, Spezialisten in Sachen Datenverarbeitung und elektronische Netze aus fernen Ländern, insbesondere aus Indien und Russland, eine Arbeitserlaubnis erteilen zu wollen. Er wolle jene Zulassung vergeben, die in Amerika ‚Green Card‘ heißt.“
Zitatende.
Seit jener ersten Ankündigung [...]

Indirekte Zitate. Ein Referat enthält in der Regel auch große Passagen, die sich sinngemäß auf eine oder mehrere Textquellen beziehen. Es wäre jedoch für den Vortragsfluss störend, wollte man, wie bei einem schriftlichen Text, jedes dieser indirekten Zitate mit einem Quellenbeleg versehen. Hier reicht es in der Regel, die benutzte Literatur am Ende des Referats anzugeben, etwa indem man sie im Handout auflistet (→ Seite 184 f.). Verteilt man kein Handout, können die benutzten Quellen auch an die Tafel geschrieben, auf einer Folie aufgelistet oder im Original mitgebracht und vorgestellt werden.

Für den **Handout**-Text gelten bei direkten Zitaten (also auch bei Grafiken, Tabellen usw.) die gleichen Zitierregeln wie bei schriftlichen Arbeiten. Auch umfangreiche indirekte Zitate sollten mit einem Quellenbeleg versehen werden. Ansonsten reicht das im Handout aufgeführte Literatur- und Quellenverzeichnis zur Dokumentation aus (→ Seite 184 f.).

7.5 Literatur- und Quellenverzeichnis

Funktion

Als Autorin bzw. Autor einer Facharbeit oder eines Referats sind Sie verpflichtet, alle benutzten Quellen offenzulegen. Die Angabe der Quellen muss dabei grundsätzlich so gestaltet sein, dass dem Leser/Zuhörer deren Auffinden problemlos möglich ist. Auf diese Weise erhält er die Möglichkeit, Ihre Literaturangaben nachzuprüfen und, falls gewünscht, die von Ihnen benutzten Quellen im Original zu lesen.

Im Text haben Sie aber in der Regel die benutzten Quellen nur in verkürzter Form angegeben (→ Seite 93 ff.). So dient denn das *Literaturverzeichnis* (sofern nur Literatur aufgeführt wird) bzw. das *Literatur- und Quellenverzeichnis* (sofern Literatur und andere Quellen wie z. B. Internetseiten aufgeführt werden) dazu, Ihrer Pflicht zur exakten Angabe der Quellen nachzukommen.

Allgemeine Kennzeichen

Literatur- und Quellenverzeichnisse weisen folgende generelle Kennzeichen auf:

- Hier sind alle Quellen aufgeführt, die Sie zur Erstellung Ihrer Facharbeit/Ihres Referats benutzt und dabei zitiert haben. Doch auch nur diese und keine weiteren!
- In einer Facharbeit bildet das Literatur- und Quellenverzeichnis das letzte Kapitel (vor einem eventuellen Anhang). Auf dem Referat-Handout steht es an letzter Stelle. Es sollte daher erst nach Abschluss der Textarbeit mithilfe der bibliografischen Notizen (→ Seite 55 f.) erstellt werden.
- Im Literatur- und Quellenverzeichnis werden die Quellen alphabetisch nach Autorennamen bzw. Kurz-URL geordnet.
  Bei gleichen Nachnamen kommt der Vorname der Autoren als zweites Ordnungskriterium hinzu.
- Mehrere Werke eines Autors wie auch mehrere Internetquellen mit gleicher Kurz-URL werden chronologisch geordnet, also nach dem Erscheinungsjahr bzw. Entnahmedatum aus dem Internet, beginnend mit dem ältesten Werk.
- Im Literatur- und Quellenverzeichnis können drei Gruppen von Quellen aufgeführt sein: Primärliteratur, Sekundärliteratur und Sonstige Quellen (→ Seite 42 f.).
- Nur in den sprachlichen Fächern ist es üblich, Primär- und Sekundärliteratur getrennt aufzuführen (→ Seite 105).
- Der Bereich *Sonstige Quellen* kann bei Bedarf weiter untergliedert werden in *Internetquellen, Archivalische Quellen (Dokumente), Filme* und *sonstige*

Quellen (CD-ROM usw.). Eine solche Feinaufteilung empfiehlt sich jedoch nur, wenn von einem „Quellentyp“ mindestens vier verschiedene Quellen zitiert wurden.

- Zitierte Zeitungsartikel werden, sofern nicht (bei vier und mehr zitierten Artikeln) in einem separaten Verzeichnisabschnitt unter der Überschrift *Zeitungen* aufgeführt, wie Zeitschriftenartikel bibliografiert: Je nachdem ob Sie die Print- oder die Online-Version benutzt haben werden sie unter *Literatur* oder *Internetquellen* aufgelistet.

Layout

Über die Layoutgestaltung eines Literatur- und Quellenverzeichnisses gibt es sehr unterschiedliche Vorstellungen. Prinzipiell aber gilt:

- Bei geringer Quellenzahl wird das Verzeichnis in gleicher Schriftgröße wie der Text der Arbeit geschrieben. Bei großer Quellenzahl und Platzknappheit kann mit kleinerer Schrifttype geschrieben werden.
- Die Quellenangaben werden mit einfachem Zeilenabstand geschrieben.
- Absätze werden „hängend“ formatiert, das heißt, sind für eine Quellenangabe mehrere Zeilen notwendig, so werden die zweite und folgende Zeile nach rechts eingerückt.
- Am Ende jeder Quellenangabe steht ein Punkt.
- Vom Vornamen eines Autors wird nur der erste Buchstabe angegeben. Nur bei gleichen Nach- und Vornamen zweier Autoren werden weitere Buchstaben aufgeführt.
- Titel wie Dr., Prof. usw. werden bei den Autorenangaben weggelassen.
- Die Angabe *1. Auflage* wird nicht vermerkt.
- Bei Verlagen mit mehreren Verlagsorten wird nur der erste angegeben.
- Viele Schreibprogramme gestalten Internetadressen automatisch blau und unterstrichen. Kurz-URL und URL können in dieser Weise aufgeführt werden.

Layoutvarianten

Die Feingestaltung des Quellenverzeichnisses richtet sich vor allem nach zwei Kriterien:

- danach, ob Sie die Quellenbelege im Text Ihrer Arbeit nach dem naturwissenschaftlichen oder nach dem geisteswissenschaftlichen Belegverfahren gestaltet haben;
- nach den persönlichen Layoutvorlieben der Lehrerin bzw. des Lehrers (der eine mag „&“ durch „und“ ersetzt haben, beim anderen muss die Abkürzung „S.“ wegfallen oder der *Buchtitel* kursiv gesetzt werden oder der Autorenname in Kapitälchen usw.).

Sie sollten vor Beginn der Arbeit am Quellenverzeichnis Ihre Lehrerin bzw. Ihren Lehrer nach ihren bzw. seinen Layoutvorstellungen fragen und diese bei der Gestaltung des Verzeichnisses berücksichtigen.
Im Folgenden werden nun zwei der gängigsten Layoutvarianten näher vorgestellt:

Layoutvariante 1: Einträge in das Literatur- und Quellenverzeichnis bei Verwendung des geisteswissenschaftlichen Belegverfahrens
Alle zitierten Quellen müssen in alphabetischer Reihenfolge aufgeführt werden. Gestalten Sie die Angaben dabei wie folgt (→ Beispiel Seite 105).

- Fall 1: *Ein Buch – ein Autor*
  Nachname, abgek. Vorname, Titel des Buches, Untertitel, Auflage, Erscheinungsort Erscheinungsjahr. Beispiel: Fassmann, H., Stadtgeographie I, Allgemeine Stadtgeographie, Braunschweig 2009. ①
- Fall 2: *Ein Buch – zwei Autoren*
  Nachname, abgek. Vorname & Nachname, abgek. Vorname, Titel des Buches, Untertitel, Auflage, Erscheinungsort Erscheinungsjahr. Beispiel: Häusser, A. & Maugg, G., Hungerwinter, Deutschlands humanitäre Katastrophe 1946/47, Berlin 2011. ⑥
- Fall 3: *Ein Buch – drei oder mehr Autoren*
  Nachname des ersten Autors, abgek. Vorname et al., Titel des Buches, Untertitel, Auflage, Erscheinungsort Erscheinungsjahr. Beispiel: Modrow, S. et al., Molekulare Virologie, 3. Auflage, Heidelberg 2010. ②
- Fall 4: *Aufsatz in einer Zeitschrift*
  Nachname, abgek. Vorname, Titel des Aufsatzes, Untertitel des Aufsatzes, in: Name der Zeitschrift, Nummer der Zeitschrift Erscheinungsjahr, Seitenangabe Anfang und Ende des Aufsatzes. Beispiel: Horn, M. & Gans, P., Sport als Wirtschafts- und Standortfaktor, in: Geographische Rundschau, 5/2012, S. 4 – 10. ⑧
- Fall 5: *Aufsatz in einem Sammelband (einem Buch, ggf. mit Herausgeber(n), in dem mehrere Autoren Aufsätze geschrieben haben)*
  Nachname, abgek. Vorname, Titel des Aufsatzes, Untertitel des Aufsatzes, in: Nachname, abgek. Vorname (Hrsg.), Titel des Sammelbandes, Untertitel, Auflage, Erscheinungsort, Erscheinungsjahr, Seitenangabe Anfang und Ende des Aufsatzes. Beispiel: Alkemeier, I., Die Bergpredigt ein Stück Weltliteratur – fazinierend und provozierend – bis heute, in: Hillesheim, K-F. & Weber, B. (Hrsg.), Perspektiven der Lehrerbildung, Zum Auftrag der Zentren für schulpraktische Lehrerausbildung, Münster, 2010, S. 353 – 370. ④

Internetdokument ohne Autorenangabe

- Fall 6: *Internetdokumente*
  Vollständige URL, Nachname des Autors, abgek. Vorname, Titel des Dokuments, [gegebenenfalls] Zeitung/Zeitschrift, [gegebenenfalls] Datum der Meldung bzw. Datum der Einstellung ins Netz, aus dem Internet entnommen am. Beispiel: http://www.foucault.uni-osnabrueck.de/phys/, Bärwinkel, K., Der Foucault-Effekt und die Grundlagen der klassischen Mechanik – Erläuterungen zum Osnabrücker Foucault-Pendel, aus dem Internet entnommen am 24.05.2012. ⑨ und ⑩
- Fall 7: *Zeitungsartikel mit Autorenangabe*
  Nachname, abgek. Vorname, Titel des Artikels, Untertitel des Artikels, in: Name der Zeitung vom Erscheinungsdatum, Seite. Beispiel: Ludwig, M., Zwischen die Gleise geraten, In den Armensiedlungen von Baku ist der Eurovision Song Contest weit weg. in: Frankfurter Allgemeine Zeitung vom 24.05.2012, S. 3. ⑦
- Fall 8: *Zeitungsartikel ohne Autorenangabe*
  Titel des Artikels, Untertitel, in: Name der Zeitung vom Erscheinungsdatum, Seite. Beispiel: Der Sieger: Currywurst, Deutsche essen laut Apetito-Ranking in der Kantine gerne deftig, in: Münstersche Zeitung vom 24.05.2012, S. 5. ③

Sonderfälle (→ Beispiel (1) auf Seite 105 und Beispiel (2) auf Seite 106)

- Sonstige Quellen (z.B. Video, CD-ROM, Interviews) müssen in ähnlicher Weise im Quellenverzeichnis aufgeführt werden wie Textquellen. Wichtig ist: Machen Sie möglichst genaue Angaben zur jeweiligen Quelle. ⑪, ⑮, ⑯
- Bei Institutionen kann im Text deren (offizielle) Abkürzung als Kurzbeleg genutzt werden. Im Quellenverzeichnis muss hinter der Abkürzung in Klammern der vollständige Name aufgeführt werden. ⑫
- Ist bei einer Quelle der Name des Verfassers unbekannt, so schreibt man an dessen Stelle „o. V.", fehlt der Erscheinungsort „o. O." und fehlt eine Angabe zum Erscheinungsjahr schreibt man „o. J.". ⑬
- Bei englischsprachigen Quellen wird „Hrsg." als „ed." bzw. „eds." und „S." als „p." bzw. „pp." abgekürzt. ⑧
- Zitieren Sie von einem Autor mehrere Werke mit gleichem Erscheinungsjahr oder mehrere Internetquellen mit gleicher Kurz-URL und gleichem Entnahmedatum, so gilt beim *naturwissenschaftlichen Belegverfahren*: Die Quellen erhalten hinter der Jahreszahl den Zusatz *a, b, c* usw. Sie werden diesem Zusatz entsprechend geordnet. ⑭
  Beim *geisteswissenschaftlichen Belegverfahren* gilt: Das Ordnungskriterium ist hier der Titel des Werkes. Den Jahreszahlen werden keine Kleinbuchstaben hinzugefügt. ⑤

ed. = Editor, Einzahl
eds. = Editors, Mehrzahl
p. = page, Einzahl
pp. = pages, Mehrzahl

Literatur- und Quellenverzeichnis, Facharbeit im Fach Englisch **Beispiel (1)**

6 Literatur- und Quellenverzeichnis

Primärliteratur

① Salinger, J. D., The Catcher in the Rye, London 1994.

Sekundärliteratur

② Crane, C. et al., J. D. Salinger "The Catcher in the Rye", Letts Explore Literature Guides, Carnforth 2004.

③ Der Fänger im Roggen, in: Hamburger Abendblatt vom 29.12.2003.

④ Günter, B., J. D. Salinger "The Catcher in the Rye" (1951), in: Freese, P. & Hermes, L. (Hrsg.), Der Roman im Englischunterricht der Sekundarstufe II, Theorie und Praxis, 2. Auflage, Paderborn 1981, S. 207–222.

⑤ Hamilton, I., In Search of J. D. Salinger, London 1998.

Hamilton, I., The Trouble with Money and Other Essays, London 1998.

Münder, P., Jerome David Salinger „Der Fänger im Roggen" (The Catcher in the Rye), Interpretationen und unterrichtspraktische Vorschläge, 6. Auflage, Analysen und Reflexionen Bd. 2, Hollfeld 2005.

⑥ Pinsker, S. & Pinsker, A., Understanding The Catcher in the Rye, A Student Casebook to Issues, Sources, and Historical Documents, Westport Connecticut 1999.

Rau, R. F., Jerome D. Salinger "The Catcher in the Rye", Annotations and Study Aids, Stuttgart 1999.

⑦ Spinnen, B., Das absolute Kind, Endlich neudeutsch: J.D. Salingers „Der Fänger im Roggen", in: Süddeutsche Zeitung vom 17.03.2003.

Steinle, P. H., In Cold Fear, The Catcher in the Rye, Censorship Controversies and Postwar American Character, Columbus Ohio 2000.

⑧ Zapf, H., Logical Action in Salinger's Catcher in the Rye, in: College Literature, 12/1985, pp. 266–271.

Internetquellen

⑨ http://www.wahlbrinck.de/catcherintherye/ext.htm, Wahlbrinck, B., The Catcher in the Rye, external aspects of "The Catcher in the Rye", aus dem Internet entnommen am 24.05.2012

http://www.wahlbrinck.de/catcherintherye/int.htm , Wahlbrinck, B., The Catcher in the Rye, internal aspects of "The Catcher in the Rye", aus dem Internet entnommen am 24.05.2012

http://www.euronet.nl/users/los/tcitr.html, Los, M. & Dunning, C., The Catcher in the Rye Pages – Home, aus dem Internet entnommen am 21.07.2007

http://www.angelfire.com/journal2/afdiary/, Morine, S., Exploring The Catcher in the Rye, aus dem Internet entnommen am 24.05.2012

⑩ http://www.unz.org/Pub/SaturdayRev-1951jul14-00012?View=PDF, Smith, H., Manhattan Ulysses, Junior, The Catcher in the Rye, By J. D. Salinger, Saturday Review of Literature, July 14, 1951, aus dem Internet entnommen am 21.05.2012

Sonstige Quellen

⑪ Wahlbrinck, B. (2012), Erfahrungen mit dem Einsatz des Romans "The Catcher in the Rye" im Unterricht am Emsland-Gymnasium in Rheine. Interview geführt am 21.03.2012.

Beispiel (2) Literatur- und Quellenverzeichnis einer Facharbeit im Fach Biologie

8 Literatur- und Quellenverzeichnis

Literatur

BALTIMORE, D. & HEILMAN, C. (1998): Wie nahe ist ein HIV-Impfstoff? In: Spektrum der Wissenschaft, 10, S. 36–42.

BRÜNING, A. (2005): Das Gute an der Seuche. Epidemien im Mittelalter förderten eine Genveränderung, die vor AIDS schützt. In: Berliner Zeitung, 31.03.2005, Wissenschaft, S. 15.

(12) DAH & HAS (Deutsche AIDS-Hilfe e.V. & HIV-Arbeitskreis Südwest) (Hrsg.) (2003): HIV und AIDS. Ein Leitfaden für Ärzte, Apotheke, Helfer und Betroffene. 5. Auflage. Berlin: Springer.

KRÄUSSLICH, H.-G. & MÜLLER, B. (2004): Wettrüsten gegen ein mörderisches Virus. In: Spektrum der Wissenschaft, 4, S. 34-41.

HOOD, L. (1995): Biologie und Medizin im 21. Jahrhundert. In: KEVLES, D. J. & HOOD, L. (Hrsg.): Die genetische Karte des Menschen. Frankfurt a. M.: Insel, S. 156–183.

KURTH, R. & NORLEY, S. (1997): Hindernisse und Fortschritte in der Entwicklung eines Impfstoffes gegen AIDS. In: Spektrum der Wissenschaft, Dossier 3/97, S. 91–94.

MODROW, S. et al. (2010): Molekulare Virologie. 3. Auflage. Heidelberg: Spektrum Akademischer Verlag.

MÖLLING, K. (1988): Das AIDS-Virus. Weinheim: VCH.

NYE, K. E. & PARKIN, J. M. (1995): HIV und AIDS. Die molekularbiologischen Grundlagen. Heidelberg: Spektrum Akademischer Verlag.

QUAST, U. et al. (1997) : Impfreaktionen. Stuttgart: Hippokrates.

RUDOLPH, S. (2007): HIV und AIDS in Afrika. Saarbrücken: VDM Verlag Dr. Müller.

SENGBUSCH, P. von (1979): Molekular- und Zellbiologie. Berlin: Springer.

Internetquellen

(13) http://chemie-im-alltag.de (24.05.2012). REISER, O. (o.J.): Impfstoff gegen AIDS-Virus zeigt Wirkung? http://chemie-im-alltag.de/articles/0046/index.html

http://www.rki.de (24.05.2012). ROBERT KOCH-INSTITUT (Hrsg.) (2012): HIV/AIDS in Deutschland – Eckdaten der Schätzung, Stand: Ende 2011. http://www.rki.de/DE/Content/InfAZ/H/HIVAIDS/Epidemiologie/Daten_und_Berichte/Eckdaten-Deutschland.pdf?__blob=publicationFile

http://www.wissenschaft.de (23.05.2012). HILBERT, C. (2007): Forscher entdecken natürlichen HIV-Blocker. Meldung vom 20.04.2007. http://www.wissenschaft.de/wissenschaft/news/277251

(14) http://www.wissenschaft-online.de (20.07.2007a). JAHN, A. (2003): Virales Danaergeschenk. Tarnen sich HI-Viren mit menschlichen Membranhüllen? In: Spektrumdirekt, 29.08.2003. http://www.wissenschaft-online.de/abo/ticker/622591

http://www.wissenschaft-online.de (20.07.2007b). WETZLER, C. D. (2002): Trickreiche Tarnung. Wie das HI-Virus die Immunabwehr umgeht. In: Spektrumdirekt, 12.12.2002. http://www.wissenschaft-online.de/artikel/612573

http://www.zeit.de (25.05.2012). RICHTHOFEN, D. von: Die Pille davor. Aids-Medikamente schützen Gesunde bei riskantem Sex – eine umstrittene Prophylaxe. In: DIE ZEIT vom 05.01.2012. http://www.zeit.de/2012/02/Aids-Medikament

Sonstige Quellen

(15) MICROSOFT (Hrsg.) (2006): Encarta®Enzyklopädie 2007. Artikel: Retrovirus, Human Immunodeficiency Virus (HIV). CD-ROM.

(16) HOFFMANN, T. & CZIEPLUCH, C. (1994): AIDS. Aufbau, Vermehrung und Nachweis von HIV. VHS-Video. Heidelberg: Spektrum Akademischer Verlag.

Layoutvariante 2: Einträge in das Literatur- und Quellenverzeichnis bei Verwendung des naturwissenschaftlichen Belegverfahrens

Textquelle	Form der Quellenangabe	Beispiele
Ein Buch – ein Autor	NACHNAME, abgek. Vorname (Erscheinungsjahr): Titel des Buches. gegebenenfalls Untertitel. gegebenenfalls Reihe Band. gegebenenfalls Auflage. Erscheinungsort: Verlag.	KÖNIG, I. (2004): Vita Romana. Vom täglichen Leben im alten Rom. Darmstadt: Wissenschaftliche Buchgesellschaft.
Ein Buch – zwei Autoren	NACHNAME, abgek. Vorname & NACHNAME, abgek. Vorname (Erscheinungsjahr): Titel des Buches. gegebenenfalls Untertitel. gegebenenfalls Reihe Band. gegebenenfalls Auflage. Erscheinungsort: Verlag.	GRAICHEN, G. & GRÜNDER, H. (2005): Deutsche Kolonien. Traum und Trauma. 4. Auflage. Berlin: Ullstein.
Ein Buch – drei oder mehr Autoren	NACHNAME, abgek. Vorname des ersten Autors et al. (Erscheinungsjahr): Titel des Buches. gegebenenfalls Untertitel. gegebenenfalls Auflage. Erscheinungsort: Verlag.	BAUER, J. et al. (2007): Aspekte der Globalisierung. Ein Methodenband. Braunschweig: Bildungshaus Schulbuchverlage.
Wörterbücher und Lexika	HERAUSGEBER (Hrsg.) (Erscheinungsjahr): Titel. gegebenenfalls Band. gegebenenfalls Auflage. gegebenenfalls Artikel. Erscheinungsort: Verlag.	BROCKHAUS-LEXIKONREDAKTION (Hrsg.) (2003): Brockhaus Universallexikon. Band 1. Artikel: Aids. Leipzig: F.A. Brockhaus. ⑮
Aufsatz in einem Sammelband (ein Buch, ggf. mit einem/mehreren Herausgeber/n, in dem Aufsätze verschiedener Autoren enthalten sind)	NACHNAME, abgek. Vorname (Erscheinungsjahr): Titel des Aufsatzes. gegebenenfalls Untertitel des Aufsatzes. In: NACHNAME, abgek. Vorname (Hrsg.): Titel des Sammelbandes. gegebenenfalls Untertitel. Erscheinungsort: Verlag, Seite Anfang und Ende des Aufsatzes.	NISSEL, H. (2006): Bombay/Mumbai: Stadterweiterung und Stadtumbau einer „Globalizing City". In: AHUJA, R. & BROSIUS, C. (Hrsg.): Mumbai – Delhi – Kolkata. Annäherung an die Megastädte Indiens. Heidelberg: Draupadi, S. 19–34.
Aufsatz in einer Zeitschrift	NACHNAME, abgek. Vorname (Erscheinungsjahr): Titel des Aufsatzes. gegebenenfalls Untertitel. In: Name der Zeitschrift, Nummer des Heftes, Seite Anfang und Ende des Aufsatzes.	KINSLEY, C. H. & LAMBERT, K. G. (2006): Warum Mütter klüger sind. In: Spektrum der Wissenschaft, 11, S. 46–53.
Artikel in einer Zeitung (mit Angabe des Autors)	NACHNAME, abgek. Vorname (Erscheinungsjahr): Titel des Artikels. Untertitel. In: Name der Zeitung, Erscheinungsdatum, Seite(n).	HOBOM, B. (2007): Armes Grün. Wie Gentechnik zur Mangelernährung führt. In: Frankfurter Allgemeine Zeitung, 18.07.2007, N 1.
Artikel in einer Zeitung (ohne Angabe d. Autors)	NAME DER ZEITUNG (Erscheinungsdatum): Titel des Artikels. Untertitel. Seite.	FRANKFURTER ALLGEMEINE ZEITUNG (20.07.2007): Chinas Aufstieg. S. 11.
Internetdokument (mit Autor und Datum der Einstellung)	Kurz-URL (Entnahmedatum). NACHNAME DES AUTORS, abgek. Vorname (Erscheinungsjahr): Titel des Dokuments. Untertitel. [gegebenenfalls] In: Zeitung/ Zeitschrift, Datum der Meldung. Vollständige URL.	http://www.spiegel.de (21.07.2007). MUSHARBASH, Y. (2007): Eine Frage der Sicherheit. In: Spiegel online, 18.07.2007. http://www.spiegel.de/politik/ ausland/0,1518,495212,00.html
Internetdokument (ohne Autor und ohne Datum der Einstellung)	Kurz-URL (Entnahmedatum). INSTITUTION: Titel des Dokuments. gegebenenfalls Untertitel. Vollständige URL.	http://de.wikipedia.org (24.05.2012). Wikipedia®: London. http://de.wikipedia.org/wiki/London
Sonderfälle	siehe Seite 104	⑫, ⑮, ⑯

Tab. 7.2: Beispielhafte Einträge im Literatur- und Quellenverzeichnis nach dem naturwissenschaftlichen Belegverfahren.

7.6 Checklisten: Richtiges Zitieren

Prüfkriterium	o.k
Der zitierte Text wurde in Anführungszeichen gesetzt.	
Der zitierte Text wurde wortgenau übernommen.	
Auslassungen und Ergänzungen wurden kenntlich gemacht.	
Das Zitat wurde mit einem Quellenbeleg versehen.	
Die zitierte Quelle wurde im Literatur- und Quellenverzeichnis aufgeführt.	
Das Zitat steht nicht isoliert da, wird in den Zusammenhang des Facharbeits-/Referattextes eingebettet. Das heißt, der zitierte Text wird ausgewertet, kommentiert, interpretiert oder durch vertiefende eigene Ausführungen ergänzt. Er dient also nicht nur als Ersatz für eine eigene Textformulierung.	
Das direkte Zitat ist aussagekräftig und gibt nicht einfach Banalitäten, Allgemeinplätze wieder, die man leicht auch mit eigenen Worten hätte formulieren können.	
Das Zitat passt in den Kontext des übrigen Textes.	
Das Zitat ist nicht zu lang, enthält nicht zu viele verschiedene Facetten. Den Lesern wird klar, welche konkrete Bedeutung das Zitat in der Arbeit hat. Lange Zitate sind nur zulässig, wenn sie ausführlich interpretiert und erläutert werden.	
Das Zitat ist vollständig. Es endet nicht etwa, bevor der Kerngedanke bzw. die beweiskräftige Stelle überhaupt genannt wurde.	
Der Sinnzusammenhang, in den das Zitat gestellt wird, ist ähnlich dem Sinnzusammenhang in der Ursprungsquelle. Damit wird der Intention des zitierten Textes Rechnung getragen.	

Tab. 7.3: Checkliste: Direkte Zitate – korrekt gestaltet

Prüfkriterium	o.k
Das Zitat wurde mit einem Quellenbeleg versehen.	
Die zitierte Quelle wurde im Literatur- und Quellenverzeichnis aufgeführt.	
Der zitierte Text wurde nicht wortgetreu übernommen. Bei indirekten Zitaten muss der Ursprungstext mit eigenen Worten zusammengefasst und wiedergegeben werden. Man darf also nicht zu nahe am Wortlaut des Ausgangstextes bleiben	
Der zitierte Ursprungstext wird durch die Umformulierung nicht im Sinn verfälscht. Die Aussage oder Intention des Autors der Ausgangsquelle wird treffend wiedergegeben. Um dies zu erreichen, muss man den Ursprungstext vor dem Zitieren genau erfassen und dessen Inhalt verstanden haben.	
Das Zitat wurde in den Text der Facharbeit/des Referats eingebettet. Zwischen den indirekten Zitaten gibt es Überleitungen und Zwischentexte. Merke: Ein Text, der nur aus aneinandergereihten indirekten Zitaten besteht, wirkt spröde und enthält zumeist auch Brüche und Gedankensprünge.	

Tab. 7.4: Checkliste: Indirekte Zitate – korrekt gestaltet

Überblick

- **Plagiate vermeiden:** Wissenschaftlich korrekt arbeiten heißt auch, die geistige Leistung Anderer respektieren. Will man also Texte, Diagramme oder Tabellen aus fremden Quellen in das eigene Werk übernehmen, so muss man stets auch den Ursprungsautor angeben. Dies gilt für alle benutzten Fremdquellen, also sowohl für Literatur als auch für Internetquellen oder Fotos.
- **Formen des Zitierens:** Die kenntlich gemachte Übernahme von Inhalten fremder Quellen bezeichnet man als Zitat. Hier gibt es zwei Formen: das wörtliche, direkte Zitat und das sinngemäße, indirekte Zitat.
- **Direkte Zitate:** Wörtliche Übernahmen aus fremden Werken darf es in einer Facharbeit / einem Referat nur in begrenztem Umfang geben (ca. 5 % des Gesamttextes). Sie müssen zudem bestimmten Anforderungen genügen. In Facharbeiten sind dies: a) Direkte Zitate müssen aussagekräftig sein. b) Sie dürfen nicht verändert werden (wortwörtliche Übernahme). c) Der Text ist in Anführungszeichen zu setzen. d) Am Ende muss die Angabe der Ursprungsquelle stehen (Quellenbeleg).
  In einem Referat müssen direkte Zitate durch eine Eingangs- und Endfloskel eingegrenzt und mit einer Quellenangabe versehen werden.
- **Indirekte Zitate:** Weite Teile einer Facharbeit/eines Referats sind ein Destillat der Fakten, Ideen und Gedanken aus verschiedenen Textquellen, mithin also eine sinngemäße Übernahme der Informationen fremder Quelle. Eine solche wird als indirektes Zitat bezeichnet. Indirekte Zitate weisen bestimmte Kennzeichen auf. In Facharbeiten sind dies: a) Sie werden vom Verfasser in eigenen Worten formuliert. b) In ihnen können die Informationen verschiedener Fremdquellen verschmelzen. c) Sie werden nicht in Anführungszeichen gesetzt. d) Zu Beginn, im Text oder am Ende eines indirekten Zitates muss die Angabe der benutzten Ursprungsquellen stehen (Quellenbeleg).
  In Referaten werden indirekte Zitate nicht gekennzeichnet. Die benutzten Quellen werden am Ende des Referates bzw. im Handout aufgeführt.
- **Quellenbelege:** Direkte wie indirekte Zitate müssen eine Angabe des Ursprungsautors enthalten. Gängige Formen solcher Quellenbelege sind: a) Das naturwissenschaftliche Belegverfahren (Harvard-Verfahren). Hier erfolgt die Angabe des Ursprungsautors in Form eines Kurzbeleges im laufenden Text (→ Seite 93 ff.). b) Das geisteswissenschaftliche Belegverfahren. Hier werden die Ursprungsquellen in Fuß- oder Endnoten angegeben (→ Seite 96 ff.).
- **Literatur- und Quellenverzeichnis:** Dieses steht am Ende einer Facharbeit oder eines Referat-Handouts. Hier werden alle benutzten Quellen in alphabetischer Reihgenfolge und mit möglichst vollständigen Angaben aufgeführt (→ Seite 101 ff.).

8 Eigene Forschungsarbeit

Sie haben den Drang, den Dingen auf den Grund zu gehen? Sie wollen lieber selbst aktiv sein, als sich durch Stapel von Büchern zu lesen? Dann ist eine Facharbeit für Sie die Richtige, bei deren Erstellung Sie selbst forschend tätig werden können. Egal, ob Sie im Labor arbeiten, eine Kartierung oder Umfrage durchführen oder Zeitzeugen interviewen – stets gelten für Planung, Durchführung, Auswertung und Dokumentation Ihrer Forschungstätigkeit die gleichen Regeln. Diese stellt Ihnen Kapitel 8 vor.

8.1 Genereller Ablauf

Viele Referate und insbesondere auch Facharbeiten haben nicht die Auswertung von Textquellen, sondern die Gewinnung und Auswertung eigener Forschungsergebnisse, sogenannter Primärquellen (→ Seite 42 f.), zum Gegenstand. Hier geht es darum, eine aufgeworfene Frage bzw. ein Problem mithilfe eigener Untersuchungen, Befragungen, Experimente oder sonstiger praktischer Arbeiten zu beantworten bzw. zu lösen. Dabei geht man prinzipiell in fünf Schritten vor:

- **Schritt 1 – Problembenennung.** Ausgangspunkt kann z. B. das Lesen eines Textes, eine Fernsehsendung, eine Alltags- oder Unterrichtssituation sein. Hier taucht eine bestimmte Frage oder ein Problem auf. Diese Frage bzw. dieses Problem wird nun möglichst präzise formuliert (= wissenschaftliche Fragestellung). Beispiele könnten sein: „Wie hat sich der Unterricht an meiner Schule im Fach Deutsch in den letzten 30 Jahren verändert?" oder „Welche Obstsorten haben den höchsten Vitamin-C-Gehalt?"
- **Schritt 2 – Forschungsplanung.** Hat man die Ausgangsfrage formuliert, so muss man nun die Schritte planen, mit denen man zu einer Antwort auf diese Frage gelangt. In manchen Fällen wird man dazu zunächst Vermutungen über mögliche Antworten anstellen (= Lösungshypothese(n) erstellen). Dann formuliert man das Forschungsziel, wählt die geeignete Forschungsmethode und legt den konkreten Forschungsablauf fest (Arbeitsplan, → Seite 114).
- **Schritt 3 – Forschungsdurchführung.** Hier werden die zuvor geplanten Forschungsschritte unter Anwendung der gewählten Forschungsmethoden durchgeführt. Die Ergebnisse werden in geeigneter Form festgehalten (schriftlich, filmisch, als Skizze, in einem Tondokument usw.).
- **Schritt 4 – Auswertung der Ergebnisse.** Mithilfe geeigneter Verfahren werden sodann die erhalten Forschungsergebnisse (Rohdaten) ausgewer-

tet. Dazu gehört gegebenenfalls auch deren Umarbeitung (z. B. filmisches Material in einen gedruckten Text) oder Aufbereitung (z. B. Zusammenfassung von Rohdaten und grafische Darstellung der zusammengefassten Werte).

- **Schritt 5 – Nutzung der Ergebnisse.** Im letzten Schritt werden nun die erhaltenen Forschungsergebnisse dazu genutzt,
  - die Ausgangsfrage zu beantworten/das Ausgangsproblem zu lösen;
  - die im Schritt 2 formulierten Hypothesen zu bestätigen (verifizieren) oder zu widerlegen (falsifizieren);
  - bekannte Regeln/Theorien zu bestätigen;
  - eine Verallgemeinerung der Ergebnisse vorzunehmen und daraus eine neue Regel, Gesetzmäßigkeit oder Ähnliches ableiten;
  - neue Problemfragen aufzuwerfen.

Die Möglichkeit zu eigener Forschung bietet sich prinzipiell in fast allen Fächern. Gegenüber reiner Literaturarbeit hat der Einbezug eigener Forschung in ein Referat/eine Facharbeit aber einige markante Vor- wie auch Nachteile.

Bevor Sie ein Arbeitsthema wählen, dessen Bearbeitung eigene Forschungstätigkeit erfordert, sollten Sie genau überlegen, ob aus Ihrer Sicht die Vorteile oder die Nachteile einer solchen Arbeit überwiegen.

Vorteile

- Eigene Forschung beinhaltet einen hohen Motivationseffekt. Es macht in der Regel Spaß, sie zu planen, durchzuführen und die mit Spannung erwarteten Ergebnisse auszuwerten.
- Sie ermöglicht die praktische Einübung von Methoden, die in der Schule ansonsten eher selten angewendet werden.
- Sie stellt damit eine gute Vorbereitung für das Studium dar. Arbeiten mit einem Anteil eigener Forschung entsprechen den forschungsorientierten Seminar- und Abschlussarbeiten, die man an der Hochschule in vielen Fächern (allerdings eher im Haupt- bzw. Masterstudium) zu erstellen hat.

Nachteile

- Eigene Forschungsarbeit muss sehr sorgfältig geplant und durchgeführt werden.
- Sie ist in vielen Fällen deutlich zeitaufwendiger als eine reine Literaturarbeit.
- Sie kann unter Umständen zu einem nicht befriedigenden Frgebnis führen oder sogar ganz fehlschlagen. Man benötigt also eventuell eine hohe Frustrationstoleranz.
- Man muss hier oftmals Arbeitstechniken anwenden, die zuvor im Schulalltag noch nicht besonders intensiv eingeübt worden sind (anders als die Auswertung schriftlicher Quellen) und darf sich dabei von der ungewohnten Arbeitssituation nicht verunsichern lassen.

8.2 Planung

Forschung muss, auch um zeitliche Fehleinschätzungen zu vermeiden, sorgfältig geplant werden. Diese Planung beinhaltet
① die Formulierung des Forschungszieles,
② die Wahl der geeigneten Methode(n),
③ die Planung des Ablaufs der Forschungsarbeiten.

Forschungsziel

Am Beginn Ihrer Forschungsarbeit steht einer der folgenden vier Ausgangspunkte:
① ein aufgeworfenes Problem
② eine gestellte Frage
③ eine aufgestellte Hypothese
④ ein konkreter Forschungsauftrag

Legen Sie hiervon ausgehend Ihr konkretes Forschungsziel fest. Folgende Fragen können Ihnen dabei helfen:
- Was wollen Sie konkret mit Ihrer Forschungsarbeit erreichen?
- Was soll konkret überprüft oder nachgewiesen werden?
- Was wollen Sie beweisen oder widerlegen?

Halten Sie den Ausgangspunkt Ihrer Überlegungen sowie das daraus abgeleitete Forschungsziel schriftlich fest (z. B. im Arbeitstagebuch → Seite 16 f.).

Forschungsmethoden

Im zweiten Schritt sollten Sie dann überlegen, *wie* Sie das gesteckte Ziel erreichen können. Leitfragen können hierbei sein:
- Welche Forschungsmethoden können Informationen/Daten/Fakten zum Erreichen des Forschungszieles liefern?
- Welche Besonderheiten sind bei den gewählten Methoden zu beachten?
- Welche konkreten Arbeitsschritte müssen unternommen werden?
- Wie sieht eine sinnvolle Reihenfolge dieser Arbeitsschritte aus?

Zur Beantwortung der ersten beiden Fragen sollten Sie
- überlegen, welche Datenerhebungsmethoden Ihnen bereits aus dem Unterricht bekannt sind; beziehen Sie dabei alle Ihre Schulfächer in die Überlegungen ein.
- sich in der Fachliteratur über mögliche Methoden, Versuchsansätze, Experimente usw. informieren.
- gegebenenfalls die Sie betreuende Lehrkraft um Literaturhinweise bzw. Hilfestellung bitten.

Methoden für die eigene Forschungsarbeit sind unter anderem:

- **Beobachtungen und Untersuchungen**, z. B.
  - Beobachtung und Dokumentation einer Mondfinsternis
  - Beobachtung des Sozialverhaltens in einer Kindergartengruppe
  - Beobachtung des Verhaltens von Fahrradfahrern an einer Radwegbaustelle
  - Analyse der Effizienz ausgewählter Suchmaschinen im Internet
  - Vogelbeobachtungen in einem Waldgebiet
  - Untersuchung chemischer Parameter in einem Baggersee
  - Untersuchung der Bodengegebenheiten in zwei verschiedenen Waldgebieten
- **Experimente**, z. B.
  - Experimente zu Beugung und Interferenz von Licht
  - Experimente zur Ermittlung der Photosyntheseleistung von Blaualgen bei Licht verschiedener Wellenlängen
  - Experimente zur Ermittlung des Nitratgehaltes von Nahrungsmitteln
- **Bau eines Modells und Modellreflexion**, z. B.
  Planung, Bau und Reflexion eines Modells
  - zur Funktionsweise eines quergestreiften Muskels
  - zur Simulation von Starkregenfolgen im Gebirge bei unterschiedlicher Hangneigung und Bodenbedeckung
- **Begehungen, Erkundungen, Kartierungen**, z. B.
  - Begehung eines Öko-Winzerbetriebes
  - Erkundung des Arbeitsablaufes in der Lokalredaktion einer Tageszeitung
  - Kartierung der Geschäfte in der Innenstadt von ...
  - Kartierung des Pflanzenbestandes zweier von ihren Bodengegebenheiten her unterschiedlicher Brachflächen
- **Umfrage**, z. B.
  - Umfrage unter den Schülern einer ausländischen Partnerschule zu den Lernbedingungen vor Ort
  - Umfrage unter Busfahrgästen hinsichtlich ihrer Fahrgewohnheiten und ihrer Meinung zur Qualität des öffentlichen Nahverkehrs in ihrer Heimatstadt
  - Umfrage unter Passanten zu ihrer Interpretation und Bewertung eines soeben installierten Kunstwerks
  - Umfrage unter den Kunden eines Reisebüros über deren Vorstellungen von einem idealen Urlaubsziel
- **Befragungen und Interviews**, z. B.
  - Befragung von Lokalpolitikern zum soeben eingebrachten Flächennutzungsplan

- Befragung zweier Professoren der Universität ... zu den Möglichkeiten und Problemen einer Zusammenarbeit von Universität und Industrie
- Befragung von Ingenieuren der Windkraftanlagen-Firma ... zu den hier gefertigten Windrädern, ihrer Aufstellung und zu möglichen Nutzungsproblemen
- Befragung eines Försters zu den Waldschäden im Revier ... und deren Entwicklung innerhalb der letzten 10 Jahre
- Interviews mit Zeitzeugen zur Lernsituation an der ...-Schule 1933–1939
- Interviews mit Schülerinnen und Schüler der Partnerschule in Frankreich oder Großbritannien zu ihrem Wissen über Deutschland per E-Mail (in der jeweiligen Landessprache)

Auswertung von Archivmaterial und Originalquellen, z. B.

- Auswertung von Dokumenten zur Baugeschichte der Stadtkirche im Kirchenarchiv und im Archiv der Heimatstadt
- Auswertung von Tagebuchaufzeichnungen der Großmutter aus den Jahren 1945–1955 zur Lebenssituation in den Gründerjahren der Bundesrepublik Deutschland
- Auswertung von Fernsehreportagen zu Afrika, die vom 1. 2. bis 1. 4. ausgestrahlt wurden, hinsichtlich Thematik und Intention
- Auswertung eines aktuellen, bisher noch nicht sprachlich untersuchten Buches unter einer bestimmten sprachtheoretischen Fragestellung
- Analyse der filmischen Umsetzung des Buches *Timeline* von M. Crichton im gleichnamigen Film des Regisseurs R. Donner

Arbeitsplan

Sie können den Arbeitsplan in Ihrem Arbeitstagebuch bzw. einem sparaten Forscherheft (→ Seite 16 bzw. Seite 117 festhalten.

Haben Sie sich für eine oder mehrere Methoden entschieden, mit deren Hilfe Sie Ihr Forschungsziel erreichen wollen, so können Sie sich an die Planung der notwendigen Arbeitsschritte machen. Das Ergebnis Ihrer Überlegungen sollte ein konkreter verschriftlicher *Arbeitsplan* sein, in dem Sie die methodischen, technischen und zeitlichen Aspekte Ihrer geplanten Forschungsarbeit festhalten. Die Liste auf Seite 116 enthält einige Fragen, deren Beantwortung bei der Erstellung Ihres Arbeitsplanes hilfreich sein könnte. Auf der gegenüberliegenden Seite ist zudem ein beispielhafter Ausschnitt aus einem solchen Arbeitsplan dokumentiert. Der Arbeitsplan bildet die Richtschnur für Ihre Forschungsarbeit. Er ist aber nicht unumstößlich, sondern muss bei auftretenden Problemen immer wieder neu der jeweiligen Gesamtsituation angepasst werden.

Tipp Sie sollten eine Kopie dieses Planes gut sichtbar in der Nähe Ihres Schreibtisches aufhängen – als Gedächtnisstütze für eventuelle Fixtermine.

Arbeitsplan zur Untersuchung von Revierverhalten und Kommunikation bei Kampffischen (Beta splendes)

Beispiel: Erste Seite eines Arbeitsplanes im Fach Biologie

Vorbereitung

21.5. Aufstellen zweier großer Aquarien (aus Schule) in der Biologiesammlung direkt nach dem Unterricht. Frau Dr. Suppenhuhn schließt auf. Ausmessen der Aquarien für Plastiktrennwände und Pappe. Nachmittags besorgen von schwarzer Pappe und Klebeband (zum Abdunkeln Aquarien außen) und von schwarzen Plastikschubern zum Unterteilen der Aquarien (→ Bürobedarfshandlung Sauser). Bestellung von vier Kampffischmännchen und zwei Kampffischweibchen in Zoohandlung Gluck.

22.5. ab 15.00 Uhr Einrichten Aquarien. Frau Dr. Suppenhuhn schließt auf und hilft falls notwendig. Anbringen von Führelementen für Aquarienunterteilung (Material Biologiesammlung; Silikonkleber mitbringen aus Vaters Werkkeller). Unterteilen Aquarien in drei gleich große Abteilungen durch Plastiktrennwände in Führelementen. Abkleben der Aquarien außen mit schwarzer Pappe um Störungen von außen auszuschalten. Einrichten der Aquarien (Pumpen + Heizungen + Dreifachstecker aus Schule). Keine Bepflanzung.
Bereitlegen von Kescher und Glasstäben (Biologiesammlung).

23.5. nachmittags Abholen Kampffische in Zoohandlung Gluck. Futter mitbringen. Kosten: Biologieetat/ich 50 : 50. Hausmeister Kruse schließt Biologiesammlung um 16.00 Uhr auf. Einsetzen der Kampffische in die Aquarien. Einsetzschema:

25.5. 15.30 Uhr Installation Digital-Videokamera + Beleuchtung auf Stativ (Kamera, Lampen, Stative aus Schule). Probeaufnahmen. Frau Dr. Suppenhuhn schließt auf. Fütterung Kampffische jeden Morgen vor Unterricht. Am Abend und am Wochenende füttert Hausmeister Kruse.

26.5. zuhause Spiegel in eingekerbten Rohrstock einpassen und befestigen für Attrappenversuche (Material Werkkeller Vater)

Untersuchung

29.5. 15.00 Uhr Treffen mit Frau Dr. Suppenhuhn vor Biologiesammlung. Beobachtung Ruheverhalten der Kampffische in den Abteilungen der Aquarien. Je Kampffisch 10 min. Achten auf Bewegung, Körperhaltung, Flossenschlag, Farbe, Kiemen
Dokumentation: Videokamera + Diktiergerät (Mutter) + Forscherheft.

30.5. 15.00 Uhr Treffen mit Hausmeister Kruse vor Biologiesammlung. Untersuchung Verhalten Kampffischmännchen bei gegenseitiger Sichtung. Bereitlegen Kescher und Glasstäbe. Herausziehen Trennwände zwischen den Männchen im ersten Aquarium. Beobachten.
Fragen zur Beobachtung:
- Wie schnell reagieren Männchen aufeinander?
- Wie sehen die Reaktionen aus?

Falls Sie auf die Mithilfe von Lehrkräften, Hausmeistern, Experten, Zeitzeugen oder anderen Personen angewiesen sind, sollten Sie Ihren Arbeitsplan exakt mit diesen Personen abstimmen. Halten Sie bei der Umsetzung die abgesprochene Zeitplanung genau ein. Es gibt kaum etwas Ärgerlicheres für eine vielbeschäftigte Lehrkraft oder einen Hausmeister, als bei einem vereinbarten Treffen feststellen zu müssen, dass die Schülerin oder der Schüler den Termin offenbar vergessen hat.
Als „Service" für die Personen, deren Assistenz Sie benötigen, können Sie diesen eine schriftliche Übersicht über die Termine zusammenstellen, an denen ihre Hilfe gewünscht bzw. notwendig ist.

Nachfolgend einige Fragen, die bei der Erstellung des Arbeitsplanes hilfreich sein können.

Welche *Hilfsmittel* werden benötigt (Geräte und Materialien für Experimente, Mikroskop mit Fotoaufsatz, Videokamera, Fotokamera, Kassettenrekorder, Computer usw.)?

Welche dieser *Hilfsmittel* kann die Schule bereitstellen, welche müssen Sie selbst besorgen?
Wo können Sie diese gegebenenfalls besorgen?

Welche *Kosten* entstehen (z. B. für Filmmaterial, für Fahrten, den Kauf von Versuchstieren, von Geräten und Chemikalien usw.)? Wer trägt diese Kosten – die Schule, Sponsoren, Sie selber?

Welcher *Zeitrahmen* ist für die einzelnen Arbeitschritte anzusetzen?
Planen Sie hier großzügig. Kalkulieren Sie ein, dass Experten oder Zeitzeugen, die Sie befragen wollen, unter Umständen einen vollen Terminkalender haben oder in Urlaub fahren, dass Begehungen/Kartierungen beim ersten Mal wegen schlechten Wetters abgebrochen werden müssen oder Experimente schiefgehen und wiederholt werden müssen.

Welche *Zeitvorgaben* sind zu beachten?
Wollen Sie in Archiven arbeiten, so erkundigen Sie sich frühzeitig nach deren (manchmal recht ungewöhnlichen) Öffnungszeiten. Klären Sie auch ab, in welchem Zeitfenster Beobachtungen möglich oder Umfragen sinnvoll sind. Behalten Sie schließlich auch die insgesamt für die Facharbeit/das Referat zur Verfügung stehende Zeit im Auge.

Benötigen einzelne Arbeitsschritte *Vorlaufzeiten*?
Dies könnten z. B. sein: Bestellzeiten für Geräte und Chemikalien, Zeit zum Einholen einer Umfrageerlaubnis, Zeit zum Aufspüren von Zeitzeugen oder Bestellzeiten für bestimmte Film-DVDs. Berücksichtigen Sie solche Vorlaufzeiten großzügig in Ihrer Zeitplanung.

Bei *Arbeiten in der Schule*: Wie erhalten Sie am Nachmittag oder am Wochenende Zugang zu Material und Fachräumen?
Muss die Sie betreuende Lehrkraft während Ihrer Experimente und Untersuchungen anwesend sein?
Falls ja, müssen Sie Ihren Arbeitsplan eng mit der Lehrerin oder dem Lehrer abstimmen.

Welche *rechtlichen Probleme* könnten auftreten und müssen vor Forschungsbeginn geklärt werden?
Müssen z. B. Genehmigungen für Begehungen, Probeentnahmen, Kartierungen, Befragungen und Umfragen eingeholt werden? Geben interviewte Zeitzeugen die Erlaubnis zur Verwendung von Foto- und Tonmaterial, das Sie bei Ihren Interviews aufgenommen haben? Gilt diese Erlaubnis für Ihre Arbeit inklusive einer eventuellen öffentlichen Präsentation?
Lassen Sie sich die Erlaubnis schriftlich bestätigen

Welche *Sicherheitsstandards* müssen Sie einhalten?
Diese Frage ist vor allem bei Experimenten in den Fächern Biologie, Chemie und Physik bedeutsam.

Wie wollen Sie die *Ergebnisse* Ihrer Forschung *erfassen* und *festhalten*?
Neben der in jedem Fall sinnvollen Führung eines Forscherheftes (→ Seite 117 f.) bieten sich hier unter anderem an: Computerausdrucke, Fotos, Videofilm, Tonaufzeichnungen, Protokollblätter, Fragebögen, Kartenskizzen.

Tab. 8.1: Hilfreiche Fragen bei der Erstellung Ihres Arbeitsplanes

8.3 Durchführung

Die konkrete Durchführung Ihrer Forschungsarbeit wird je nach Thema und gewählter Methode sehr unterschiedlich aussehen. Allen Forschungsarbeiten gemeinsam ist aber die Notwendigkeit, deren Verlauf und Ergebnis sorgfältig zu dokumentieren.

Dokumentation

Eine möglichst genaue Dokumentation ist bei eigener Forschungsarbeit deshalb so wichtig, weil die Informationsquelle hier äußerst vergänglich ist: Ein Tier wiederholt ein beobachtetes Verhalten nicht unbedingt. Eine Umfrage kann häufig kein zweites Mal durchgeführt werden. Zeitzeugen können wegziehen oder versterben. Deshalb gilt bei eigener Forschung: Was man nicht protokolliert und festhält, ist oftmals für immer verloren. Für die Dokumentation Ihrer Forschungsarbeit heißt dies:

- Die Dokumentation sollte möglichst detailliert erfolgen. Man kann nicht zu viele Informationen, wohl aber zu wenige festhalten!
- Insbesondere bei der schriftlichen Dokumentation ist darauf zu achten, Forschungsergebnisse wertungsfrei zu dokumentieren. Was zunächst zählt, sind Fakten und Daten. Erst im nächsten Schritt werden die Fakten und Daten dann ausgewertet und interpretiert.
- Festgehalten werden müssen:
  - Ausgangsfrage/-Problem, Forschungsziel und Arbeitsplan;
  - im Forschungsverlauf alle Abweichungen vom vorgesehenen Arbeitsplan und deren Gründe; diese Informationen benötigen Sie unter anderem für einen spätere Fehlerdiskussion;
  - Besonderheiten im Forschungsablauf wie z. B. besonders gelungene Arbeitsschritte, aber auch Störfaktoren und Fehlschläge;
  - die Ergebnisse der Forschungsarbeit.
- Dokumentieren Sie möglichst zeitnah, das heißt nicht erst eine Woche später aus dem Gedächtnis.
- Versehen Sie jede dokumentierte Information mit einem Datum (und, sofern von Bedeutung, der Uhrzeit). Häufig ist dies bei der späteren Auswertung eine wichtige Hilfe.

Mögliche Dokumentationsmedien:

- Das Arbeitstagebuch (→ Seite 16 f.) oder ein entsprechendes „**Forscherheft**“. Hierunter versteht man einen Collegeblock oder ein gebundenes Heft, in dem alle Forschungsschritte schriftlich sowie in Form von Skizzen, Zeichnungen usw. festgehalten werden. Neben dem Forschungsverlauf und den Forschungsergebnissen können Sie im „Forscherheft“ auch bereits Auswertungs- und Interpretationsideen, persönliche Anmerkungen und Verbesserungsvorschläge notieren.

- Interviews, Expertenbefragungen, Umfragen und Beobachtungen können Sie auf Tonträger oder per Videokamera dokumentieren. Insbesondere bei Interviews bietet dieses Verfahren den Vorteil, dass man die Antworten später in aller Ruhe abschreiben kann, ohne befürchten zu müssen, entscheidende Aspekte beim Mitschreiben zu verpassen. Wichtig ist es, dabei auf gute Tonqualität zu achten. Sie sollten Ihr Aufnahmegerät oder die Videokamera vorher auf deren Tonqualität hin überprüfen und gegebenenfalls auch eine Tonprobe zu Beginn des Interviews oder der Beobachtung durchführen.
- Für eine Dokumentation in Form von Bildern kommen Fotos und Videoaufnahmen infrage. Hier ist es wichtig, sich vor Beginn der Arbeit mit der Technik des benutzten Gerätes vertraut zu machen. Es ist ungünstig, erst im Verlauf der Lebendbeobachtung einer Paviangruppe im Zoo festzustellen, dass man den Schul-Camcorder nicht bedienen kann.
- Neben den zuvor genannten gibt es je nach Forschungsarbeit noch weitere Dokumentationsverfahren: Kartenskizzen, Fragebögen, Ausdrucke von E-Mails, Dateien auf CD-ROM, DVD oder Memory-Stick usw.

Hinweise zu ausgewählten Forschungsmethoden

Bei Experimenten ist zu beachten

- Exaktes Arbeiten ist oberstes Gebot. Dies gilt für die genaue Beschriftung benutzter Glasgeräte ebenso wie für das Abwiegen von Chemikalien.
- Fertigen Sie von Ihrem Versuchsaufbau beschriftete Skizzen und gegebenenfalls Fotos an.
- Die Ergebnisse Ihrer Experimente müssen reproduzierbar sein. Halten Sie sich daher genau an die zuvor ausgearbeitete Versuchsplanung/Versuchsvorschriften. Abweichungen müssen exakt beschreiben und begründet werden.
- Beachten Sie die Sicherheitsstandards insbesondere beim Umgang mit Elektrizität, Radioaktivität und Chemikalien.
- Entsorgen Sie Chemikalien und Abfälle fachgerecht (Lehrkraft fragen).
- Nutzen Sie zur Dokumentation der Ergebnisse gegebenenfalls Protokollschemata. Dies ermöglicht eine übersichtliche Dokumentation der Versuchsergebnisse und erleichtert deren spätere Auswertung. Vermerken Sie auf jedem Protokollblatt Datum und Uhrzeit bzw. die Versuchsnummer als Ordnungsinformationen. Zudem auch die Rahmenbedingungen des jeweiligen Versuches und Besonderheiten der Versuchsanordnung.

Beispiel : Protokollschema, einfach

Datum: ______________ Versuchsnummer: ______________

Rahmenbedingungen des Versuches: ______________

____

Besonderheiten der Versuchsanordnung/Abweichungen vom Versuchsplan:

____

____

Temperatur Wasserbad	Startzeit	Färbung nach 1'	Färbung nach 5'	Färbung nach 10'

Tierbeobachtungen und Untersuchungen

- Achten Sie hier auf eine möglichst artgerechte Haltung der Tiere. Halten Sie die Tierschutzbestimmungen ein.
- Denken Sie daran: Die Tiere sind an erster Stelle Lebewesen und erst an zweiter Stelle Versuchsobjekte!
- Sorgen Sie für eine regelmäßige Fütterung und die Säuberung der Halteboxen, Aquarien usw.

Wichtige Aspekte bei Umfragen

- Für Umfragen benötigen Sie in vielen Fällen eine Genehmigung (in der Schule vom Schulleiter, im Kaufhaus von der Geschäftsleitung, in der Stadt/Gemeinde vom Ordnungsamt usw.). Sie sollten diese auch in schriftlicher Form bei sich tragen, um auf diesbezügliche Fragen gleich reagieren zu können.
- Legen Sie das Ziel Ihrer Umfrage fest und richten Sie den Fragekatalog an diesem Ziel aus.
- Für diesen Fragenkatalog gilt:
  - Der Wortlaut der Fragen muss vor Beginn der Umfrage genau festgelegt werden.
  - Allen Befragten müssen die gleichen Fragen im gleichen Wortlaut gestellt werden (wichtig für mündlich durchgeführte Umfragen). Unterschiedliche Formulierungen können zu einer Verfälschung der Ergebnisse führen.
  - Formulieren Sie die Fragen klar und eindeutig. Vermeiden Sie hier missverständliche Begriffe und Formulierungen (Beispiele für nicht eindeutige Fragen sind: „Kaufen Sie gerne hier ein?“ → Was ist unter „gerne“ zu verstehen? oder „Stimmen Sie einer Forderung nach härteren Strafen für Doping zu? → Welche Strafen gibt es denn bisher? Doping in welchen Bereichen? ...)
  - Vermeiden Sie Suggestivfragen („Sie sind doch sicher auch der Meinung, dass ...“).

- Standardisierte Fragen mit vorgegebenen Antwortalternativen (→ Fragebogen auf Seite 121) liefern leicht auszuwertende Ergebnisse, engen aber andererseits die Antwortspielräume der Befragten stark ein.
- Die Antwortalternativen können bei standardisierten Fragen mit Kästchen zum Ankreuzen oder in tabellarischer Form vorgegeben werden (→ Seite 121). Beide Formen ermöglichen eine schnelle Auszählung der Antworten.
- Achten Sie darauf, die Meinungsvielfalt der Befragten nicht durch zu wenige Antwortvorgaben einzuengen (also nicht: „zu hoch/zu niedrig", sondern „Skala zwischen zu hoch und zu niedrig von 1 bis 6").
- Geben Sie aber auch nicht zu viele Antwortmöglichkeiten vor. Dies führt zu Verwirrung bei den Befragen und zu einem hohen Auswertungsaufwand.
- Bei offenen Fragen („Was halten Sie von einer Verdopplung der Ökosteuer?" oder „Warum haben Sie Köln als Reiseziel gewählt?") erhalten Sie eine Vielzahl unterschiedlicher Antworten, deren Zusammenfassung und Auswertung unter Umständen recht schwierig und zeitaufwendig ist. Dafür ergeben sich hier häufig überraschende Antwortvarianten.

- Die Antworten der Befragten müssen genau protokolliert werden:
  - Bei schriftlichen Befragungen ist dieses bereits durch die ausgefüllten Fragebögen gegeben.
  - Bei mündlich durchgeführten Umfragen mit vorgegebenen Antwortalternativen bietet sich eine Protokollierung in Form von Strichlisten an. Hierzu sollten Sie ein vorbereitetes Protokollblatt benutzen, auf dem die Fragen und Antwortalternativen vermerkt sind (→ Seite 121). Sie können so die Fragen ablesen und die Antworten durch Ankreuzen der entsprechenden Antwortalternativen protokollieren.
  - Stellen Sie hingegen offene Fragen, so ist die Protokollierung der Antworten auf Tonträgern sinnvoll, da Sie so jede Antwort im vollständigen Wortlaut zur Auswertung erhalten.
- Überlegen Sie, ob eine Erfassung persönlicher Daten der Befragten notwendig ist (Alter, Geschlecht, Familienstand, Beruf, Einkommen usw.). Oftmals führen Fragen zur persönlichen Lebenssituation und erst recht die Angabe des Namens zu einer Abwehrhaltung der Befragten und mindern deren Bereitschaft, weitere Fragen zu beantworten.
  Glauben Sie, auf die Erfassung persönlicher Daten nicht verzichten zu können, so sollten Sie diese erst am Ende der Befragung erheben (→ Seite 121).
- Informieren Sie die Befragten vorab über Ihren Status und das Ziel der Umfrage („Ich bin Schüler des ...Gymnasiums und führe im Rahmen mei-

Mündliche Umfrage zum Einkaufsverhalten in Dudelstadt am 4.5.2012

Beispiel: Fragebogen im Fach Erdkunde zum Thema „Verkehr und Versorgung"

Befragte/r Nummer: ____________

1) Aus welcher Stadt bzw. Gemeinde kommen Sie? ____________

2) Wie sind Sie zu Ihrem heutigen Einkauf in Dudelstadt angereist?
□ zu Fuß □ Fahrrad □ Pkw □ Bus □ Bahn □ Sonstiges

3) Falls Sie mit dem Auto angereist sind, auf welchem Parkplatz parken Sie?
□ Buschheide □ Geistergasse □ Rosenschanze □ Parkstreifen an Straße

4) Falls Sie mit dem Auto angereist sind, wie bewerten Sie die Höhe der Parkgebühren auf den Parkplätzen in Dudelstadt?

viel zu hoch	zu hoch	angemessen	zu niedrig	viel zu niedrig

5) Falls Sie mit dem Auto angereist sind, hatten Sie vor Fahrtantritt bereits Kenntnis über das kostenlose Park-and-ride-Angebot in Dudelstadt (von/bis Parkplatz Buschheide an der Autobahnabfahrt)? □ Ja □ Nein

6) Haben Sie das Park-and-ride-System heute genutzt? □ Ja □ Nein

7) Welche Waren beabsichtigen Sie bei Ihrem heutigen Einkauf in Dudelstadt zu kaufen?

Lebensmittel	Kleidung	Sonstige Textilwaren	Schuhe	Brillen/Uhren/ Schmuck	Bücher

Radio- und Fernsehartikel	Computer	Möbel	Körperpflege-artikel/ Parfüm	Sportartikel	Reisen im Reisebüro	Sonstiges

8) Wie häufig kommen Sie nach Dudelstadt zum Einkaufen?

1x pro Jahr	2–5x pro Jahr	6–11x pro Jahr	1x im Monat	Häufiger als 1x im Monat

9) Welche Waren haben Sie bei Ihren Einkäufen in Dudelstadt in den letzten 2 Jahren gekauft?

Lebensmittel	Kleidung	Sonstige Textilwaren	Schuhe	Brillen/Uhren/ Schmuck	Bücher

Radio- und Fernsehartikel	Computer	Möbel	Körperpflege-artikel/Parfüm	Sport-artikel	Reisen im Reisebüro	Sonstiges

10) Geschlecht: □ weiblich □ männlich

11) Alter: ____________

ner Facharbeit eine Befragung zum Thema ... durch.“). Sichern Sie Ihnen die Anonymität Ihrer Antworten zu.
- Akzeptieren Sie es, wenn jemand nach Ihren einleitenden Worten erklärt, nicht befragt werden zu wollen.
- Wählen Sie die Zahl der Befragten nicht zu klein. Sie benötigen, damit ihre Ergebnisse signifikant (= nicht zufällig) sind, eine statistisch ausreichende Größe der Befragtengruppe.
- Bitten Sie gegebenfalls die Sie betreuende Lehrkraft um Mithilfe bei der Erstellung des Fragenkatalogs.
- Probieren Sie gegebenenfalls Ihre Fragen vor der eigentlichen Umfrage an Bekannten oder Verwandten aus.

Interviews und Expertenbefragungen
- Nehmen Sie möglichst einige Zeit vor dem geplanten Interviewtermin Kontakt mit Ihrem Interviewpartner auf. Informieren Sie diesen über Ihren Interviewwunsch und dessen Hintergrund (Thema der Facharbeit/des Referats, Stellenwert des Interviews in der Facharbeit/im Referat).
- Sprechen Sie mit Ihrem Gesprächspartner einen konkreten Termin für das Interview ab.
- Bereiten Sie sich intensiv auf das Interview vor:
  - Sie sollten dazu vorab Informationen über Ihren Gesprächspartner und alle anzusprechenden Sachaspekte einholen. Sind Sie gänzlich uninformiert, so wirken Sie als Interviewer hilflos.
  - Überlegen Sie sich vorab Ihre Fragen. Planen Sie die Gesprächsführung. Es empfiehlt sich die Anlage eines Interviewfragebogens, der Ihnen als Interviewer hilft, die Fragen gut formuliert und in der richtigen Weise zu stellen, keine Frage zu vergessen und gegebenenfalls wichtige Antwortaspekte direkt festzuhalten.
  - Kontrollieren Sie Ihr Equipment. In der Regel werden Sie das Interview mit einen Tonaufzeichnungsgerät festhalten. Überprüfen Sie vorab dessen Funktionstüchtigkeit. Denken Sie daran, ausreichend Speichermedium zur Verfügung zu haben (Kassetten, Speicherchips).
- Notieren Sie zu Beginn des Interviews Datum, Uhrzeit und Ort.
- Interviews verlangen eine intensive Zusammenarbeit zwischen Fragendem und Befragtem. Sie können prinzipiell in eher starrem Rahmen oder relativ offen geführt werden.
- In einem offen geführten Interview formulieren Sie Ihre Fragen eher unspezifisch oder geben lediglich Gesprächsimpulse. Sie nehmen sich damit als Interviewer zurück und räumen dem Interviewten große Spielräume für die Beantwortung der Fragen ein.

- Offen geführte Interviews bieten vielfältige Chancen, interessante und überraschende Informationen zu erhalten. Zudem sind diese auch für Sie als Interviewer spannend. Sie müssen hier jedoch in jedem Fall die Möglichkeit einer Tondokumentation nutzen, da eine direkte Mitschrift nicht möglich ist.
- Zudem erfordert diese Interviewvariante vom Interviewer ein hohes Maß an Flexibilität und Reaktionsvermögen. Nur so nämlich kann man direkt auf überraschende neue Informationen reagieren und diese durch gezieltes Nachfragen konkretisieren.
- Sie sollten sich auch darauf einstellen, dass manche Interviewpartner dazu neigen, abzuschweifen. Überlegen Sie bereits vor Beginn des Interviews Strategien, mit deren Hilfe Sie den Interviewpartner wieder an die gestellte Frage heranführen. Diese könnten sein: Wiederholung der gestellten Frage; Umformulieren der gestellten Frage unter Aufgreifen eines vom Gesprächspartner geäußerten Gedankens; Zurückführen auf den Kern der Frage, indem man bestimmte mit der Frage zusammenhängende Daten, Fakten usw. nennt, die man zuvor gelesen hat, und um eine konkrete Stellungnahme zu diesen Daten, Fakten usw. bittet.
- Einfacher zu führen, zu protokollieren und auszuwerten sind hingegen Interviews, bei denen die Fragen enger formuliert sind. Dies ist z. B. bei den sogenannten W-Fragen der Fall (welche ...? Wann ...? Wo ...? usw.). Allerdings haben diese Fragen den Nachteil, dass die Informationsbreite in dem Maße abnimmt, wie die Fragestellung eingeengt wird. Wollen Sie allerdings präzise, auch quantitativ auswertbare Informationen erhalten, sollten Sie eine enge Fragestellung wählen. Doch sollten Sie die Einengung auch nicht übertreiben, da das Interview ansonsten den Charakter eines Polizeiverhöres annehmen könnte.
- Interviews sind nicht immer einfach zu führen. Ihre Interviewpartner können vom Thema abschweifen (siehe oben). Sie können aber auch durch die gestellten Fragen emotional aufgewühlt werden. Dies kann z. B. bei Interviews mit Zeitzeugen der Fall sein. Stellen Sie sich auf solche Situationen ein und überlegen Sie sich, wie Sie dann gegebenenfalls reagieren können.
- Achten Sie auf den Schutz der Persönlichkeitsrechte der Interviewten. Das Mitlaufenlassen eines digitalen Aufnahme- oder Diktiergerätes während des Interviews müssen Sie sich von Ihrem Interviewpartner genehmigen lassen. Auch müssen Zitate aus Interviewauszügen in Ihrer Arbeit mit einer Nennung des Namens der interviewten Person versehen werden.
- Die Tondokumente Ihrer Interviews müssen Sie im Original aufbewahren, um sie gegebenenfalls als Beleg für Ihre Darstellung zur Hand zu haben.
- Machen Sie eventuell auch Fotos von Ihrem Interviewpartner.

- Bei der Auswertung von Interviews müssen Sie den gesprochenen Text in die Schriftform überführen. Dabei gilt:
  - Sie können Auszüge aus Interviews wörtlich oder sinngemäß in den Text Ihrer Facharbeit/Ihres Referats einbringen.
  - Zitate aus Interviews sollten durch eine entsprechende Anmerkung als solche kenntlich gemacht werden.
  - Wörtliche Zitate aus Interviews werden in gleicher Weise aufgeführt wie direkte Zitate aus Textquellen (→ Seite 89 ff.). Allerdings muss zusätzlich der Name des jeweils Sprechenden angegeben werden, um so klar zwischen Fragendem und Interviewtem zu unterscheiden. Hierzu ein Beispiel: Mona Braun: „Wo genau waren Sie am 9. November 1989, als die Berliner Mauer fiel?" Kurt Sobotschik: „Als Mitglied der Grenztruppen der DDR ..."
  - Aus der Gesprächsführung resultierende Besonderheiten (z. B. Pausen, Wiederholungen, Gesten usw.) sollten Sie gegebenenfalls kursiv und in Klammern in ein wörtliches Zitat einfügen.
  - In Interviews werden aber auch größere Passagen enthalten sein, die Sie nicht wörtlich zitieren. Wollen Sie diese in geraffter, zusammengefasster Form in Ihre Arbeit einbringen, so gelten hierfür die Regeln für indirekte Zitate (→ Seite 98 ff.).
  - Als Quelle wird der Name des Interviewten sowie das Datum des Interviews angegeben. Beim naturwissenschaftlichen Belegverfahren reicht der Kurzbeleg aus (Beispiel: *Interview mit WAHLBRINCK 2012*).
  - Das Interview muss auch im Quellenverzeichnis aufgeführt werden (unter „Sonstige Quellen"; → Beispiel Seite 104, ⑪).
- In Facharbeiten können Sie den vollständigen Text des Interviews im Anhang abdrucken oder auch der Arbeit eine Kopie Ihres Tonmitschnittes beifügen.

Für Begehungen und Erkundungen gilt

- Auch hier müssen ähnlich wie beim Interview vorab genaue Absprachen mit dem zu erkundenden Betrieb getroffen werden (→ Seite 119).
- Zur Dokumentation wird hier neben Papier (z. B. auf einem Klemmbrett) oder Ihrem Forscherheft vor allem auch eine Kamera oder ein Camcorder benötigt.
- Wichtig ist: Die Genehmigung zur Nutzung der aufgenommenen Bilddokumente muss beim Betriebsführer oder einer anderen entscheidungsberechtigten Person eingeholt werden.
- In die Begehung/Erkundung können Kurzinterviews mit wichtigen Personen eingebettet sein. Diese werden aber meist nicht per Tonrekorder, sondern schriftlich festgehalten.

Bei Kartierungen ist zu beachten

- Benötigt wird eine entsprechende Kartengrundlage (Katasterplan, DGK 5, Karte des zu kartierenden Waldareals usw.).
- Um Kartierungsergebnisse im Gelände festhalten zu können, wird eine feste Schreibunterlage benötigt (z. B. ein Klemmbrett).
- Um sich mit den räumlichen Gegebenheiten vertraut zu machen, sollten Sie die zu kartierende Region vor Kartierungsbeginn begehen.
- Entwickeln Sie ein Kartierungsprotokollblatt. Hier sollten unter anderem die genaue Lagebezeichnung des jeweils kartierten Objektes und dessen kartierte Kennzeichen/Eigenschaften vermerkt werden. Erst nach Abschluss der Kartierung können dann die Informationen aus den Kartierungsprotokollblättern in die Kartengrundlage übertragen werden.
- Kartierungen können mit einer Begehung und Befragung kombiniert werden (z. B. Befragung von Geschäftsinhabern zur Miethöhe; Erfassung der Verkaufsausrichtung der Geschäfte bei einer Begehung – beides wird dann kombiniert in dieselbe Karte eingetragen).
- Notieren Sie neben den ermittelten Kartierungsergebnissen auch Besonderheiten, Auffälligkeiten und Probleme, die Ihnen im Verlauf der Kartierung unterkommen.
- Widrige Witterungseinflüsse können Kartierungen verzögern. Planen Sie also ausreichend Zeitreserven ein.
- Schreiben Sie mit einem wischfesten Stift, denn der nächste Regenguss kommt meist unverhofft.
- Auch für Kartierungen benötigen Sie unter Umständen eine Genehmigung (Firmengelände, Aufforstungsregionen usw.).

Für die Archivarbeit gilt

- Beachten Sie, dass Archive teilweise recht „unübliche“ Öffnungszeiten haben.
- In einigen Archiven muss man sich vorab anmelden und gegebenenfalls auch eine Bescheinigung der Schule als „Arbeitsberechtigung“ mitbringen.
- Archive sind häufig anders strukturiert als Büchereien. Lassen Sie sich daher von einem Archivmitarbeiter in den Aufbau und die Suchstruktur des Archivs einweisen.

8.4 Aufbereitung und Darstellung der Ergebnisse

Haben Sie die Forschungsarbeit abgeschlossen, liegen Ihnen eine Fülle sogenannter Rohdaten vor. Sie müssen diese Rohdaten nun
- ordnen und zusammenfassen;
- auswerten, interpretieren und bewerten;
- darstellen und präsentieren.

Die Auswertung, Interpretation und Bewertung Ihrer Arbeitsergebnisse wird je nach konkreter Forschungsarbeit sehr unterschiedlich aussehen. Generell aber gilt:
- Nehmen Sie in Ihrer Ergebnisanalyse auf die Ausgangsfrage, das Ausgangsproblem oder die Ausgangshypothese Bezug. Welche Antwort liefern die Forschungsergebnisse für Ihre Ausgangsfrage? Ermöglichen sie es, das Ausgangsproblem zu lösen? Wurde Ihre Ausgangshypothese bestätigt oder wurde sie widerlegt? ...
- Überprüfen Sie anhand Ihrer Ergebnisse, inwieweit Sie das Ziel Ihrer Forschungsarbeit erreicht haben.
- Ordnen Sie die Ergebnisse Ihrer Forschung in den Gesamtrahmen der wissenschaftlichen Forschung ein, das heißt vergleichen Sie Ihre Ergebnisse mit den in der Literatur dokumentierten allgemeinen Angaben, Vergleichsdaten usw.

Die anschauliche Darstellung der Forschungsergebnisse setzt deren intensive Auswertung, Strukturierung und Zusammenfassung voraus. Zur Darstellung stehen folgende Formen zur Verfügung:
- Text
- Tabelle
- Grafik
- kartografische Darstellung
- Skizze, Foto oder eine andere Form von Abbildung

Doch Achtung: Tabellen, Grafiken und sonstige Abbildungen ergänzen Ihre Ergebnisauswertung, können sie aber nicht ersetzen. Das heißt: Es genügt nicht, sie abzudrucken; die Inhalte müssen in jedem Fall im dazugehörigen Text beschrieben, interpretiert und bewertet werden.

Tabellen (→ Beispiele Seite 128)
Tabellen bieten den Vorteil, die darin enthaltenen Daten exakt ablesen zu können. Außerdem können auch uneinheitliche Datensätze in einer Tabelle zusammengefasst werden.

Auf der anderen Seite ist die Anschaulichkeit einer Tabelle eher gering. Tabellen mit relativ großen Datenmengen wirken schnell unübersichtlich.
Bei der Erstellung von Tabellen muss man Folgendes beachten:

- Die Rohdaten müssen in der Regel zusammengefasst werden, um die Datenmengen auf ein tabellengerechtes Maß zu reduzieren.
- Es können absolute Werte (z.B. Anzahl, °C) wie auch Prozentwerte oder Indexwerte dargestellt werden.
- Der besseren Lesbarkeit wegen sollte, falls von der Sache her vertretbar, auf Zahlen mit drei oder vier Kommastellen verzichtet werden.
- Alle Tabellen einer Arbeit werden entsprechend ihrer Reihenfolge nummeriert. Die Tabellennummer wird dabei stets mit dem Zusatz „Tab." versehen (also Tab. 1, Tab. 2, Tab. 3 ...).
- Nach der Tabellennummer wird die Tabellenüberschrift aufgeführt. Diese sollte in knapper, doch prägnanter Form den Tabelleninhalt, gegebenenfalls den Bezugsraum und den Bezugszeitpunkt bezeichnen.
- Jede Tabelle muss eine knappe, aber aussagkräftige Beschriftung ihrer Spalten und Zeilen enthalten.
- Die Einheit(en) der dargestellten Daten müssen klar angegeben werden (z.B. kg, °C, Personen). Dies kann in der Überschrift oder in der jeweiligen Spalte bzw. Zeile geschehen.
- Tabellen sollten leserfreundlich gestaltet werden:
  - Zahlen und Beschriftungen nicht zu klein setzen. Günstig ist die gleiche Schriftgröße wie im Text der Arbeit, doch ist auch eine geringfügig kleinere Schrifttype zulässig.
  - Beschriftungen nur horizontal
  - Spaltenüberschriften gegebenenfalls in Fettdruck
- Unter jeder Tabelle muss die Datenquelle vermerkt werden. Haben Sie in der Tabelle Fremddaten verarbeitet, so wird die jeweilige Fremdquelle mit dem Zusatz „Quelle(n):" angegeben (Beispiel: „Quelle: STATISTISCHES BUNDESAMT 2005, Seite 11"). Haben Sie in der Tabelle nur selbst erhobene Daten aufgeführt, so lautet die Quellenangabe: „Quelle: eigene Messungen" oder „Quelle: eigene Erhebungen".
- Die Quellenangabe wird in der Regel in kleinerer Schrifttype geschrieben.
- Die Tabelle wird vom laufenden Text durch eine Leerzeile zwischen Text und Tabellenüberschrift bzw. zwischen Quellenangabe und Text abgesetzt. Im Text wird auf eine Tabelle durch Nennung der jeweiligen Tabellennummer verwiesen. Beispiel: „[...] deutlich zugenommen (Tab. 3). Daher [...]" Möglich aber nicht notwendig ist der Zusatz „siehe" bzw. „→" (also: siehe Tab. 3, → Tab. 3).
- Viele Textverarbeitungsprogramme enthalten Tools zum Erstellen von Tabellen.

Beispiele: Tabellarische Darstellungen

Tab. 1: Die Wassertemperaturen im Haddorfer See (Gemeinde Neuenkirchen) gemessen am 26. 3. und 8. 8. 2011 in der Seemitte (in °C)

	Wassertiefe (in m)									
	0,5	1	2	3	4	5	6	7	8	9
26. 03. 2011	2,6	2,6	2,6	2,6	2,6	2,6	2,7	2,7	2,7	2,7
08. 08. 2011	19,2	18,9	18,5	18,1	17,8	17,5	17,3	13,5	13,3	13,0

Quelle: eigene Messungen

Tab. 2: Eine Übersicht über die wichtigsten Diagrammarten und deren Nutzungsbereich

bevorzugt zu wählende Diagrammart → darzustellende Information ↓	Kurvendiagramm	Säulen oder Balkendiagramm	gestapeltes Säulendiagramm	Kreissektorendiagramm	Flächendiagramm
umfangreichere durchgängige Datenreihen mit absoluten Werten/Indexwerten	✓				
weniger umfangreiche oder unterbrochene Datenreihen mit absoluten Werten		✓			
miteinander zu vergleichende Einzeldaten		✓			
miteinander zu vergleichende Datenreihen	✓	✓			
Entwicklungsreihen	✓				
kombinierte Datenreihen aus zusammenhängenden absoluten Werten					✓
durchgängige Datenreihen von Prozentwerten					✓
prozentuale Anteile eines Ganzen			✓	✓	
prozentuale Zusammensetzung verschiedener Mengen in Gegenüberstellung			✓	✓	✓

Quelle: eigener Entwurf

Abbildungen

Grafiken, Karten, Skizzen und Bilder werden unter dem Oberbegriff *Abbildungen* zusammengefasst.

Abbildungen dienen der Veranschaulichung (Visualisierung) von Informationen. Zudem haben sie weitere Funktionen: Sie lockern den Text auf, setzen ästhetische Marken. Doch Vorsicht: Abbildungen nur zur Auflockerung einzubringen ist unzulässig. Stets muss die Übermittlung von Informationen erste Priorität haben. Einzige Ausnahme: „Eyecatcher" auf dem Deckblatt einer Facharbeit oder der ersten Folie in einem Referat (→ Seite 143 und 176 ff.).

Für alle Abbildungen gilt:

- Abbildungen werden entsprechend ihrer Reihenfolge in der Arbeit nummeriert. Die Nummer wird dabei immer mit dem Zusatz „Abb." versehen (also: Abb. 1, Abb. 2, Abb. 3 ...). Bei der Nummerierung wird nicht zwischen Grafiken, Karten, Skizzen oder Bildern unterschieden.
- Nach der Abbildungsnummer wird die Abbildungsunterschrift aufgeführt. Diese sollte in knapper, doch prägnanter Form den Inhalt der Abbildung, gegebenenfalls den Bezugsraum und den Bezugszeitpunkt bezeichnen.
- Abbildungen sollte man leserfreundlich gestalten:
  - Die Abbildung darf nicht zu klein sein.
  - Auch Beschriftungen müssen in lesbarer Größe gesetzt werden.
  - Die Qualität (vor allem bei Bildern und Karten) muss ausreichend sein. Auf eine verwaschene, schemenhafte Abbildung sollte man verzichten. Auf ein Miniaturbild, das allenfalls mit der Lupe erfasst werden kann, ebenso.
  - Bei Grafiken und Karten darf die verwandte Farbpalette nicht zu groß sein. Bunt wirkt oft unseriös! Man sollte darauf achten, dass alle verwendeten Farben klar voneinander zu unterscheiden sind.
  - Klar aufgebaute Abbildungen eignen sich gut zur Visualisierung von Informationen, unstrukturierte Abbildungen sind dagegen für den Leser ein Ärgernis.
- Unter jeder Abbildung muss die Datenquelle vermerkt werden.
  Haben Sie in der Abbildung Fremddaten verarbeitet, so wird die jeweilige Fremdquelle mit dem Zusatz „Quelle:" angegeben (Beispiel: „Quelle: MUCKELMANN 2006, Seite 79").
  Haben Sie die in der Grafik genutzten Daten selbst erhoben, so lautet die Quellenangabe: „Quelle: eigene Messungen" oder „Quelle: eigene Erhebung". Bei Fotos lautet sie „Quelle: eigene Aufnahme", bei Skizzen „Quelle: eigener Entwurf". Eventuell wird hier das Datum der Aufnahme hinzugefügt.
- Die Quellenangabe wird in deutlich kleinerer Schrifttype geschrieben.
- Sie wird unter der Abbildungsunterschrift aufgeführt oder in die Abbildung integriert.
- Die Abbildung wird vom Text durch eine Leerzeile zwischen Text und Ab bildung bzw. zwischen Abbildungsunterschrift (Quellenangabe) und Text abgesetzt.
- Im Text wird auf eine Abbildung durch Nennung der Abbildungsnummer verwiesen. Beispiel: „[...] einen Anstieg um rund 30 % (Abb. 7). Daher [...]" Möglich, aber nicht notwendig ist der Zusatz „siehe" bzw. „→" (also: siehe Abb. 7, → Abb. 7).

Beispiel: Abbildung

Abb. 1: Poseidontempel in Paestum (Italien)

Quelle: eigene Aufnahme vom 25. April 2011

Ein wichtiger Abbildungstyp ist das **Diagramm**. Diagramme lassen sich per Hand zeichnen, oder aber am Computer erstellen. Textverarbeitungs- und Tabellenkalkulationsprogramme bieten meist einfach zu bedienende Tools zur Erstellung von Diagrammen.

Ob Sie Ihre Diagramme ganz traditionell per Hand oder am Computer erstellen, für beide Wege bietet sich folgendes generelle Vorgehen an:

- Ausgangsüberlegung: Was will man dem Leser mithilfe des Diagramms mitteilen? (= Kommunikationsabsicht)
- Festlegen des Diagrammthemas (Diagramminhalt + Raumbezug + Zeitbezug)
- Auswahl der darzustellenden Elemente
- Wahl der geeigneten Diagrammart (→ Tab. 2 auf Seite 128).
- Sichten und Ordnen der zu verarbeitenden Daten (erfassen: Höchst-/Tiefstwerte, zeitliche Datenabfolge, auszuklammernde Werte usw.)
- Festlegen der Skalierung und der Skalenbeschriftung (Einheiten nicht vergessen)
- Festlegen der Gestaltung von Signaturen, Farben, Linien usw.
- gegebenenfalls Erstellen einer Legende (Achtung: Einheiten angeben!)
- korrekte Beschriftung des Diagramms (Abbildungsnummer, Unterschrift, Quelle)

Beispiel: Grafische Darstellung von Forschungsergebnissen

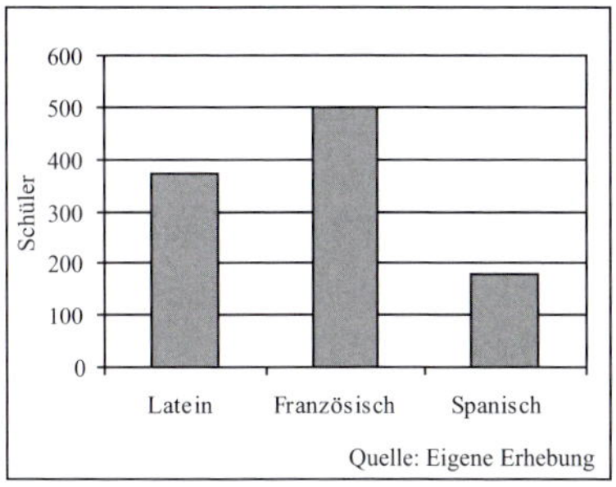

Abb. 2: Die Verteilung der „Zweitsprache" am Rufus-Gymnasium in Berlin Schuljahr 2011/12

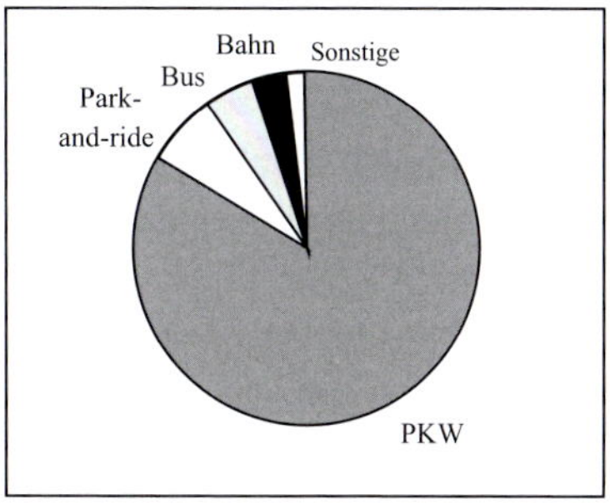

Abb. 3: Anreise der Kunden des Kaufhauses Nubbelberg (in Dudelstadt) am 1.4.2012

Quelle: eigene Erhebung; Zahl der befragten Kunden: 122

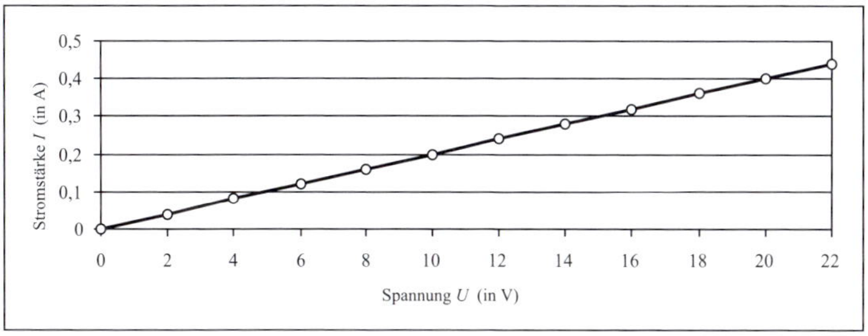

Abb. 4: Ergebnisse der Stromstärkemessung bei verschiedenen angelegten Spannungen (Konstantan-Draht der Länge 0,75 m mit 0,1 mm Durchmesser)

Quellen: eigene Messungen; ergänzt aus DORN 2002, Seite 124

Überblick

Merkmale eigener Forschungsarbeit sind:

- **Schrittfolge:** Problem-/Frageformulierung – ggf. Hypothesenbildung – Arbeitsplan erstellen – Forschungsarbeit durchführen – Ergebnisse auswerten – Ausgangsproblem lösen/Ausgangsfrage beantworten – Ergebnisauswertung dokumentieren – ggf. Fehlerdiskussion
- **Forschungsmethoden** sind z. B. Laborexperimente, Beobachtungen in der Natur, Begehungen und Kartierungen, Modellbau/-reflexion, Umfragen, Interviews, Recherche in Archiven.
- Der notwendige **Arbeitsplan** muss a) nach der Problem-/Frageformulierung erstellt werden; b) alle wesentlichen Aspekte der durchzuführenden Arbeiten (Methoden, zeitlicher Ablauf ...) aufführen.
- Die **Forschungsergebnisse** sollten a) zeitnah und detailliert festgehalten werden (schriftlich, im Bild, per Tonaufzeichnung ...);
  b) nach der Auswertung optisch aufbereitet und in die Arbeit eingebunden werden (in Form von Tabellen, Bildern, Diagrammen ...).

9 Die Facharbeit

In den vorausgehenden Kapiteln wurden Sie mit den Aspekten und Methoden vertraut gemacht, die bei der Erstellung eines Referats wie auch einer Facharbeit gleichermaßen Anwendung finden. Nun ist es an der Zeit, die Besonderheiten der beiden Formen wissenschaftlichen Arbeitens in den Blick zu nehmen. Dies soll hier nun zunächst für die Facharbeit geschehen.
Im Folgenden werden also die Merkmale von Facharbeiten näher beleuchtet und deren formale wie auch inhaltliche Gestaltung an verschiedenen Beispielen erläutert.
Schließlich wird zum Schluss auch auf die Bewertung von Facharbeiten eingegangen – denn das Wissen um die hierbei angelegten Maßstäben schützt Sie vor bösen Überraschungen bei der Notenbekanntgabe.

9.1 Bestandteile

Eine Facharbeit besteht aus drei Teilen:

- Den **Präliminarien** (lat. = Vorbereitung, Einleitung). Hierzu gehören
  - Deckblatt
  - Titelblatt
  - Inhaltsverzeichnis
  - gegebenenfalls: Abbildungsverzeichnis
  - gegebenenfalls: Tabellenverzeichnis
  - gegebenenfalls: Abkürzungsverzeichnis
- Dem eigentlichen **Textteil** mit
  - Einleitung
  - Hauptteil
  - Schlussteil
- Dem **Anhangsteil** mit
  - gegebenenfalls: Endnoten
  - gegebenenfalls: Glossar
  - Literatur- und Quellenverzeichnis
  - Schlusserklärung
  - gegebenenfalls: Anhang

Bevor nun im Folgenden die Bausteine einer Facharbeit einzeln vorgestellt werden, einige Worte zum Grundgerüst einer solchen Arbeit, der Gliederung.

9.2 Gliederung

Ziel der Gliederung einer Facharbeit ist es,

- in die Fülle der dokumentierten Informationen einen roten Faden einzuziehen;
- eine logische Abfolge der dargestellten Inhalte herzustellen;
- dem Leser die Erfassung der Arbeitsstruktur und eine rasche Orientierung in der Facharbeit zu ermöglichen.

Ohne Gliederung wäre die Facharbeit in vielen Fällen nicht mehr als eine konfuse Anhäufung von Einzelinformationen, durch die sich der Leser mühsam hindurcharbeiten müsste.
Bereits nach einer ersten inhaltlichen Kontaktaufnahme mit Ihrem Thema können Sie einen Gliederungsentwurf skizzieren (→ Seite 72). Dieser wird dann fortlaufend dem jeweiligen Arbeitsstand angepasst, ergänzt und falls notwendig umstrukturiert.

Jede Facharbeit ist anders. Daher lässt sich das Vorgehen beim Erstellen einer Gliederung nur schwer standardisieren. Zentral ist, dass

- Sie den roten Faden Ihrer Facharbeit in der Gliederung deutlich herausstellen,
- die Gliederung logisch ist und keine Brüche, Sprünge oder Umkehrungen enthält.

Bei der Konzeption Ihrer Gliederung kann eines der folgenden **Gliederungsprinzipien** als Leitfaden dienen:

- Das *chronologische Prinzip*. Leitprinzip der Gliederung ist hier die zeitliche Abfolge der Ereignisse.
- Das *analytische Prinzip*. Hier wird zunächst ein Tatbestand/Ereignis/Faktum beschrieben bzw. vorgestellt. Dann werden dessen innere Struktur und Ursachenzusammenhänge herausgearbeitet und dessen Bedeutung bzw. Folgen erläutert und bewertet (→ Seite 136).
- Das *deduktive Prinzip*. Zunächst wird ein allgemeiner Rahmen/ein Prinzip/eine Gesetzmäßigkeit dargestellt. Dann werden konkrete Fallbeispiele/Ereignisse/Beobachtungen aufgezeigt und begründet in den allgemeinen Rahmen eingeordnet.
  Geht man umgekehrt vor, so wird dies als *induktives Prinzip* bezeichnet.
- Das *vergleichende Prinzip*. Hier werden Ereignisse/Fakten/Texte anhand bestimmter Leitaspekte miteinander verglichen. Der Vergleich dient dazu, Gemeinsamkeiten und Unterschiede herauszustellen und das Ereignis, die Fakten oder den Text in eine Kategorie bzw. Klasse einzuordnen.

- Facharbeiten, die im Wesentlichen auf eigenen Forschungen basieren, weisen meist folgende typische Gliederungsstruktur auf (→ Beispiel Seite 147):
  - Einordnung der Forschungsarbeit in den wissenschaftlichen oder gesellschaftlichen Kontext
  - Vorstellen des Forschungsziels
  - Erläuterung des Forschungsansatzes
  - Darstellung der Forschungsmethoden und Forschungsdurchführung
  - Dokumentation, Auswertung und Interpretation der Forschungsergebnisse
  - Erläuterung der aus den Ergebnissen abzuleitenden Folgerungen bzw. kritische Einordnung der Ergebnisse in den derzeitigen fachlichen Wissensstand oder Ausblick auf weitergehende Fragestellungen, die sich aus den Forschungsergebnissen ergeben haben.

Unter Umständen wird Ihre Gliederung nicht zur Gänze einem der obigen Prinzipien entsprechen, sondern Elemente verschiedener Gliederungsprinzipien enthalten (→ Seite 136).

Was in Ihrer Gliederung steht, wird logischerweise vom konkreten Thema Ihrer Arbeit bestimmt. *Wie* Sie die Gliederung formal gestalten, dafür gibt es hingegen einige bindende Vorschriften.

Tipp

Doch auch hier gilt: Für verschiedene Gestaltungselemente existieren zwei oder mehr gängige Alternativen. Bevor Sie die Gliederung Ihrer Facharbeit endgültig festlegen, sollten Sie daher die Sie betreuende Lehrerkraft nach der von ihr favorisierten Variante befragen.

Wichtige formale Aspekte der Gliederung sind:

Gliederungsebenen

Eine Gliederung ist wie eine große Schachtel aufgebaut, in der mehrere kleine Schachteln stecken, in denen wiederum jeweils weitere noch kleinere Schachteln enthalten sind.
Formal findet dies in den verschiedenen Ebenen der Gliederung seinen Ausdruck:

- Oberste Ebene ist die Ebene der Kapitel.
- Jedes Kapitel kann in Unterkapitel (Abschnitte) untergliedert werden. Diese bilden die zweite Gliederungsebene.
- Die Unterkapitel können ihrerseits in Unter-Unterkapitel unterteilt werden, die dann die dritte Gliederungsebene darstellen.

Sie sollten in Ihrer Gliederung nicht über diese dritte Gliederungsebene hinausgehen. Meist reicht es sogar aus, die Gliederung bis zur zweiten Ebene zu verfeinern. Eine kleinschrittige Gliederung erreicht das Gegenteil von dem, was erreicht werden soll: Sie wirkt verwirrend statt übersichtlich, deckt die Strukturen der Arbeit zu, statt sie herauszustellen.

Zudem gilt:
- Zu jedem Gliederungspunkt sollte mindestens eine halbe Seite Text vorliegen.
- Wer A sagt, muss auch B sagen! Ein Kapitel darf nur in *mindestens zwei* Unterkapitel untergliedert werden. Eine Untergliederung mit nur einem Unterkapitel ist unzulässig. Ebenso müssen bei Untergliederung eines Unterkapitels *mindestens zwei* Unter-Unterkapitel vorhanden sein.

Überschriften

Jedes Kapitel, Unterkapitel und Unter-Unterkapitel Ihrer Facharbeit erhält eine eigene Überschrift. Für diese Überschriften gilt:
- Eine Überschrift muss den Inhalt des zugehörigen Gliederungspunktes eindeutig zusammenfassen.
- Sie muss knapp und prägnant sein.
- Nach Überschriften steht kein Punkt.
- Alle Überschriften einer Facharbeit sollten im gleichen Stil abgefasst werden.
- Besonders geeignet ist hier der **Nominalstil** (= ein Stil, der Substantive bevorzugt). Beispiele: *Ergebnisse der Temperaturmessungen* oder *Probleme Namibias in den 1990er-Jahren* (siehe auch unteres Beispiel auf Seite 136 sowie Seite 147).
- Bedingt geeignet ist der Verbalstil. Beispiele: *Ergebnisse, die ich bei meinen Temperaturmessungen erhalten habe* oder *Vielfältige Probleme bestimmen Namibia in den 90er-Jahren des 20. Jahrhunderts*
- Weniger geeignet, weil zu wenig prägnant und als Stil nicht für die ganze Facharbeit durchzuhalten, ist der Interrogativstil (= Fragestil). Beispiele: *Welche Ergebnisse habe ich bei meinen Temperaturmessungen erhalten?* oder *Welche Probleme hatte Namibia in den 90er-Jahren des 20. Jahrhunderts?*
- Überschriften von Unterkapiteln dürfen keine Wiederholung der Kapitelüberschrift sein (also **nicht**: Kapitelüberschrift: *Goethe und Schiller* – Unterkapitel 1: *Goethe* – Unterkapitel 2: *Schiller*).
- Allgemeine, nichtssagende Formulierungen sind zu vermeiden (also **nicht**: *Tabellarische Übersicht zu Beginn* oder *Allgemeine Lage* oder *Schlussteil*).

Beispiele

Gliederung unter Anwendung des analytischen Gliederungsprinzips

Autorin: Lena Anna Castrup

Facharbeitsthema:
Analyse der Stücke „Habanera“ und „Seguidilla“ aus der Oper „Carmen“ von Georges Bizet im gleichnamigen Film „Carmen“ von Carlos Saura in Bezug auf die tänzerische Umsetzung und die Funktion der jeweiligen Szenen.

Gliederung:

1 Mein Weg zum Facharbeitsthema
2 „Carmen“ – Die Oper
2.1 Inhalt der Oper
2.2 Musikalische Analysen
2.2.1 Musikalische Analyse der „Habanera“
2.2.2 Musikalische Analyse der „Seguidilla“
3 „Carmen“ – Der Film
3.1 Inhalt des Films
3.2 Analysen der Tänze
3.2.1 Analyse der „Habanera“
3.2.2 Analyse der „Seguidilla“
3.3 Analysen der Szenenfunktionen
3.3.1 Die Szenenfunktion der „Habanera“
3.3.2 Die Szenenfunktion der „Seguidilla“
4 Persönliche Stellungnahme

Gliederung, die Elemente des analytischen und des deduktiven Gliederungsprinzips enthält

Autorin: Christina Uhlenbrock

Facharbeitsthema: Tanz als Therapie?

Gliederung:

1 Zielsetzung der Arbeit und Begründung der Wahl des Themas
1.1 Ziel der Facharbeit
1.2 Persönliche Motive der Themenwahl
1.3 Materiallage
2 Historischer Abriss der Tanztherapie
3 Konzept der Tanztherapie
4 Akteure der Tanztherapie
4.1 Patienten und Institutionen
4.2 Therapeuten
5 Genereller Verlauf und Dauer der Tanztherapie
6 Aufbau einer Therapiesitzung
7 Exemplarische Darstellung der Methodik der Tanztherapie
7.1 Die Patientengruppe der autistischen Kinder
7.2 Der methodische Ansatz dargestellt am Beispiel des „Spiegelns“
8 Erfolge und Ergebnisse der Tanztherapie
9 Sinn oder Unsinn der Tanztherapie

Nummerierung

Um die Übersichtlichkeit der Gliederung zu erhöhen und Querverweise auf einzelne Gliederungspunkte im Text zu erleichtern, werden alle Gliederungspunkte nummeriert. Dies kann entweder in Form einer numerischen Gliederung oder in Form einer alpha-numerischen Gliederung geschehen.

Für die *numerische Gliederung* (dezimale Gliederung/dekadische Gliederung) gilt:

- Die Kapitel werden fortlaufend durchnummeriert, beginnend mit 1 (Beispiel: 1, 2, 3 usw.)
- Die Unterkapitel eines jeden Kapitels werden gleichfalls fortlaufend durchnummeriert; jede Unterkapitelnummer besteht dabei aus der Kapitelnummer, danach einem Punkt und der Nummer des Unterkapitels (Beispiel: 1.1, 1.2, 1.3 bzw. 2.1, 2.2, 2.3, 2.4 usw.).
- Die Nummerierung der Unter-Unterkapitel erfolgt nach dem gleichen Schema (Beispiel: 1.2.1, 1.2.2, 1.2.3 usw.).
- Hinter der letzten Ziffer steht in der Regel kein Punkt. Doch auch hier gibt es geschmackliche Varianten: Einige Lehrerinnen/Lehrer bevorzugen die „Endpunkt-Variante“. Hierbei wird dann auch hinter der jeweils letzten Ziffer ein Punkt gesetzt (Beispiel: 1. , 2. , 2.1. , 2.2. ...)

Typische Beispiele numerischer Gliederungen finden Sie auf → Seite 136 und Seite 147.

Bei der *alpha-numerischen Gliederung* (gemischte Gliederung) werden Buchstaben und Zahlen als Gliederungshilfen eingesetzt. Hierbei gelangen Groß- und Kleinbuchstaben sowie römische und arabische Ziffern zur Anwendung. Eine mögliche Variante der alpha-numerischen Gliederung ist die folgende:

- Die Teile der Facharbeit erhalten lateinische Großbuchstaben. Hinter diese wird ein Punkt gesetzt. Beispiel: A. B. C. usw.
- Kapitel erhalten fortlaufende römische Zahlen. Hinter diese Zahlen wird ein Punkt gesetzt. Beispiel: I. II. III. usw.
- Die Unterkapitel erhalten arabische Zahlen. Hinter diese Zahlen wird ein Punkt gesetzt. Beispiel: 1. 2. 3. usw.
- Die Unter-Unterkapitel erhalten lateinische Kleinbuchstaben. Hinter diese wird ein Punkt oder eine Klammer gesetzt (Beispiel: a. b. c. oder a) b) c) usw.).

Ein typisches Beispiel einer alpha-numerischen Gliederung ist auf → Seite 149 dargestellt.

Fragen Sie die betreuende Lehrkraft, welche Form der Gliederung sie/er bevorzugt und gestalten Sie die Gliederung Ihrer Facharbeit entsprechend.

Gliederung und Inhaltsverzeichnis

- Die endgültige Gliederung Ihrer Facharbeit ist im Inhaltsverzeichnis dokumentiert.
- Hier sind alle Gliederungsüberschriften und deren Nummerierung aufgeführt.

Genaueres zum Inhaltsverzeichnis finden Sie auf Seite 146 f.

Gliederung und Text der Facharbeit

- Alle Überschriften der Gliederung müssen auch im Text der Facharbeit auftauchen.
- Wichtig: Nummerierung und Überschrift eines Kapitels im Inhaltsverzeichnis müssen absolut identisch mit der Nummerierung und Überschrift desselben Kapitels im laufenden Facharbeitstext sein.
- Die Überschrift wird stets dem zugehörigen Textabschnitt vorangestellt. ①
- Die Überschrift wird immer linksbündig gesetzt.
- Idealerweise sollte zwischen Überschrift und dem vorausgehendem Text ein größerer Abstand sein als zwischen Überschrift und dem nachfolgendem Text. ④
- Überschriften müssen optisch hervorgehoben werden: Es ist üblich, alle Überschriften fett zu drucken. Auch werden Sie meist größer gesetzt als der laufende Text: Bei einer Text-Schriftgröße von 12 pt, werden die Kapitelüberschriften in etwa 16 pt, die Unterkapitelüberschriften in etwa 14 pt und die Überschriften der Unter-Unterkapitel in etwa 13 oder 12 pt gesetzt. ①, ③
- Eine Unterstreichung von Überschriften ist unüblich.
- Kapitelüberschrift und Unterkapitelüberschrift können ohne Zwischentext direkt aufeinanderfolgen ②. Es kann zwischen beiden aber auch ein kurzer überleitender Zwischentext ohne Überschrift stehen.
- Jedes Kapitel sollte auf einer neuen Seite begonnen werden.
- Eine Überschrift darf niemals als Letztes unten auf einer Seite stehen. Es müssen ihr mindestens zwei bis drei Zeilen Text auf der gleichen Seite folgen.
- Werden Textteile eines Abschnitts aus Platzgründen auf die nachfolgende Seite gesetzt, so müssen *mindestens zwei* Zeilen Text auf jeder Seite stehen. Einzelne Zeilen, die durch einen Seitenwechsel getrennt sind, werden fachsprachlich auch als „Witwen“ oder „Waisenkinder“ bezeichnet – was die an dieser Stelle unglückliche bzw. typografisch falsche Textgestaltung treffend kennzeichnet.

Numerische Gliederung im Textteil einer Facharbeit **Beispiel**

2 Der Untersuchungsraum ①

②

2.1 Das Münsterland ③

Die untersuchten Baggerseen liegen nördlich von Haddorf bzw. westlich von Neuenkirchen im nördlichen Westmünsterland, dem sogenannten Bentheim-Ochtuper Land. Das Westmünsterland ist Teil der Westfälischen Bucht, dem mit rund 9000 km² zweitgrößten natürlichen Großraum Westfalens. Die Westfälische Bucht schließlich stellt eine Ausbuchtung der Norddeutschen Tiefebene dar (siehe Karte im Anhang).

Geologisch gesehen ist die Westfälische Bucht ein flaches Becken, das fast ausschließlich von Ablagerungen der Oberkreide ausgefüllt wird. Sie wird deshalb auch als Münsterländer Kreide-Becken bezeichnet (GEOLOGISCHES LANDESAMT NRW 1995, S. 12). An vielen Stellen überdecken jedoch eiszeitliche Ablagerungen den Kreidekern. Es handelt sich dabei um Eisablagerungen (End- und Grundmoränen), Schmelzwasserablagerungen (Sande, Kiese unter anderem) und Windablagerungen (Dünen, Löß), die während der Saale-Eiszeit vor ca. 250 000–200 000 Jahren entstanden, heute jedoch bereits wieder in Teilen durch Flusswasser verlagert worden sind (vergleiche SKUPIN/STAUDE 1995, S. 74 ff.).

④

2.2 Der Münsterländer Kiessandzug

Eine dieser saaleeiszeitlichen Ablagerungen ist der Münsterländer Kiessandzug. Er zieht sich aus dem Raum westlich von Rheine (Haddorf) als mehrfach unterbrochene Hügelkette über Neuenkirchen und Albersloh bis in den Raum Ennigerloh. Seine Länge beträgt rund 70 km. Seine Breite schwankt zwischen 300 m und etwa 1000 m. Die Höhe des Kiessandzuges über Gelände beträgt oft nur wenige Meter, liegt aber zum Teil auch bei Werten von 10–17 m. (DOLEZALEK 1978, S. 18 ff.)

Aufgebaut ist der Kiessandzug aus geschichteten groben Sanden und Kiesen. Dieser Aufbau lässt auf eine Entstehung durch die Arbeit eiszeitlicher Schmelzwässer schließen (MÜLLER-WILLE 1966; SCHNEIDER 1964). Die Sande und Kiese des Münsterländer Kiessandzug werden bereits seit Jahrhunderten zur „Deckung des örtlichen Bedarfs an Bausanden und Baukies [...] genutzt. Neben zahlreicheren kleinen Abbaustellen haben sich Schwerpunkte des Sand- und Kiesabbaus entwickelt [...]“ (SKUPIN 1995b, S. 138). Einer dieser Schwerpunkte befi ndet sich im Großraum Rheine-Neuenkirchen. Als Folge der Entnahme von Sand und Kies sind hier eine Reihe von Baggerseen entstanden.

9.3 Formale Gestaltung und Layout

Beim Rohentwurf Ihrer Facharbeit war es noch unerheblich, in welcher Form Sie diesen „zu Papier gebracht haben“ (→ Seite 52). Für die abgabefertige Endfassung gilt dies jedoch nicht mehr. Hier gibt es eine Reihe formaler Standards, die Sie beachten müssen.
Teilweise werden Ihnen diese Standards durch die Schule vorgegeben. Ist dies nicht der Fall, so können Sie sich an den nachfolgend aufgeführten Vorgaben orientieren, die an vielen Schulen und auch später an der Universität/Fachhochschule üblich sind. Es sind im Einzelnen:

- Die Facharbeit muss maschinengeschrieben eingereicht werden. Die Abgabe einer handschriftlichen Facharbeit ist nur bei ausdrücklicher Genehmigung durch die Schule erlaubt.
- Der Druck muss sauber und lesbar sein. Dies gilt auch für kopierte bzw. eingescannte Texte, Tabellen, Diagramme, Karten und Bilder.
- Geschrieben wird auf DIN-A4-Papier (70 g/m² oder schwerer).
- Jedes Blatt darf nur einseitig bedruckt sein.
- Die Facharbeit muss geheftet oder gebunden abgegeben werden. Die Abgabe einer Loseblattsammlung ist unzulässig.
- Als Einband sind Schnell- und Klemmhefter möglich. Ansprechender und praktischer sind allerdings einfache Bindungen oder Spiralheftungen, wie sie in Copyshops preisgünstig angeboten werden.
- Die Seiten der Facharbeit in Klarsichthüllen zu verpacken ist unzulässig, da so das direkte Eintragen von Korrekturanmerkungen unmöglich ist.
- Der Text der Facharbeit muss durch Überschriften sowie durch Absätze gegliedert werden (→ Seite 138f.).
- Jedes Blatt muss so gestaltet werden, dass ausreichend Heft- und Korrekturrand frei bleibt.
- Standardvorgaben für die Seitenränder sind: links 4 cm; rechts 2 cm; oben 2 cm (falls die Seitenzahl oben auf der Seite angegeben wird 3 cm); unten 3 cm (falls die Seitenzahl oben auf der Seite angegeben wird 2 cm).
  Die Seitenränder können Sie bequem in Ihrem Schreibprogramm einstellen (bei Microsoft Word® 2010 z. B. über den Pfad → *Seitenlayout* → *Seite einrichten* → *Seitenränder*).
- Achtung: Die zuvor genannten Seitenränder müssen (abgesehen von der Seitennummer) textfrei bleiben. Das gilt auch für Tabellen, Diagramme, Karten und Bilder. Auch diese dürfen nicht „in den Seitenrand hineinragen“.
- Alle Seiten der Facharbeit mit Ausnahme des Deckblattes und des Titelblattes müssen fortlaufend nummeriert werden.
  - Das Deckblatt wird nicht in die Seitenzählung einbezogen.

- Die Seitenzählung beginnt mit dem Titelblatt. Dieses wird als Seite 1 gezählt, erhält jedoch keine Seitenzahlangabe aufgedruckt.
- In der Regel folgt dann das Inhaltsverzeichnis als Seite 2. Diese Seite erhält eine Seitenzahlangabe.
- Nun setzt sich die Seitenzählung bis zur letzten Seite der Facharbeit fort.
- Seitenzahlen werden in arabischen Ziffern gedruckt.
- Sie werden in gleicher Größe wie der laufende Text der Facharbeit gesetzt.
- Die Seitenzahl kann oben oder unten auf der Seite stehen.
- Die Seitenzahl kann rechtsbündig oder mittig unter bzw. über den Text gesetzt werden.

- Als Schriftart sollten Sie *Times New Roman* wählen.
- Als Schriftgröße (Schriftgrad) ist 12 pt zu verwenden.
- Längere direkte Zitate können in einer um ein bis zwei Punkt kleineren Schriftgröße geschrieben werden (→ Seite 91, ⑪).
- Für Fußnoten und Endnoten sollten Sie *Times New Roman* 9 pt verwenden (→ Seite 96, ⑨).
- Überschriften werden entsprechend größer gesetzt (→ Seite 139).
- Verfassen Sie die gesamte Facharbeit in derselben Schriftart (also z. B. in *Times New Roman*). Der Wechsel der Schriftart führt zu optischer Unruhe. Ein zu „buntes“ Layout entspricht zudem nicht dem nüchternen Stil einer wissenschaftlichen Arbeit.
- Die Arbeit muss mit einem eineinhalbfachen Zeilenabstand (= 1,5-zeilig) geschrieben werden. (Pfad bei Microsoft Word® 2010 z. B.: → *Start* → *Absatz* → *Zeilenabstand* → *1,5 Zeilen)*
  Ausnahmen: Umfangreiche direkte Zitate dürfen einzeilig verfasst werden (→ Seite 91, ⑪), ebenso Fußnoten/Endnoten (→ Seite 96, ⑨) und das Literatur- und Quellenverzeichnis (→ Seite 105 f.).
- Der Text sollte im Blocksatz geschrieben werden. Dies wirkt professionell und sorgt für ein ruhiges Gesamtbild. (Pfad bei Microsoft Word® 2010 z. B.: → *Start* → *Absatz* → *Ausrichtung* → *Blocksatz*)
- Hervorhebungen im Text sollten durch **Fett-** oder *Kursivdruck* geschehen. Sie sollten jedoch sparsam verwandt werden, da sich beim gehäuften Gebrauch ihre heraushebende Wirkung verliert. Eine Hervorhebung durch Unterstreichung ist unüblich. Eine Hervorhebung von Text durch unterschiedliche Farbgestaltung ist nicht erlaubt.
- Längere Textpassagen sollten durch Absätze optisch gegliedert werden. Dabei sollte bei einem Absatz möglichst keine zusätzliche Leerzeile eingefügt werden.

- Leerzeilen sollten als zusätzliches Gliederungselement sparsam und nur an markanten Stellen eingesetzt werden (etwa um zwei Unterkapitel voneinander abzusetzen; → Beispiel Seite 139).
- Über- bzw. Unterschriften von Tabellen, Diagrammen, Karten, Bildern usw. werden *nicht* durch eine Leerzeile vom Objekt, das sie beschriften, getrennt. Gleiches gilt für die Quellenangabe.
- Eine Häufung von Fehlern im Bereich der Rechtschreibung und Zeichensetzung kann zur Herabsetzung der Note der Facharbeit führen. Es ist daher sehr empfehlenswert, die Fehlerzahl in diesem Bereich so gering wie möglich zu halten. Hier gilt:
  - Nutzen Sie die Rechtschreibkorrekturfunktion Ihres Textverarbeitungsprogramms (→ Seite 81). Achten Sie aber darauf, dass dieses nach den neuesten Rechtscheibregeln arbeitet.
  - Ziehen Sie in Zweifelsfällen ein aktuelles Rechtschreibwörterbuch zurate.
  - Lassen Sie die Facharbeit in jedem Fall auch von Freunden, Bekannten oder Verwandten auf grammatikalische Stimmigkeit, Rechtschreibung, korrekte Zeichensetzung, Schreibstil usw. hin überprüfen. Denn Sie als Autor bzw. Autorin des Textes besitzen eine gewisse „Fehlerblindheit“: Sprachliche Unschärfen, Grammatik- und Kommafehler fallen Ihnen auch bei mehrmaligem Lesen nicht mehr auf, wohingegen diese einem anderen Leser direkt „ins Auge springen“.
- Bevor Sie Ihre Facharbeit zum Binden bzw. Heften geben, sollten Sie diese einer gewissenhaften Endkontrolle unterziehen. Achten Sie darauf, dass alle Seiten der Facharbeit vorhanden sind. Überprüfen Sie die Seitennummerierung sowie die Lesbarkeit und Druckqualität gerade auch bei eingescannten Objekten.

Vielleicht erscheinen Ihnen die vielen formalen Vorgaben zu pedantisch. Sie sichern jedoch einen formale Standard und damit eine formale Vergleichbarkeit aller in Deutschland erstellten Facharbeiten. Zudem dienen sie der Chancengleichheit: In der Regel ist nämlich für die Facharbeit eine Ober- und Untergrenze der Seitenzahl festgelegt. Gäbe es keine Vorgaben zur äußeren Form der Arbeit, so würde die Seitenzahlvorgabe je nach Bedarf dadurch ausgehebelt, dass man z. B. mit kleinerer Schrifttype schreibt oder aber die Zeilenabstände vergrößert oder verkleinert. Damit würde der eine eventuell auf gleicher Seitenzahl den doppelten Text unterbringen und sich dadurch einen unfairen Benotungsvorteil verschaffen. Schließlich sollten Sie bedenken: Der optische Eindruck der Facharbeit ist ein nicht zu unterschätzender psychologischer Faktor bei der Gesamtbeurteilung. Doch nun zu den einzelnen Komponenten der Facharbeit.

9.4 Deckblatt und Titelblatt

Jede Facharbeit *muss* ein Titelblatt und *kann* zudem ein Deckblatt enthalten. Das **Deckblatt** (Umschlagblatt) ist die Visitenkarte der Facharbeit. Es entspricht dem Cover eines Buches. Der Leser nimmt an dieser Stelle den ersten Kontakt mit der Arbeit auf. Deshalb sollte man durchaus Überlegungen darauf verwenden, dieses Blatt attraktiv zu gestalten.
Prinzipiell sind für ein Deckblatt zwei Varianten denkbar:

- Sie verwenden den Umschlag der Facharbeit als Deckblatt. Bei einer Bindung und Heftung der Facharbeit ist dies in der Regel ein weißer oder farbiger Karton.
- Oder Sie benutzen das erste auf den Umschlag folgende Blatt als Deckblatt. Der vordere Umschlag sollte in diesem Fall aus einer durchsichtigen Folie bestehen.

In beiden Fällen besteht die Möglichkeit, das Deckblatt zu bedrucken. Der Text kann hierbei in anderer Schrift gedruckt werden als die übrige Facharbeit. Aufgedruckt werden sollte:

- das Thema der Facharbeit (eventuell in abgekürzter Form)
- das Fach und gegebenenfalls der Kurs
- der Name der Verfasserin/des Verfassers
- eventuell Ort und Jahr der Erstellung.

Neben dem Text sollte das Deckblatt einen Eyecatcher enthalten. Dies könnte z.B. eine Grafik oder Karte, ein für die Arbeit typisches Symbol, ein im Zusammenhang mit der Arbeit stehendes Bild oder eine Collage sein. Ihrer Gestaltungsphantasie sind hier keine Grenzen gesetzt. Doch bedenken Sie: Für die Facharbeitsnote ist das Deckblatt von geringer Bedeutung. Verwenden Sie also nicht zuviel Zeit auf dessen Erstellung.

Was noch wichtig ist:

- Abbildungen müssen auch hier mit einem Quellenbeleg versehen werden.
- Das Deckblatt wird in der Seitenzählung der Facharbeit nicht mitgezählt.

Die auf das Deckblatt folgende Seite der Facharbeit wird als **Titelblatt** bezeichnet. Das Titelblatt dient dazu, die Arbeit prüfungstechnisch korrekt einzuordnen. Aus diesem Grunde muss es eine Reihe formaler Angaben enthalten. An vielen Schulen ist die Gestaltung des Titelblatts vorgegeben. Sie erhalten in diesem Fall von Ihrer Lehrerin oder Ihrem Lehrer ein entsprechendes Formblatt oder ein Mustertitelblatt. Legt die Schule den formalen Aufbau des Titelblattes nicht fest, können Sie sich am Beispiel auf der folgenden Seite orientieren.

Ein Titelblatt muss die folgenden Angaben aufweisen:

- Name der Schule
- Schuljahr, Kurs und Fach, in dem die Facharbeit verfasst wurde
- Name der betreuenden Fachlehrerin bzw. des Fachlehrers
- Thema der Facharbeit
- Name und Vorname der Verfasserin bzw. des Verfassers
- gegebenenfalls Ausgabetermin des Themas
- gegebenenfalls letztmöglicher Abgabetermin
- Leerzeile für die vom Lehrer/Sekretariat vorzunehmende handschriftliche Eintragung des tatsächlichen Abgabetermins
- Leerzeile für die Quittierung der fristgerechten Abgabe der Facharbeit mit einer vorgegebenen Unterschriftsmöglichkeit für die Schülerin bzw. den Schüler sowie für die Fachlehrerin oder den Fachlehrer.
- Notenzeile
- Zeile für die Unterschrift der Lehrkraft, die die Facharbeit korrigiert und bewertet hat.

Was noch wichtig ist:

- Der Text auf dem Titelblatt wird in gleicher Schriftart und Schriftgröße gesetzt wie der laufende Text der Facharbeit.
- Eine Ausnahme bilden die Angaben zum Thema und zur Verfasserin bzw. zum Verfasser. Diese dürfen größer, fett oder in anderer Schriftart gesetzt werden.
- Das Titelblatt wird bei der Seitenzählung der Facharbeit als Seite 1 gezählt. Es erhält jedoch keine Seitenzahl aufgedruckt.

Titelblatt **Beispiel**

Schule: Otto-Kunz-Gymnasium
Humanitätsstraße 77
21211 Neustadt

Schuljahr: 2011/2012
Kurs: Leistungskurs
Fach: Erdkunde
Fachlehrer: Rudolf Schlumpf

Namibia – ein Urlaubsparadies?

von

Hermine Gringer

Ausgabetermin des Themas: *12.3.2012* Abgabetermin der Arbeit: *30.5.2012*

Die Facharbeit wurde eingereicht am ______________________

______________________ ______________________
(Unterschrift der Schülerin/des Schülers) (Unterschrift des Lehrers)

Erteilte Note: ______________ Punkte: ______________

____
(Unterschrift des Lehrers)

9.5 Inhaltsverzeichnis, sonstige Verzeichnisse und Vorwort

Jede Facharbeit muss ein **Inhaltsverzeichnis** enthalten. Es spiegelt den Aufbau und die Struktur der Facharbeit wieder und dient dazu, die Gliederung der Facharbeit auf einen Blick zu präsentieren und dem Leser eine rasche Orientierung zu ermöglichen. Zu diesem Zweck enthält es:

- alle Nummerierungselemente der Gliederung (→ Seite 137),
- alle Überschriften der Gliederung,
- die Seitenzahlen, auf denen die einzelnen Überschriften stehen.

Wichtig ist:

- Nummerierung und Überschriften müssen im Inhaltsverzeichnis und im laufenden Text der Facharbeit völlig identisch sein.
- Es wird nur die Seitenzahl angegeben, mit der das jeweilige Kapitel, Unterkapitel usw. *beginnt*, und nicht etwa Anfang *und* Ende des Kapitels
- Das Inhaltsverzeichnis steht auf einer eigenen Seite. Diese trägt die Seitenzahl 2.
- Auf das Inhaltsverzeichnis folgt in den meisten Fällen (Ausnahmen siehe → „Weitere Verzeichnisse" auf Seite 148) direkt der laufende Text der Facharbeit. Er beginnt immer auf einer neuen Seite.
- Es müssen auch sämtliche Verzeichnisse (Abbildungs- und Tabellenverzeichnis usw.) und die einzelnen Bestandteile des Anhangs im Inhaltsverzeichnis aufgeführt werden.
- Das Inhaltsverzeichnis selbst hat keine Kapitelnummer.

Die Überschriften einer Facharbeit können nach dem *numerischen* oder dem *alpha-numerischen Gliederungsverfahren* nummeriert werden (→ Seite 137). Im Inhaltsverzeichnis bieten sich nun zwei Möglichkeiten, die Überschriften in optisch ansprechender Weise zu ordnen:

Das Linienprinzip

- Hier werden alle Gliederungspunkte linksbündig untereinandergesetzt.
- Dabei gibt es drei (gedachte) senkrechte Fluchtlinien: entlang der ersten werden alle Nummern, entlang der zweiten alle Überschriften und entlang der dritten alle Seitenzahlen gesetzt.
- Alle Gliederungspunkte können in gleichem Schriftschnitt (Standard, *kursiv* oder **fett**) und mit gleichem Zeilenabstand geschrieben werden.
- Es besteht jedoch auch die Möglichkeit, die Kapitelüberschriften durch Fettdruck hervorzuheben (→ Beispiel auf Seite 147).

Numerisches Inhaltsverzeichnis nach dem Linienprinzip

Beispiel

Inhaltsverzeichnis

Aus einer fächerübergreifenden (Biologie, Chemie, Erdkunde), von zwei Autoren erstellten Facharbeit

Beide Gestaltungsvarianten sind sowohl für numerische als auch für alpha-numerische Gliederungen anwendbar. Welche Variante Sie wählen, hängt von Ihrem persönlichen Geschmack bzw. den Vorgaben der Lehrkraft ab. In vielen Fällen ist das Linienprinzip günstiger, da seine Erstellung einfacher ist und zudem mehr Platz für gegebenenfalls längere Überschriften bleibt.

- Zudem kann jede Kapitelüberschrift durch einen zweizeiligen Abstand von der vorherigen Überschrift abgesetzt werden. Die Unterkapitelüberschriften werden dann 1,5-zeilig gesetzt, die Unter-Unterkapitel-Überschriften einzeilig (→ Beispiel Seite 147).

Das Stufenprinzip

Hierbei werden die Ziffern bzw. Buchstaben einer Gliederungsebene so gesetzt, dass sie unter dem Textanfang der jeweils nächsthöheren Gliederungsebene stehen. Auf diese Weise entsteht ein Stufensystem, das eine rasche Erfassung der einzelnen Gliederungsebenen erlaubt. Ein Beispiel für ein nach dem Stufenprinzip gestaltetes Inhaltsverzeichnis finden Sie auf → Seite 149.

Weitere Verzeichnisse

In umfangreichen Facharbeiten können zwischen dem Inhaltsverzeichnis und dem laufenden Text der Arbeit weitere Verzeichnisse eingeschoben sein:

- Abbildungsverzeichnis
- Tabellenverzeichnis
- Abkürzungsverzeichnis

All diese Verzeichnisse sollten jedoch nur angelegt werden, wenn Tabellen, Abbildungen oder Abkürzungen in der Arbeit in größerer Zahl enthalten sind. Als Richtgröße kann hier gelten: Ein Tabellenverzeichnis wird erst ab sechs bis acht Tabellen, ein Abbildungsverzeichnis ab sechs bis acht Abbildungen angelegt usw.

Im **Tabellenverzeichnis** werden angegeben: die Tabellennummer, die Tabellenüberschrift und die Seitenzahl der Seite, auf der die Tabelle steht.
Beispiel:

Tab. 1	*Größe der Wüsten der Erde*	*3*
Tab. 2	*Niederschlag in Assuan 1950–90*	*5*

Im **Abbildungsverzeichnis** werden alle Diagramme, Karten, Skizzen, Bilder usw. aufgelistet. In der Arbeit werden diese unterschiedslos als *Abbildungen* bezeichnet und fortlaufend nummeriert (→ Seite 128 f.). Die Angaben im Abbildungsverzeichnis erfolgen in gleicher Weise wie im Tabellenverzeichnis.
Beispiel:

Abb. 1	*Goethe-Haus in Frankfurt a. M.*	*6*
Abb. 2	*Dichterzimmer im Goethe-Haus*	*7*
Abb. 3	*Titelblatt der Erstausgabe des Faust*	*9*

Alpha-numerisches Inhaltsverzeichnis nach dem Stufenprinzip **Beispiel**

Inhaltsverzeichnis

Facharbeit im Fach Deutsch mit dem Thema *Gotthold Ephraim Lessing: Minna von Barnhelm – Emanzipationskomödie oder Tellheim-Drama?*

Im **Abkürzungsverzeichnis** werden nur die wenig bekannten, eher unüblichen oder von Ihnen selbst entwickelten Abkürzungen aufgeführt. Haben Sie davon in Ihrer Arbeit eine größere Anzahl verwendet, können Sie diese im Abkürzungsverzeichnis in zwei nebeneinanderstehenden Spalten erläutern.
Beispiel:

idg. = indogermanisch	*Seew. = Seewesen*
Kč = *tschech. Krone*	*TV = Turnverein*

Im **Glossar** werden alle in der Arbeit benutzten *ausgefallen* Fachbegriffe und Fremdwörter erklärt. Ein Glossar ist nur dann sinnvoll, wenn Sie in Ihrer Arbeit eine große Zahl *unüblicher* Begriffe benutzt haben. Kommen in Ihrer Arbeit nur wenige solcher Begriffe vor, sollten Sie diese direkt beim ersten Gebrauch mit einer in runde Klammern gesetzten kurzen Texterläuterung versehen. Für den Fall, dass in Ihrer Facharbeit ein Glossar notwendig wird, sollten Sie dieses nahe dem Ende der Arbeit zwischen Textteil und Literaturverzeichnis platzieren und in der Einleitung Ihrer Arbeit auf das Glossar hinweisen.

In einer Facharbeit entfällt in der Regel das sogenannte **Vorwort**. Dieses gehört eigentlich nur in eine Bachelor-, Master-, Examens- bzw. Diplomarbeit oder ein veröffentlichtes Werk. In längeren Facharbeiten, etwa bei der sogenannten *Besonderen Lernleistung,* mag jedoch ein Vorwort sinnvoll erscheinen. Daher sei es an dieser Stelle kurz skizziert.
Das Vorwort stellt eine persönlich gehaltene Einführung des Autors in die Entstehungsgeschichte seines Werkes dar. Es kann enthalten:

- Angaben zu den persönliche Gründen für die Themenwahl
- eine Darstellung der Anregungen, die den Autor zur Themenformulierung bewogen haben
- eine Erläuterung der Stellung und Bedeutung des Werkes in der wissenschaftlichen Welt
- die persönlichen Erwartungen, die der Autor mit der Veröffentlichung seines Werkes verknüpft
- eine Danksagung an Personen und Institutionen, die zum Erscheinen des Werkes beigetragen haben.

Einzelne Elemente des Vorwortes können Sie in die Einleitung Ihrer Facharbeit übernehmen (siehe unten). Auf jeden Fall sollten Sie aber auf eine Danksagung an die Schule oder die Sie betreuende Lehrkraft verzichten. Ein Loblied auf denjenigen zu singen, der Ihre Arbeit beurteilen muss, klingt nach Anbiederung und könnte als Versuch (miss)verstanden werden, die Beurteilungsobjektivität der Lehrerin oder des Lehrers in subjektives Wohlwollen zu verwandeln.

9.6 Einleitung

Jede Facharbeit beginnt mit einer Einleitung. Einleitung meint hierbei **nicht** einige unverbindliche, allgemein gehalten Sätze, die den Leser auf die Facharbeit einstimmen. Unter Einleitung ist vielmehr eine konkrete inhaltliche Einführung in die Arbeit zu verstehen.
Die Einleitung wird in der Regel erst dann geschrieben, wenn die Facharbeit ansonsten bereits fertiggestellt ist.

Die Einleitung hat vier zentrale Funktionen (→ Beispiel Seite 153):

1. Interesse des Lesers wecken ②, ⑦
Dieses kann z. B. dadurch erreicht werden, dass man die Einleitung mit einem provokanten Zitat oder Ausspruch beginnt. Doch auch die Darstellung eines Alltagsproblems oder einer Alltagserfahrung, die man zum Ausgangspunkt seiner Themenfindung gemacht hat, bietet sich an. Weitere Möglichkeiten sind: ein markanter Ausspruch des behandelten Autors, ein Auszug aus einem aktuellen Zeitungsbericht, eine zum Thema passende Anekdote ...

2. Einführung in die Entstehungsgeschichte des Themas und der Arbeit ①–③
Hierzu gehören:
- persönlich gehaltene Ausführungen zur Entstehung des Themas und der Arbeit
- Erläuterung und Abgrenzung des Themas (hier kann auch dargelegt werden, warum bestimmte Aspekte des Themas nicht behandelt werden). Dieses Element gehört nur dann in die Einleitung, wenn die Arbeit kein Vorwort enthält (→ Seite 150).

Vorstellen des Problemrahmens und Einordnung des Themas ④, ⑥
Hier könnten eingebracht werden:
- Formulierung der Ausgangsfragestellung
- Erläuterung der Zielsetzung der Arbeit
- Formulierung von Arbeitshypothesen
- Dokumentation des historischen Rahmens und der aktuellen Bedeutung des Themas
- Einordnung des Themas in den derzeitigen Forschungsstand
- bei praktischen Arbeiten die Ausgangssituation bzw. Ausgangsfrage der Arbeit
- Anmerkungen zur Materiallage, Materialauswahl und zu Problemen bei der Materialbeschaffung

Erläuterung des Aufbaus der Arbeit und Einführung in deren Inhalte ⑤

- Angaben zum methodischen Vorgehen
- Erläuterung der Gliederung
- als Überleitung zum Hauptteil z. B. kurze Vorschau auf die Inhalte der Arbeit/die bedeutsamsten Aspekte des Hauptteils

Wichtig ist:

- Je nach Thematik der Facharbeit wird die Einleitung nur eine bestimmte Auswahl der zuvor aufgezählten Elemente enthalten.
- Es müssen aber alle vier Funktionen abgedeckt sein.
- Eine zu starke Fokussierung auf einen der vier Bereiche (z. B. die sehr ausführliche Darlegung der Umstände der Themenfindung) sollte vermieden werden.
- Die Einleitung sollte in Facharbeiten einen Umfang von einer bis eineinhalb Seiten möglichst nicht überschreiten.
- Die gewählte Überschrift kann informativ sein und den inhaltlichen Schwerpunkt der Einleitung kennzeichnen. Beispiele: *Zielsetzung und Untersuchungsrahmen der Arbeit* oder *Der historische Hintergrund des Themas* oder *Zielsetzung der Arbeit und Begründung der Themenwahl.*
- Es reicht an dieser Stelle aber auch das Wort *Einleitung* als Kapitelüberschrift aus.
- Entsprechend den vier Funktionen der Einleitung kann der Einleitungstext in vier Absätze untergliedert werden. In umfangreicheren Facharbeiten ist auch die Untergliederung der Einleitung in drei bzw. vier Unterkapitel möglich (→ Beispiel Seite 136 unten).
- Zum Schluss der Einleitung sollte zum anschließenden Hauptteil übergeleitet werden. ⑦

Einleitung aus einer Facharbeit

Beispiel

1 Einführung in die Inhalte und den Aufbau der Facharbeit

① Den historischen Mittelalterkrimi „Tod und Teufel" las ich zunächst privat, als ich noch gar nicht daran dachte, darüber meine Facharbeit zu schreiben. Das Werk von Frank Schätzing begeisterte mich sofort, da in ihm sonst eher trockene historische Ereignisse in eine spannende Geschichte integriert werden. Damit lässt sich wahrscheinlich auch der große Erfolg des Krimis erklären. Nachdem ich das Buch gelesen hatte, wollte ich mich über den Autor und über das Buch informieren, um Hintergrundinformationen zu erhalten. Auf der Internetseite von Frank Schätzing stieß ich dabei auf ein interessantes Statement des Autors zu „Tod und Teufel":

② > [...] Das Leben dieser Menschen wollte ich zeigen, in einer Stadt wie Köln. Dass ich dabei ein bisschen in die Geschichte eingegriffen habe, mögen mir die Historiker nachsehen. Sie müssten keine Zeile in ihren Büchern umschreiben, hätte es sich so zugetragen, wie ich es schildere. Und wer weiß – vielleicht habe ich ja sogar die Wahrheit geschrieben! Rein zufällig, versteht sich![1]

③ Durch diese Anspielung auf die historische Wirklichkeit des Krimis wurde meine Neugier geweckt und ich wollte herausfinden, was der Autor an historischen Tatsachen in seinem Krimi aufgegriffen, und welche er dazuerfunden hat. Somit
④ stand das Thema für meine Facharbeit fest: Die historische Wirklichkeit ausgewählter Aspekte der Haupthandlung des Buches. Ich konzentriere mich in meiner Facharbeit nur auf die für das Buch und die Handlung bedeutsamsten Aspekte, da es zu umfassend wäre, alle im Buch genannten historischen Fakten zu überprüfen. Den Hauptteil habe ich so gegliedert, dass ich die historischen Aspekte in der Abfolge, wie sie sich im Buch abspielen, mit der historischen Wirklichkeit vergleiche.
⑤ Zuerst habe ich den Tod des Dombaumeisters bearbeitet, da auf diesem Ereignis die folgenden Geschehnisse basieren. Dann folgt der Aspekt der Patrizierentmachtung, da dieser den Grund für das Mordkomplott der Overstolzen gegen Konrad von Hochstaden und indirekt auch den Grund für den Tod des Dombaumeisters darstellt. Im letzten Punkt wird die Existenz der im Buch agierenden Personen überprüft. Zentrale Personen werden in einer Kurzbiographie vorgestellt.

Da die Geschichte im mittelalterlichen Köln spielt, fuhr ich in die Domstadt, um dort im Stadtarchiv und der Stadtbibliothek zu recherchieren. Außerdem besuchte ich das Haus der Overstolzen in der Rheingasse, um es mir von außen anzusehen.
⑥ Auf meine E-Mail vom 9.1.2005 (siehe Kapitel 7.1), in der ich dem Autor Fragen, die ich in meiner Recherchearbeit nicht beantworten konnte, stellte, bekam ich leider bis heute keine Antwort. Das Problem bei meinen Nachforschungen war, dass ich mir die Bücher nicht, wie ich es in einer nähergelegenen Stadt hätte machen können, ausleihen konnte. Auch die Zeit, alle Dokumente direkt im Archiv oder der Bibliothek in Köln sorgfältig durchzulesen, blieb mir nicht. So musste ich alle Quellen, die wichtige Informationen beinhalten, kopieren.

Als ich einem Mitarbeiter des Stadtarchivs von meiner Arbeit erzählte, sagte er mir, dass Frank Schätzing fast alle Ereignisse seines Krimis erfunden habe. Inwieweit
⑦ dieser Mitarbeiter mit seiner Aussage Recht hat und inwieweit Frank Schätzing mit seinem Krimi „in die Geschichte eingegriffen hat", das werde ich nun im folgenden Hauptteil meiner Facharbeit überprüfen.

[1] http://www.frank-schaetzing.com (6.2.2005). SCHÄTZING, Frank: Homepage.

3

Facharbeit im Fach Deutsch mit dem Titel „*Der historische Wahrheitsgehalt ausgewählter Aspekte der Haupthandlung des Buches ‚Tod und Teufel' von Frank Schätzing* verfasst von Antje Uhlenbrock.

9.7 Hauptteil

Die genaue inhaltliche Ausfüllung und Gliederung des Hauptteils hängt in starkem Maße vom Thema der Facharbeit ab. Es lassen sich somit lediglich allgemeine Hinweise für die Gestaltung geben.

Der Hauptteil ist das Herzstück Ihrer Facharbeit. Hier werden alle Sachinformationen dargelegt, die Sie zur Beantwortung der Ausgangsfrage, zur Lösung des Ausgangsproblems oder generell zur Bearbeitung der Aufgabenstellung Ihrer Facharbeit ermittelt und zusammengetragen haben. Die Ausführungen im Hauptteil müssen damit konkret auf die in der Einleitung skizzierte Zielsetzung/Themenstellung der Arbeit bezogen sein.

Für den Hauptteil gilt:

- Die Niederschrift erfolgt in Form eines zusammenhängenden Textes.
- Tabellen und Abbildungen dürfen nicht ohne Textanbindung bleiben. Sie müssen beschrieben, erläutert oder im Text aufgegriffen werden.
- Tabellen erhalten eine Überschrift, Abbildungen eine Unterschrift (→ Seite 126 ff.). Sie müssen mit einem Quellenbeleg versehen werden. Tabellen und Abbildungen werden fortlaufend nummeriert (Abb. 1, Abb. 2, ...).
- Der Hauptteil ist in mehrere Kapitel und gegebenenfalls Unterkapitel untergliedert, die jeweils eigenständige Überschriften erhalten.
- „Hauptteil" ist keine zulässige Überschrift.
- Der Text wird durch Überschriften und Absätze in Abschnitte untergliedert (→ Seite 138 f.). Diese dürfen nicht beziehungslos nebeneinanderstehen, sondern müssen inhaltlich aufeinander bezogen sein.
- Die Untergliederung des Textes durch Überschriften und Absätze darf nicht zu kleinschrittig vorgenommen werden.
- Bezüge zwischen den Textabschnitten können durch Querverweise angedeutet werden, etwa in der Form „... (siehe Seite 2)".
- Die Darstellung sollte geordnet erfolgen.
- Argumentationslinien sollten deutlich herausgearbeitet werden.
- Die wertfreie Darstellung der ermittelten Daten und Fakten und deren kritische Reflexion und Bewertung müssen klar voneinander getrennt werden.
- Die Inhalte im Hauptteil müssen
  - sachlich richtig sein;
  - mit den Angaben in den benutzten Quellen übereinstimmen;
  - widerspruchsfrei und verständlich dargestellt werden;
  - überprüfbar sein; dies wird dadurch gewährleistet, dass alle übernommenen Informationen mit einem Quellennachweis versehen werden (→ Kapitel 7);
  - klar auf das Thema der Arbeit bezogen sein, Abschweifungen von der Themenlinie sind zu vermeiden;
  - Fakten darstellen und keine Vermutungen/persönliche Meinungen.

9.8 Schlussteil

Obwohl dieser Teil den Abschluss des Textteils der Facharbeit bildet, steht das Wort *Schluss* hier weniger für *Ende*, als vielmehr für *Schlussfolgerung*. Inhaltlich sollte der Schlussteil damit zum einen eine Abrundung der Argumentation des Hauptteils bieten und zum anderen die aus den Ergebnissen des Hauptteils zu ziehenden Schlussfolgerungen aufzeigen. Er enthält keine neuen Sachinformationen (diese gehören in den Hauptteil) und in der Regel auch keine Quellenbelege.

Elemente des Schlussteils sind (→ Beispiel Seite 156):

Zusammenfassung ①
Der Schlussteil sollte eine kurze, prägnante Zusammenfassung der Kerninhalte des Hauptteils oder der ermittelten Forschungsergebnisse enthalten (Resümee).

Bezug zum Ausgangspunkt der Arbeit ②
Im Schlussteil sollte der Bogen zum Ausgangspunkt der Arbeit geschlagen werden:

- Es sollte dargelegt werden, inwieweit das gesteckte Arbeitsziel erreicht wurde.
- Die Ausgangsfrage sollte soweit möglich beantwortet werden.
- Man sollte erläutern, inwieweit die Ausgangshypothese(n) durch die Arbeit bestätigt oder widerlegt wurde(n).

Wertung/persönliche Stellungnahme ②

- Die im Hauptteil dokumentierten Fakten können bewertet und kritisch kommentiert werden. Dabei sollte die Bewertung für den Leser nachvollziehbar sein, d. h. argumentativ gestaltet und auf die zuvor dokumentierten Fakten bezogen werden. ③
- Im Schlussteil können die Ergebnisse der Arbeit in den Gesamtrahmen der derzeitigen Forschungslage eingeordnet werden.

Ausblick/Forderungen/offene Fragen

- Schlussfolgerungen/Forderungen, die sich aus den Ergebnissen des Hauptteils für die weitere Arbeit, für neue Handlungskonzepte usw. ergeben, werden dokumentiert. ④
- Noch offen gebliebene oder aber neu aufgetauchte Fragen werden aufgeführt.
- Schlussappelle sind möglich. ⑤

Beispiel Schlussteil aus einer Facharbeit

9 Sinn oder Unsinn der Tanztherapie

① Zusammenfassend ist zu sagen, dass sich die Tanztherapie als eine erfolgreiche Form der Therapie bei erstaunlich vielen Krankheiten erweist. Dies lässt sich vor allem mit Hilfe der Theorie der „Körper-Geist-Seelen-Einheit“ erklären.

② Auf der Basis meiner Recherchen zum Thema Tanztherapie in der Fachliteratur und nach Auswertung der von mir geführten Interviews mit Spezialisten komme ich zu dem Schluss, dass der Tanz als Therapieform ein gut durchdachtes und sinnvolles Heilungskonzept ist. Denn auch ich bin der Meinung, dass man den Köper eines Menschen und seine Seele nicht separat betrachten kann, sondern als „Köper-Geist-Seelen-Einheit“ sehen muss.

③ So gibt es bei allen körperlichen Krankheiten immer auch einen seelischen Aspekt. Eine physische Krankheit wie z. B. Krebs kann sich durch eine angespannte bzw. entspannte private Situation subjektiv wie auch objektiv verschlechtern bzw. verbessern. Auch gibt es körperliche Beschwerden, die (vorwiegend) seelische Ursachen haben, z. B. wenn ein Kind vor einer Mathematikklausur Bauchschmerzen bekommt.

Seele und Körper arbeiten somit zusammen und man kann nicht den einen Teil ohne Beachtung des andern heilen. Und genau dort setzt die Tanztherapie an. Sie verbindet beide Aspekte auf natürliche Weise, indem sie die körperliche Bewegung als Ausdruckselement der seelischen Befindung nutzt.

Bedauerlich finde ich jedoch, dass die Tanztherapie bisher eine so geringe Aufmerksamkeit und somit Verbreitung erlangt hat, was zum Teil auch durch das nicht Übernehmen von Kosten durch die Krankenkasse bedingt ist, zum Teil aber sicherlich auch durch die zwar erkennbaren, jedoch schwer messbaren bzw. in Prozentzahlen anzugebenden Erfolge. Hier wäre eine verstärkte Öffentlichkeitsarbeit der Therapeutenverbände hilfreich, um die durch
④ Tanztherapie erzielten Behandlungserfolge publik zu machen. Auch sollten die Krankenkassen meiner Meinung nach erneut prüfen, ob die Tanztherapie nicht bei bestimmten Krankheiten als Therapieform zugelassen werden kann.

Ich denke, wenn man neuen Dingen offen gegenüber steht oder sich einfach einmal auf Unbekanntes einzulassen versucht, ist diese Form von kreativer Therapie sehr erfolgreich. Die mir bekannten Fallbeispiele und ihre Erfolge zeigen, dass man durch die Tanztherapie alleine oder im Zusammenwirken mit anderen Therapien sehr gute Ergebnisse erzielen kann. Da es sich um eine Therapie handelt, die auch die psychische Ebene einbezieht, ist es allerdings oft so, dass sich hierbei keine sofortige und zeitnahe, jedoch dafür eine wahre Heilung einstellt. […]

⑤ Somit macht es meiner Meinung nach durchaus Sinn, den Versuch einer kreativen Therapie in der Form des Tanzes zu wagen.

– 14 –

Facharbeit im Fach Pädagogik mit dem Titel *„Tanz als Therapie“* verfasst von Christina Uhlenbrock

9.9 Anhang

Mit dem Schlussteil ist der Textteil der Facharbeit abgeschlossen. Es folgt in jedem Fall das Literatur- und Quellenverzeichnis (→ Seite 101 ff.). Hieran schließt sich eventuell ein Anhang an.

Formale Gestaltung des Anhangs

- Auch der Anhang wird in einzelne Unterkapitel eingeteilt. Dabei bildet jedes Anhangdokument ein eigenes Unterkapitel.
- Anhang-Unterkapitel werden nummeriert und im Inhaltsverzeichnis aufgeführt (→ Seite 147). So kann im Text leicht auf Dokumente aus dem Anhang verwiesen werden.
- Ebenso wie das Literatur- und Quellenverzeichnis wird der Anhang in die fortlaufende Seitenzählung einbezogen.
- Ist eine Höchstzahl an Seiten für die Facharbeit vorgegeben, wird der Anhang hierauf aber **nicht** angerechnet.

Die Tatsache, dass der Anhang nicht auf die Seitenzahl angerechnet wird, verleitet dazu, bei Überschreitung der Seitenhöchstzahl soviel als möglich in den Anhang zu verlagern. Das ist allerdings nicht erlaubt und zudem nicht sinnvoll: Alle themenrelevanten Sachinformationen, Daten und Fakten gehören in den Hauptteil und haben im Anhang nichts zu suchen. Folglich fließen im Anhang aufgeführte Sachinformationen auch nicht in die Note der Facharbeit ein.

Was gehört in den Anhang?

Generell sind dies Dokumente und Informationen, die mit dem Textteil der Arbeit in engem Zusammenhang stehen und diesen ergänzen, dort den Argumentationsgang aber optisch oder inhaltlich stören würden. Zudem Originalquellen, die für den Leser nur schwer oder gar nicht zu beschaffen sind. Dies wären z. B.:

- wichtige Originaldokumente
- Kopien historischer Quellen
- Gesetzestexte
- Versuchsanleitungen/-vorschriften
- Interview-/Fragebögen
- Interviewmitschriften
- Beobachtungsprotokolle
- Bestimmungstabellen
- Schaltskizzen
- Programmierungsprotokolle
- umfangreiches statistische Material (z. B. aus Experimenten gewonnene Rohdaten)
- große Karten (z. B. Faltkarten)
- Zeitungsartikel
- E-Mails, die im Zusammenhang mit der Arbeit versandt oder empfangen wurden
- Fotos, die im Zusammenhang mit der Arbeit entstanden sind.

All diese Elemente *können* der Facharbeit im Anhang beigefügt werden, sie *müssen* es jedoch nicht. Überladen Sie den Anhang Ihrer Facharbeit nicht. Viele Facharbeiten kommen gänzlich ohne einen solchen aus.
Infolge zunehmender Plagiate (→ Seite 88 f.) fordern aber immer mehr Schulen, *alle benutzten Internetquellen im Original in den Anhang einzufügen*. Wie bei allen Anhangelementen kann dies in gedruckter Form oder auf einem Datenträger (CD-ROM, USB-Stick) geschehen.

9.10 Erklärung zur selbstständigen Abfassung

In einigen Bundesländern ist es vorgeschrieben, dieses Blatt zwischen dem Literatur- und Quellenverzeichnis und einem eventuellen Anhang einzuschieben.

Das letzte Blatt der Facharbeit muss die sogenannte *Schlusserklärung* sein:

- Auf dem Blatt befindet sich außer der Schlusserklärung kein weiterer Text.
- Das Blatt muss eigenhändig mit einer Datums- und Ortsangabe versehen und unterschrieben werden.
- Es hat rechtsverbindlichen Charakter.
- Der Wortlaut der Erklärung ist in den meisten Bundesländern ähnlich.
- Bildet die Schlusserklärung die letzte Seite der Arbeit, bleibt sie ohne Seitenzahl und wird nicht im Inhaltsverzeichnis aufgeführt.
- Wird sie vor dem Anhang eingeschoben, erhält sie eine Kapitelnummer und eine Seitenzahl und taucht im Inhaltsverzeichnis auf.

Bei einer **Gruppenarbeit** muss jedes Gruppenmitglied eine eigene Schlusserklärung abgeben. In ihr müssen die Teile der Arbeit konkret benannt werden, die vom unterzeichnenden Gruppenmitglied verfertigt wurden.

Beispiel Schlusserklärung

Erklärung

Hiermit erkläre ich, dass ich die vorliegende Arbeit selbstständig und ohne fremde Hilfe verfasst und keine anderen als die im Literatur- und Quellenverzeichnis angegebenen Hilfsmittel verwendet habe.

Insbesondere versichere ich, dass ich alle wörtlichen und sinngemäßen Übernahmen aus anderen Werken als solche kenntlich gemacht habe.

________________ ________________

Ort, Datum Unterschrift

9.11 Einverständniserklärung

Oft wird zusätzlich zur Schlusserklärung noch eine weitere Erklärung gefordert, nämlich die Einverständniserklärung für die schulinterne Veröffentlichung der Facharbeit z. B. im Rahmen von Ausstellungen oder im Unterricht nachfolgender Jahrgänge. Diese Erklärung hat etwa folgenden Wortlaut:

Beispiel Einverständniserklärung

Einverständniserklärung

Hiermit erkläre ich, dass ich damit einverstanden bin, die von mir verfasste Facharbeit der schulinternen Öffentlichkeit zugänglich zu machen.

________________ ________________

Ort, Datum Unterschrift

9.12 Kolloquium und Ergebnispräsentation

Nach Abgabe und Korrektur Ihrer Facharbeit durch den Lehrer müssen Sie in vielen Bundesländern einem Gremium von Lehrkräften in einem „wissenschaftlichen Gespräch“ (= Kolloquium) Rede und Antwort zur Arbeit stehen. Wie dieses Gremium zusammengesetzt ist, wie lange das Kolloquium dauert und welchen Anteil das Kolloquium an der Gesamtnote der Facharbeit einnimmt, all dies ist je nach Bundesland sehr unterschiedlich. Sie werden jedoch von Ihrer Schule rechtzeitig über die Modalitäten des Kolloquiums informiert.

Das Kolloquium wird auch als „Verteidigung der Facharbeit“ bezeichnet. Diese Benennung macht bereits deutlich, worum es im Kolloquium geht: Hier soll nachgeprüft werden, ob Sie die eingereichte Facharbeit selbst recherchiert und erstellt haben, ob Sie die dort niedergeschriebenen Schlussfolgerungen und Wertungen selbst gezogen und durchdacht haben. Gegenstand des Kolloquiums ist also die Facharbeit selbst und ihr Entstehungsprozess.

Zur Vorbereitung auf das Kolloquium sollten Sie daher Ihre Facharbeit nochmals intensiv lesen und reflektieren. Nachfolgende Fragen können dabei eine Hilfe sein:

- Wie kann ich meinen Lösungsweg sowie die Ergebnisse meiner Facharbeit prägnant zusammenfassen?
- Welches waren die zentralen Schritte bei der Erstellung meiner Arbeit (z. B. bei der Quellenrecherche, im Vorgehen)?
- Wie kann ich meine Schwerpunktsetzung in der Arbeit begründen?
- Wie kann ich meine Entscheidungen an markanten Punkten der Facharbeit erläutern (z. B. bezüglich der Reihenfolge der Kapitel, der eingebundenen Abbildungen)?
- Wie kann ich die zentralen Schlussfolgerungen und Wertungsaussagen begründen und im Streitgespräch verteidigen?
- Welche Probleme sind bei der Erstellung aufgetreten und wie habe ich diese gelöst?
- Welches ist mein persönliches Resümee des Entstehungsprozesses der Arbeit? Würde ich nochmals so vorgehen? Gab es verbesserungswürdige Punkte in der Betreuung und Begleitung durch die Schule?

In einigen Bundesländern kann das Kolloquium durch eine Präsentation der Facharbeit vor dem Kurs bzw. vor der (Schul)Öffentlichkeit ersetzt oder ergänzt werden. Für diese Präsentation gelten dann ähnliche Vorgaben wie für ein Referat (→ Kapitel 10).

9.13 Kriterien zur Bewertung

Bevor Sie Ihre Facharbeit abgeben, sollten Sie diese kritisch durchsehen. Versuchen Sie dabei die Position desjenigen einzunehmen, der Ihre Arbeit korrigieren und bewerten wird. Suchen Sie also nach möglichen Schwachstellen – denn noch ist Zeit, diese zu beseitigen.

Welche Aspekte sind für die Bewertung einer Facharbeit relevant?
Prinzipiell sind dies *formale, methodische* und *inhaltliche Aspekte*. Deren Gewichtung ist nicht generell festgelegt. Sie kann je nach Fach, Thema und Art der Arbeit, wie auch Schule unterschiedlich aussehen. Allerdings werden die formalen Bewertungsaspekte in der Regel geringer gewichtet als die methodischen und diese wiederum geringer als die inhaltlichen (z. B. Wertungsverhältnis 25 : 35 : 40). Zwei Beispiele sollen die Bewertungskriterien für Facharbeiten veranschaulichen:

- Im Beispiel unten finden Sie einen Auszug aus der Begründung einer Facharbeitsnote.
- Auf den Folgeseiten finden Sie eine Checkliste, die unter Berücksichtigung aller wichtigen Bewertungskriterien erstellt wurde.

Beispiel

Auszug aus dem Notengutachten

[...]
Gesamturteil

Die Facharbeit weist eine Reihe von Stärken auf. So wurde sie formal in weiten Teilen überzeugend ausgeführt. Die Layout- und Gestaltungsvorgaben wurden berücksichtigt und sicher umgesetzt. Materialrecherche und Materialauswertung erfolgten in sehr zufriedenstellender Weise. Sie haben sich differenziert und sachlich nachvollziehbar mit der Rassenlehre des Nationalsozialismus auseinandergesetzt. Ihre abschließende Stellungnahme erfolgte engagiert und wissenschaftlich korrekt. Die Quellenbelege sowie die Strukturierung des Textes können als gelungen bezeichnet werden.
Neben diesen Stärken weist die Facharbeit aber auch Schwächen auf: So wurde das Facharbeitsthema nicht klar erfasst. Dessen Bearbeitung bleibt unscharf. Der Darstellungsschwerpunkt wurde nicht themenbezogen gewählt. Auch wurden fragwürdige Quelleninhalte sprachlich nicht deutlich genug als solche gekennzeichnet und nicht direkt im Anschluss kommentiert und diskutiert. Schließlich muss die hohe Zahl an sprachlichen Schwächen und Fehlern negativ angemerkt werden.

Note: befriedigend (minus)

16. Juni 2011, ____________________
(Datum / Fachlehrer)

9.14 Checkliste: Bewertungskriterien

Prüfkriterium	o.k
Formale Aspekte	
Ist die Arbeit vollständig? (→ Seite 132)	
Ist die Arbeit geheftet bzw. gebunden?	
Stimmt die äußere Form (einseitige Beschriftung, Einband und Seiten sauber und knitterfrei)? (→ Seite 140)	
Ist die Druckqualität ausreichend?	
Wurden die Vorgaben für Seitenaufbau und Layout eingehalten? (→ Seite 140)	
Stimmt der Aufbau von Deckblatt und Titelblatt? (→ Seite 143)	
Ist das verwandte Gliederungssystem stimmig und konsequent umgesetzt worden? (→ Seite 133)	
Sind die Kapitelüberschriften prägnant und in der Gestaltung einheitlich (z. B. alle im Nominalstil)? (→ Seite 135)	
Sind alle Kapitel und Unterkapitel korrekt nummeriert worden? (→ Seite 137)	
Enthält das Inhaltsverzeichnis zu jedem (Unter)Kapitel die Nummerierung, Überschrift und Angabe der Seite, auf der das (Unter)Kapitel beginnt? (→ Seite 146)	
Stimmen die Überschriften im Inhaltsverzeichnis und im Text überein? (→ Seite 137)	
Wurden direkte Zitate richtig gekennzeichnet und wiedergegeben? (→ Seite 89 ff.)	
Wurden direkte und indirekte Zitate mit korrekten Quellenbelegen versehen? (→ Seite 92 ff.)	
Wurden Tabellen fortlaufend nummeriert und mit Überschrift sowie Quellenangabe versehen? (→ Seite 126 f.)	
Wurden Abbildungen fortlaufend nummeriert und mit Unterschrift sowie Quellenangabe versehen? (→ Seite 128 f.)	
Sind Tabellen und Abbildungen formal korrekt aufgebaut (Angabe der Einheiten, ggf. Legende usw.)? (→ Seite 126 ff.)	
Sind Tabellen und Abbildungen in der Größe ausreichend und gut lesbar?	
Sind die Quellenangaben im Quellenverzeichnis vollständig und formal korrekt? (→ Seite 101 ff.)	
Enthält das Quellenverzeichnis alle zitierten Quellen?	
Wurde im Textteil der Facharbeit die Schriftsprache benutzt? (→ Seite 83 ff.)	
Stimmen Rechtschreibung, Zeichensetzung und Grammatik? (Grenze: etwa fünf Fehler/Seite)	
Ist die Schlusserklärung beigefügt? (→ Seite 158)	
Methodische Aspekte	
Ist die Gliederung nachvollziehbar, logisch und dem Thema der Facharbeit angemessen?	
Ist die Darstellung stringent, ohne gedankliche Sprünge, Lücken und Wiederholungen?	
Wurde die Einleitung in Bezug auf Umfang und Strukturierung stimmig gestaltet? (→ Seite 151 f.)	
Ist der Schlussteil, in dem die Ergebnisse der Arbeit zusammengefasst, kommentiert, bewertet werden, im Umfang angemessen? (→ Seite 155 f.)	
Sind Bezüge zwischen Einleitung, Hauptteil und Schlussteil hergestellt worden?	
Sind Schlussfolgerungen, Wertungen und Thesen nachvollziehbar begründet worden?	
Ist die Fachsprache in ausreichendem Umfang und in stimmiger Weise angewandt worden?	
Wurden ungewöhnliche Fachbegriffe und Abkürzungen erläutert (in Klammern hinter dem Begriff oder in separaten Verzeichnissen)? (→ Seite 150)	
Wurden die nötigen fachlichen Methoden sachgemäß angewandt (z. B. Quellenauswertung, Textanalyse, Aufbau eines Experimentes, Auswertung von Karten, Diagrammen, Tabellen)?	
In Forschungsarbeiten: Ist der methodische Ansatz nachvollziehbar dargestellt und sind die Ergebnisse exakt dokumentiert und ausgewertet worden? (→ Kapitel 8)	
Ist die Literatur- und Quellenrecherche in Umfang und Tiefe stimmig, also nicht zu schmal?	

Prüfkriterium	o.k
Methodische Aspekte (Fortsetzung)	
Wurde auf Aktualität und wissenschaftliche Relevanz der Quellen geachtet? (→ Seite 59)	
Sind Quellen sachgerecht ausgewertet und in Form direkter wie indirekter Zitate sinnvoll in den Text eingebracht worden? (→ Kapitel 7)	
Nehmen direkte Zitate maximal 5 % des Textteils der Arbeit ein? (→ Seite 89)	
Wurden Textinhalte ausreichend durch Quellenbelege abgesichert? (→ Seite 89 und 99)	
Wurde auf strittige oder widersprüchliche Quelleninhalte hingewiesen?	
Ist klar zwischen der Darstellung von Fakten, der Wiedergabe der Meinung anderer und der eigenen Wertung/Position unterschieden worden?	
In Forschungsarbeiten: Wurden die Ergebnisse durch Abbildungen veranschaulicht? (→ Seite 128 f.)	
Ist die Darstellung verständlich, sprachlich präzise und im Ausdruck differenziert?	
Inhaltliche Aspekte	
Wurde die Themenstellung der Facharbeit korrekt erfasst?	
Konnte das Thema – soweit notwendig – sinnvoll eingegrenzt werden?	
Ist aus dem Thema eine eindeutige Fragestellung/Problemstellung abgeleitet worden?	
Gelang die Auseinandersetzung mit dem Thema differenziert und strukturiert?	
Weisen alle Teile der Facharbeit einen klaren Themenbezug auf?	
Wurden alle Gliederungspunkte inhaltlich angemessen gefüllt?	
Gelang die Darstellung der Sachinhalte vollständig, richtig, widerspruchsfrei und überprüfbar (→ ausreichende Quellenbelege; Seite 89 und 99)?	
Ist die inhaltliche Auswahl der direkten wie auch indirekten Zitate überzeugend? (→ Seite 89 und 99)	
Ist die Argumentationsbreite stimmig?	
Erfolgte die Auswertung und Interpretation der Quellen sowie gegebenenfalls der Ergebnisse eigener Forschung differenziert und schlüssig? (→ Kapitel 5 und Seite 126 ff.)	
Sind die formulierten Schlussfolgerungen inhaltlich stimmig?	
Wurden Tabellen und Abbildungen in den Text eingebunden und ist deren Beschreibung, Auswertung und Interpretation sachlich richtig?	
Weist die Arbeit neben der Darstellung von Sachinformationen auch selbstständige und kritische Wertungen auf?	
Sind diese mit fundierten Argumenten begründet worden?	
Wurden stimmige, abstrahierende Zusammenfassungen formuliert?	
In Forschungsarbeiten (→ Kapitel 8): Wurden die praktischen Arbeitsteile eigenständig geplant und durchgeführt? Ist in der Arbeitsplanung Engagement, Kreativität und die Beherrschung fachspezifischer Arbeitsmethoden erkennbar? Hat man aufgetretene Probleme richtig erfasst und kreativ zu lösen versucht?	
In fremdsprachlichen Fächern: Wurden die fremdsprachlichen Abschnitte der Arbeit korrekt und stimmig gestaltet?	

Überblick

- **Aufbau einer Facharbeit:** Deckblatt – Titelblatt – Inhaltsverzeichnis – Textteil mit Einleitung, Hauptteil und Schlussteil – Literatur- und Quellenverzeichnis – Schlusserklärung – ggf. Anhang
- **Bewertungsaspekte:** a) formale (außere Form, korrekte Quellenangaben, Rechtschreibung ...); b) methodische (Verbindung der Textabschnitte, Fachsprach, Fachmethoden ...); c) inhaltliche (Argumentationsbreite, sachliche Richtigkeit, eigenständige Schlussfolgerung ...)

10 Das Referat

Während man seine Facharbeit akribisch und in Ruhe am eigenen Schreibtisch erstellen kann, ist ein Referat von ganz anderem Kaliber: Eine Live-Veranstaltung, bei der alles punktgenau stimmen muss. Doch auch ein Referat kann man minutiös planen und damit dem Liveauftritt ein wenig von seinem Schrecken nehmen. Wie, das stellt Ihnen das Schlusskapitel dieses Buches vor. Dennoch: Etwas Lampenfieber bleibt immer – und das ist auch gut so.

10.1 Das Besondere

Das Referat weist in der Vorbereitung eine Reihe von Gemeinsamkeiten zur Facharbeit auf. Dies gilt für die Arbeitsorganisation und Themenwahl, die Informationsbeschaffung und Auswertung von Textquellen (→ Kapitel 2 bis 5). Daneben gibt es aber auch markante Unterschiede zur Facharbeit:

- Das Referat ist eine „Live-Veranstaltung". Zwar kann man es zu Hause vorbereiten, sein genauer Verlauf ergibt sich aber erst in dem Moment, in dem es gehalten wird.
- Es kann zudem durch die Zuhörer mitgestaltet werden, etwa durch Nachfragen oder den bewussten Einbezug der Zuhörer durch den Referenten.
- Ein Referat wird mündlich vorgetragen und kann allenfalls durch ein schriftliches Handout (Thesenpapier) ergänzt werden.
- Das Referat ist stark zuhörerorientiert. Es ist von erheblicher Bedeutung für die Gestaltung des Referats, ob es vor den Mitschülern des Leistungskurses Mathematik, der gesamten Jahrgangsstufe oder einem Prüfungsgremium im Rahmen der mündlichen Abiturprüfung gehalten wird.
- Beim Referat spielt auch der Raum, in dem es gehalten wird, eine wichtige Rolle. Seine Akustik, die Möglichkeiten zum Einsatz von Medien, die Sitzordnung der Zuhörer – all das bestimmt die Präsentation der Referatinhalte wesentlich mit.
- Ein Referat lebt nicht vom Text allein, sondern in gleichem Maße auch von der Visualisierung (Veranschaulichung) und Präsentation der Inhalte.
- Das Referat kann in den Unterricht eingebettet oder auch Teil einer Prüfung sein.
- Die Vorbereitungszeit ist meist deutlich kürzer als bei einer Facharbeit.

All diesen Besonderheiten muss bei der Planung, Vorbereitung und Durchführung eines Referats Rechnung getragen werden.

10.2 Die Vorbereitung

Zeit

Bei einem Referat steht meist deutlich weniger Zeit für die Erstellung zur Verfügung als bei einer Facharbeit. Deshalb

- sollten Sie möglichst direkt nach der Themenstellung mit der Vorbereitung beginnen,
- ihre Vorbereitung genau und effektiv planen (→ Seite 10 bis 15.),
- diese Planung möglichst auch einhalten.

Nur so vermeiden Sie zeitliche Engpässe, inhaltliche Lücken und überhastete Entscheidungen bei Visualisierung und Präsentation.

Thema

Bei Referaten wird das Thema in vielen Fällen von der Schule vorgegeben. Falls dies nicht der Fall ist, gelten hier die gleichen Grundregeln für die Themenfindung wie bei einer Facharbeit (→ Kapitel 3.).

In jedem Fall ist es wichtig, das Thema zusammen mit der Fachlehrerin oder dem Fachlehrer klar und eindeutig zu formulieren und bei allen im Verlauf der Themenbearbeitung auftauchenden Unklarheiten und notwendig werdenden Änderungen des Themas mit der Lehrerin oder dem Lehrer Rücksprache zu nehmen.

Vorüberlegungen

Haben Sie das Thema Ihres Referats vorliegen, so klären Sie zunächst folgende Fragen:

- Welches sind die zentralen *inhaltlichen Aspekte des Themas*? Was soll im Referat dargestellt, beschrieben, erläutert, widerlegt, bewiesen oder erörtert werden?
- Was gibt die Themenstellung als *methodisches Ziel* vor? Soll hier etwas objektiv beschrieben werden? Geht es um die Erklärung eines Sachverhaltes/Zusammenhanges? Ist die Diskussion einer bestimmten Situation/Position gefordert? Oder soll der kritische Umgang mit bestimmten Medien nachgewiesen werden?
- Welches ist die *Zielgruppe* des Referats? Wie sieht das Zuhörerprofil aus (Ihnen bekannte/unbekannte Gruppe, großer/kleiner Zuhörerkreis, Fachkompetenz der Zuhörer, Prüfungskommission usw.)? Was kann man bei den Zuhörern an Vorwissen zum Thema voraussetzen? In welcher Form kann man die Zuhörer eventuell in das Referat einbinden?
- Welche *Funktion* hat das Referat? Ist es in den Unterricht eingebunden? Welchen Beitrag zum Fortgang des Unterrichts soll es leisten? Kann man im Referat auf vorausgegangene Unterrichtsinhalte zurückgreifen? Soll

man eventuelle im Referat nachfolgende Unterrichtsinhalte vorbereiten? Oder handelt es sich um ein Referat im Zusammenhang mit einer Abiturprüfung?

- Wie sehen die *Rahmenbedingungen für die Erstellung* des Referats aus:
  - Wie viel Zeit steht für die Erstellung zur Verfügung?
  - Wie lang muss/darf das Referat sein?
  - Welches sind meine Stärken und Schwächen als Referent/in? Welche Präsentationstypen liegen mir? Was ist meine bevorzugte Vortragsweise?
- Wie sehen die *Rahmenbedingungen für die Präsentation* des Referats aus?
  - In welchem Raum wird das Referat gehalten? Wie groß ist dieser und wie ist seine Akustik?
  - Wie wird die Sitzordnung der Zuhörer sein? Können diese vorgesehene Projektionsflächen, die Tafel usw. gut einsehen? Kann man die Bestuhlung gegebenenfalls so anordnen, dass alle einen guten Blick auf den Referenten bzw. die Projektionsfläche haben?
  - Wie sieht die zur Verfügung stehende technische Ausstattung aus? Ist der Vortragsraum gegebenenfalls abdunkelbar? Steht ein Overheadprojektor, ein Computer mit Beamer, eine weiße Projektionsfläche, eine Tafel oder ein interaktives Whiteboard (Smartboard) zur Verfügung? Kann ich gegebenenfalls meinen eigenen Laptop problemlos an den bereitgestellten Beamer oder das Whiteboard (Smartboard) anschließen?
  - Gibt es jemanden, der mich in die gegebenenfalls unbekannte Technik des Vortragsraumes einführt?
  - Gibt es gegebenenfalls jemanden, der während der Präsentation des Referats die Technik bedient?

Tipp

Sie sollten, falls der Vortragsraum Ihnen unbekannt ist, sich diesen unbedingt vor Beginn Ihrer Arbeit am Referat ansehen und gegebenenfalls dessen technische Möglichkeiten erkunden und praktisch ausprobieren!

Anhand der Antworten auf diese Fragen wird zu entscheiden sein,

- wie groß die inhaltliche Breite und Tiefe des Referats sein kann;
- wie die sprachliche Darstellung aussehen muss (z. B. die Fachsprache betreffend);
- welche Medien und Visualisierungsmöglichkeiten verwendet werden können;
- welche Präsentationstechniken zur Anwendung gelangen.

Sie sollten daher die Antworten auf die obigen Fragen notieren und im Weiteren als Basis der Referatvorbereitung benutzen.

Information beschaffen

Haben Sie Ihre Vorüberlegungen abgeschlossen, kann die Beschaffung der Informationsgrundlage für das Referat beginnen. Tipps und Hinweise dazu finden Sie im → Kapitel 4.

Information auswählen und komprimieren

Deutlich stärker als bei einer schriftlichen Arbeit ist die Verarbeitung der Textquellen und der Ergebnisse eigner Forschung bei einem Referat durch das enge Zeitkorsett der Präsentation und das konkrete Adressatenprofil (Erwartungen und Vorkenntnisse der Zuhörer usw.) gekennzeichnet. Daher gilt:

Teilen Sie die zur Verfügung stehenden Informationen in vier Prioritätenklassen ein:

① Informationen, die zur Abarbeitung des gestellten Themas zentral sind und im Referat in jedem Fall auftauchen müssen

② Informationen, die bei ausreichender Zeit zudem noch vorgestellt werden sollten

③ Informationen, die mit dem Referatthema in Verbindung stehen (doch eher am Rande)

④ Informationen ohne klaren Bezug zum Thema des Referats

Informationen der beiden obersten Prioritätenklassen gehören in das Referat. Sie müssen nun auf das Wesentliche komprimiert werden, wobei insbesondere zentrale Abläufe, Strukturen und Zusammenhänge herauszufiltern sind. Informationen der dritten Klasse sollten Sie im Hinterkopf haben, um z. B. auf eventuelle Fragen der Zuhörer antworten zu können. Informationen der letzten Klasse können Sie aussortieren.

Neben der fachlichen Bedeutung sollten Sie bei der Auswahl der Informationen aber auch die Zuhörer im Blick haben:

- Welche Details müssen unbedingt eingebracht werden, um den Zuhörern die Zusammenhänge oder Ihre Schlussfolgerungen nachvollziehbar zu machen? So muss unter Umständen ein im Unterricht besprochenes Phänomen wiederholt, ein Seitenpfad oder Fremdwort erläutert werden.
- Welche Details sind zwar eventuell nicht relevant, doch für die Zuhörer besonders interessant? Diese können dazu dienen, das Interesse der Zuhörer wachzuhalten.

Sind Sie in Ihrer Referatvorbereitung an dieser Stelle angelangt, kommen zwei weitere referatspezifische Aspekte ins Spiel: Die Erstellung des Redemanuskriptes und die Visualisierung der vorgetragenen Informationen.

10.3 Das Redemanuskript

Ein Referat muss **prinzipiell frei vorgetragen** werden. Doch dürfen Sie dabei durchaus schriftliche Gedächtnisstützen nutzen. Diese werden als Redemanuskript bezeichnet. Sie dürfen diese Gedächtnisstützen während des Referats einsehen, nicht aber den dort vermerkten Referattext zu Gänze ablesen (Ausnahmen: wörtliche Zitate, Datenangaben oder Ähnliches). Es sind zwei Manuskripttypen möglich:

Manuskript mit ausformuliertem Text

Sie können – so wie viele Politiker – Ihren Vortragstext ausformulieren und Wort für Wort im Redemanuskript niederschreiben.
Diese Form der Gedächtnisstütze hat *Vorteile*:

- Der Text ist ausgefeilt.
- Er kann den Zuhörern gegebenenfalls zur Verfügung gestellt werden.
- Ein ausformuliertes Manuskript schafft Sicherheit für den Vortragenden: Nichts Wichtiges kann vergessen werden, Aussetzer sind nicht zu erwarten, die Zahl der *Ähs* und *Öhmms* wird minimiert.
- Zeitvorgaben können exakt eingehalten werden.

Gerade wenn Sie wenig vortragsgeübt sind, sprechen diese Punkte auf den ersten Blick für eine schriftliche Ausformulierung des Textes.

Doch die Vorteile eines solchen Manuskripts können trügerisch sein. Ein ausgeschriebener Referattext birgt nämlich *Gefahren* in sich:

- Er ist häufig zu kompliziert formuliert. In schriftlichen Texten neigt man dazu, lange, verschachtelte Satzkonstruktionen zu verwenden. Diese wirken brillant, sind aber für die Zuhörer nur schwer zu erfassen.
- Ein solcher Text wird leicht mit Informationen überfrachtet. Für den Zuhörer geht so das Wesentliche in der vorgetragenen Faktenfülle verloren.
- Ein vorformulierter Text verführt dazu, ihn weitgehend abzulesen. Doch: Ein Referat ist eben keine Lesung!
- Liest man Referatpassagen vom Blatt ab, so spricht man erfahrungsgemäß schneller als beim freien Formulieren. Dies kann es den Zuhörern unmöglich machen, dem formulierten Gedankengang zu folgen.
- Zudem wird meist recht monoton vorgelesen. Gestik und Mimik bleiben starr. Für die Zuhörer wirkt dies wenig motivierend.
- Beim Ablesen verliert man den Blickkontakt mit den Zuhörern. Deren Reaktionen (z. B. offenes Unverständnis bei bestimmten Passagen) kann man so weder feststellen noch angemessen darauf reagieren, z. B. in der Form, dass man den gerade gesprochenen Text mit anderen Worten wiederholt (→ Seite 182).

- Muss der Raum beim Einsatz eines Beamers, Overheadprojektors usw. abgedunkelt werden, fehlt plötzlich die Textgrundlage.

Angesichts dieser Nachteile ist davon abzuraten, den Text des Referats vollständig niederzuschreiben. Wollen Sie dies dennoch ins Auge fassen, sollten Sie:

- Alle Blätter nur einseitig beschreiben.
- Schwereres, steifes Papier wählen, sofern man das Manuskript während des Vortrags in der Hand halten will.
- Alle Blätter fortlaufend nummerieren.
- Große Schrift und großen Zeilenabstand verwenden.
- Den Text übersichtlich gliedern.
- Wichtige Passagen hervorheben.
- Folien, Dias usw. nummerieren und die Nummern an den entsprechenden Stellen am Rand des Manuskriptes vermerken.
- Eventuell auch Zeitmarken auf dem Manuskriptrand notieren (→ Seite 170).
- Den Text sollte man genau kennen, aber nicht unbedingt auswendig lernen, da dies zu einem hölzernen Vortragsstil führt.
- Während des Vortrags gilt:
  - Auf natürlichen, lebhaften Vortrag achten, auch bei abgelesenen Passagen.
  - „Abgearbeitete“ Seiten zur Seite legen; nur noch vorzutragende Seiten verbleiben in der Hand/auf dem Rednerpult.
  - Nur einzelne Textpassagen ablesen (maximal etwa 1/3 des Textes).
  - Immer wieder Augenkontakt mit den Zuhörern aufnehmen.
  - Man darf auch vom ausformulierten Text abweichen!

Stichwortmanuskript

Prominente Showmaster machen es vor: Sie notieren nur Stichworte, Daten, Zitate und „Regieanweisungen“ auf Karteikarten. Auch für ein Referat ist ein solches Stichwortmanuskript empfehlenswert. Ausgehend von den notierten Stichworten formuliert man dann den Text des Referats während des Vortrags „spontan“.

Diese Form des Manuskripts hat *Vorteile*:

- Der Vortragende hat beständig Augenkontakt mit den Zuhörern und kann so auf deren Verhalten angemessen reagieren (siehe oben).
- Beim freien Formulieren ist die Sprache in der Regel einfacher und verständlicher.
- Kleine Pausen, die hierbei immer auftreten, erleichtern es den Zuhörern, dem Gehörten gedanklich zu folgen.

- Der Vortrag ist somit näher am Zuhörer.

Allerdings dürfen auch die *Nachteile* dieses Manuskripttyps nicht verschwiegen werden:

- Es besteht die Gefahr, von der vorgesehenen Vortragslinie abzuschweifen.
- Dies erschwert das Einhalten des vorgegeben Zeitrahmens.
- Ungeübte Referenten müssen akzeptieren, dass Redepannen und ungewollt lange Pausen auftreten können und die sprachliche Formulierung nicht dem Standard vorgeschriebener Referattexte entspricht.

Doch diese Nachteile können durch optimale Manuskriptgestaltung und intensive Vortragsvorbereitung ausgeglichen werden.

Entscheiden Sie sich für ein Stichwortmanuskript, so gehen Sie sinnvollerweise folgendermaßen vor:

- Notieren Sie Ihre Stichwort auf Karteikarten. Diese sind leicht zu handhaben und rascheln nicht.
- Als günstig hat sich die Verwendung von Karteikarten (oder Blättern) der Größe DIN A5 (halbe Briefpapiergröße) erwiesen.
- Beschreiben Sie diese nur einseitig. Ansonsten besteht die Gefahr, dass man sich beim Umblättern vertut.
- Ihre Schrift sollte groß und lesbar sein. Sie müssen die Stichworte auch im Halbdunkel noch gut lesen können.
- Versehen Sie nach Fertigstellung des Manuskripts alle Karteikarten in der oberen rechten Ecke mit fortlaufenden Nummern. Dies erlaubt ein rasches Sortieren.
- Gestalten Sie die Karteikarten wie folgt:
  - Teilen Sie jede Karte durch einen senkrechten Strich im Verhältnis von 2/3 zu 1/3.
  - Im links liegenden größeren Teil notieren Sie oben die Nummer und Überschrift des jeweiligen (Unter)Kapitels. Darunter dann alle wichtigen Stichworte in der Reihenfolge, in der Sie diese im Vortrag erwähnen wollen. Notieren Sie auch Daten, zentrale Definitionen, wörtliche Zitate sowie schwierige Passagen, die Sie wörtlich ablesen möchten.
  - Im rechten Kartendrittel werden „Regieanweisungen" festgehalten, welche den Medieneinsatz oder die Anwendung von Vortragstechniken betreffen, sowie gegebenenfalls Zeitmarken (→ Beispiel auf Seite 170).
- Tragen Sie die Stichworte übersichtlich ein. Überladen Sie Ihre Karteikarte nicht.
- Arbeiten Sie mit verschiedenen Farben, um wichtige Informationen hervorzuheben.

Beispiel Stichwortkarte zum Referat, Fach Erdkunde

3

2.1 Der Jangtse (Jangtsekiang)
- offizieller Name Chang Jiang
  Jangtse gebräuchliche Kurzform
- 6380 km lang
- längster und wasserreichster Fluss Chinas
- drittlängster Fluss der Erde; fast 5 x so lang wie Rhein
- entspringt in fast 6000 m Höhe im Tanggula-Gebirge im östlichen Tibet
- mündet bei Shanghai in das Ostchinesische Meer
- bricht durch drei Schluchten (Qutang, Wuxia, Xiling) aus dem Gebirge in die zentralchinesische Tiefebene
- drei Schluchten:
  - steile Gebirgsklippen
  - Jangtse hier Tiefe von 150 bis 180 m (größte Tiefe aller Flüsse der Erde)
  - Schwankungen Wasserstand bis zu 80 m (Weltrekord)

Tafel:
Chang = lang
Jiang = Fluss

Tafel:
Länge 6380 km

Folie 1 mit China-Karte:
Verlauf Jangtse zeigen + erläutern
Lage der drei Schluchten zeigen

→ 6 min

Gründliche Vorbereitung

Unabhängig von der Wahl des Manuskripttyps müssen Sie den Vortrag gründlich vorbereiten:

- Stellen Sie durch intensive Quellenrecherche sicher, dass Sie mehr an Wissen zum Thema parat haben, als Sie tatsächlich im Vortrag darstellen können.
- Unterziehen Sie das fertige Referat einem Testlauf, indem Sie es vor Bekannten/Verwandten (und gegebenenfalls vor einer Videokamera) „probehalten". Und dieses mehr als ein Mal. Sie gewinnen so Sicherheit im Vortrag und können zudem Unklarheiten und Vortragsschwächen herausfinden.
  Tragen Sie das Referat nach Korrektur der festgestellten Schwächen den gleichen Zuhörern erneut vor. Bitten Sie diese, das Referat anhand der Checkliste auf → Seite 186 ff. zu überprüfen. Ermuntern Sie sie zu konstruktiver Kritik. Zuhörer, die „alles super" finden, helfen Ihnen an dieser Stelle wenig.
- Proben Sie auch den Einsatz von Beamer, interaktivem Whiteboard (Smartboard) oder Overheadprojektor. Machen Sie sich mit der Handhabung des technischen Equipments im Vortragsraum ausreichend vertraut.

Timing
In der Regel ist die für ein Referat zur Verfügung stehende Zeit konkret vorgegeben.

- Halten Sie diesen Zeitrahmen ein.
- Stoppen Sie bei Ihren „Probevorträgen" die benötigte Zeit.
- Schlagen Sie zu dieser Vortragszeit ca. 10 bis 15 % als Puffer hinzu – denn beim „richtigen" Vortrag dauert manches etwas länger (z. B. das Handling der technischen Geräte, der Tafelanschrieb).
- Kürzen bzw. ergänzen Sie Ihr Referat gegebenenfalls, um die Zeitvorgabe einzuhalten.
- Notieren Sie eventuell wichtige Zeitmarken im Manuskript (z. B. „Wann muss ich mit Kapitel 2 fertig sein?"). Geben Sie dabei immer die seit Referatbeginn insgesamt vergangene Zeit an – so ist die verbleibende Restzeit offensichtlich.
- Doch: Werden Sie nicht zum Sklaven der Uhr. Eine Minute Zeitüberschreitung darf sein.
- Sollten Sie während Ihres Referats Zuhörerfragen zulassen, müssen Sie auch hierfür Zeit einplanen. Besser: Erlauben Sie Zuhörerfragen erst am Referatende (→ Seite 183).

10.4 Der Aufbau

Ein Referat besteht in der Regel aus drei Teilen: Einleitung, Hauptteil und Schlussteil. Die Einleitung sollte ca. 10 – 15 % der Referatzeit einnehmen, der Hauptteil ca. 75 – 80 % und der Schlussteil ca. 10 – 15 %.

Einleitung

Diese erfüllt drei wichtige Aufgaben:

Heranführen der Zuhörer an das Referatthema
Dieses kann erreicht werden, indem man z. B.

- das Thema, die Fragestellung, das Ziel des Referats vorstellt.
- die Abgrenzung des Themas erläutert (z. B.: Welche Themenaspekte werden im Referat behandelt? Welche werden ausgespart? Aus welchen Gründen?).
- auf die Bedeutung des Themas hinweist.
- einen Kurzüberblick über das Thema gibt und die Gliederung des Referats vorstellt.

Aufbau des Kontaktes zwischen Vortragendem und Publikum / Wecken des Interesses der Zuhörer für das Referat

Dieses kann erreicht werden, indem man z. B.
- zwei gegenteilige Meinungen zur Problemfrage des Referats vorstellt
- eine interessante Karikatur präsentiert und daran die Fragestellung/das Ziel des Referats von den Zuhörern erarbeiten lässt
- eine provozierende These aufstellt
- ein Experiment oder eine szenische Darstellung vorführt
- ein Meinungsbild zur zentralen Fragestellung des Referats unter den Zuhörern erstellt (das man an der Tafel festhält und am Ende des Referats erneut diskutiert)
- einen originalen Gegenstand herumreichen lässt, der mit dem Referatthema in Verbindung steht
- eine im Zusammenhang mit dem Referat stehende Schätzfrage stellt
- eine Anekdote erzählt, die zum Referatthema hinführt usw.

Information der Zuhörer über den organisatorischen Rahmen des Referats

Dazu gehören z. B.:
- Zeitrahmen und evtenuell Pausenregelung
- das Handling von Zuhörerfragen
- der geplante Handouteinsatz

Eine Einleitung kann folgenden Aufbau haben:
- „Es geht los“-Signal geben
- Begrüßung der Zuhörer
- gegebenenfalls Vorstellung der Referentin/des Referenten (falls den Zuhörern unbekannt)
- Einstieg, der das Zuhörerinteresse weckt und zum Referatthema hinführt (z. B. Karikatur, überraschender Befund, Widersprüchliches, Anekdote, Meinungsbild oder Ähnliches)
- Thema des Referats nennen
- gegebenenfalls Thema ein- bzw. abgrenzen
- Bedeutung des Themas andeuten
- Ziel/Fragestellung des Vortrags nennen
- Gliederung des Referats vorstellen
- gegebenenfalls „technische Hinweise“:
  - Zeitrahmen des Referats
  - Pausenregelung
  - Handling der Zuhörerfragen(→ Seite 183)
  - geplanter Handout-Einsatz usw.

Hauptteil

Hier werden alle themenrelevanten Sachinformationen vorgestellt, soweit diese in den Rahmen der zuvor vorgestellten Gliederung passen.
Ziel ist es hier,
- die Fragestellung des Referats fundiert abzuhandeln,
- die Zuhörer optimal zu informieren bzw. mit Argumenten zu überzeugen.

Merke

Folgende Aspekte sind bei der Gestaltung des Hauptteiles zu beachten:
- schlüssige Gliederung (→ Seite 133 ff.)
- Hervorheben der zentralen Aspekte
- durchdachte Dramaturgie: logische Abfolge der Fakten, aufeinander aufbauende Argumente
- sofern möglich: Anknüpfen an den Zuhören Bekanntes (z. B. durch einen Vergleich von neuen Daten mit den Zuhörern vertrauten Größen)
- den Zuhörern eventuell unbekannte Fachbegriffe erläutern
- Überleitungen formulieren
- zum Schluss eines „Kapitels" knappe Zusammenfassung geben
- nicht zu lange auf einem Themenpunkt „herumreiten", sich nicht im Kreis drehen
- aber auch nicht zu oberflächlich bleiben und nur nichtssagende Pauschalitäten aneinanderreihen

Besonders wichtig ist: Die Darstellung muss klar und logisch strukturiert sein. Sie darf keine Sprünge und Lücken enthalten. Bedenken Sie: Für die Zuhörer sind (fast) alle Informationen des Referats neu und unbekannt; sie erhalten diese zudem nur einmal vorgestellt und haben keine Möglichkeit sich schwierige Passagen wiederholen zu lassen. Versetzen Sie sich in die Zuhörersituation. Strukturieren Sie den Hauptteil Ihres Referats so, dass man den roten Faden direkt erkennt. Nutzen Sie dazu eventuell auch überleitende rhetorische Fragen.

Zudem: Viele Referate zeichnen sich durch eine hohe Informationsdichte aus. Den Zuhörern wird eine Fülle von Fakten, Daten und Zahlen präsentiert, die sie kaum alle aufnehmen können. Also: Überrollen Sie Ihre Zuhörer nicht mit einer Informationslawine. Die Kunst der Referatvorbereitung liegt nicht nur darin, auszuwählen, was man vorstellt, sondern ebenso darin, auszuwählen, was man weglässt!

Zum richtigen Zitieren und Handling von Quellenbelegen in Referaten lesen Sie die → Seite 100.

Schlussteil

Der Schlussteil fasst die Ergebnisse zusammen und schlägt den Bogen zur eingangs formulierten Fragestellung des Referats. Auch stellt er das Referat gegebenenfalls in den Gesamtzusammenhang des Unterrichts und bietet Raum für Schlussfolgerungen und für über das Referat hinausgehende Überlegungen.

Der Schlussteil *muss* in jedem Fall enthalten:

- die Angabe der benutzten Quellen, z. B. in Form einer Literaturliste (Tafel/Folie) oder auch als Quellenverzeichnis im Handout (→ Seite 184). Man kann die benutzte Literatur auch mitbringen, zur Ansicht herumreichen und mit einem wertenden Kommentar hinsichtlich ihrer Eignung versehen.

Der Schlussteil *sollte* enthalten:

- eine Zusammenfassung der Inhalte/Ergebnisse des Hauptteiles
- soweit möglich eine Antwort auf die Ausgangsfrage
- Hinweise auf offene/ungeklärte Fragen
- Hinweise auf festgestellte Widersprüche
- einen Ausblick auf die zukünftige Entwicklung
- Schlussfolgerungen, die aus dem Referat gezogen werden können
- Ihre persönliche Meinung zu den im Referat vorgestellten strittigen Aspekten

Er *kann* zudem enthalten:

- einen Rückgriff auf die Einleitung (z. B. auf das erstellte Meinungsbild, die Anekdote)
- Anmerkungen zur Bedeutung des Referats für das aktuelle Unterrichtsthema
- Anmerkungen zu Problemen bei der Referaterstellung/Quellenrecherche
- Elemente, die die Zuhörer zum Weiterdenken animieren
- einen markanten Schlusspunkt: einen Appell an die Zuhörer, ein zum Nachdenken anregendes Zitat oder Ähnliches.

Der Aufbau des Referats schlägt sich in der Gliederung nieder. Diese ist prinzipiell genauso zu gestalten wie die Gliederung einer Facharbeit (→ Seite 133 ff.). So gilt:

- das Referat wird in verschiedene Kapitel und gegebenenfalls Unterkapitel unterteilt
- jedes (Unter)Kapitel erhält eine Überschrift (möglichst im Nominalstil → Seite 135)
- alle Kapitel werden fortlaufend nummeriert (→ Seite 137)

10.5 Die Visualisierung

Möglichkeiten und Standards

„Ein Bild sagt mehr als 1000 Worte." Diese bekannte Weisheit gilt auch und in besonderem Maße für Referate. Der Zuhörer muss in kurzer Zeit viele Informationen aufnehmen. Deren zusätzliche Visualisierung (Veranschaulichung) kann hierbei eine große Hilfe sein.

Als Mittel zur Veranschaulichung bieten sich an: kurze Filmsequenzen, (digitale) Folien, Karten, Diagramme, Schaubilder, Ablaufskizzen, originale Anschauungsstücke, Modelle usw.

Alle Veranschaulichungsmittel bedürfen eines Präsentationsmediums. Hier stehen neben Tafel, Pinnwand und Flip-Chart auch technische Geräte wie Overheadprojektor, Computer mit Beamer, interaktivem Whiteboard (Smartboard), Videorecorder/DVD-Player mit Fernseher, Dia- und Filmprojektor zur Verfügung. Schließlich bietet sich auch das Handout als Träger für Ablaufskizzen, Diagramme oder Karten an.

Welches Veranschaulichungsmittel Sie wählen und mit welchen Medium Sie dieses in Ihrem Referat präsentieren, hängt vom Thema des Referats ebenso ab wie von Ihren persönlichen Vorlieben und technischen Fähigkeiten. Für Ihre Wahl sollte gelten:

- Das Veranschaulichungsmittel muss zum Referat passen und die vorgestellten Informationen tatsächlich auch veranschaulichen. Also keine PowerPoint®-Folie einsetzen, „weil so etwas einfach dazugehört"!
- Sie müssen das Veranschaulichungsmittel mit akzeptablem Aufwand und in akzeptabler Zeit beschaffen können. Der Kauf einer DVD, aus der man eine 20-Sekunden-Sequenz vorführt, ist wenig sinnvoll.
- Sie müssen das Präsentationsmedium beherrschen. Ein interaktives Whiteboard (Smartboard) das erste Mal im Leben während eines Referats zu bedienen, trägt nicht zu einer entspannten Vortragsatmosphäre bei.
- Die Präsentationsmedien müssen verfügbar und in akzeptablem technischen Zustand sein. Computerabstürze oder ein lichtschwacher Overheadprojektor in einem nicht abdunkelbaren Vortragsraum nerven den Vortragenden und die Zuhörer.

Im Folgenden werden drei gängige Visualisierungsmittel näher vorgestellt: Die Overheadprojektor-Folie, die Folie in einem Präsentationsprogramm („digitale Folie") und die Kartencollage.

Overheadprojektor-Folien

Diese sind geeignet für die Präsentation

- der Gliederung
- zentraler Definitionen
- direkter Zitate
- von Merksätzen/Stichwortaufzählungen
- von Tabellen
- von Abbildungen (Grafiken, Karten usw.).

Für den **Text auf Folien** gilt:

- Er sollte ein Destillat des Wesentlichen sein. Prägnanz und Kürze sind Trumpf.
- Er sollte eine klare Struktur aufweisen und übersichtlich angeordnet sein – so kann der Leser den Inhalt rasch erfassen.
- Komplexe Abläufe sollten vereinfacht, also z. B. als Ablaufskizzen dargestellt werden.
- Überschriften sollte man fett und größer drucken, nicht aber unterstreichen.
- Zentrale Aspekte sollte man hervorheben (Fettdruck, Farbe usw.) – so wird der Blick des Lesers gezielt auf Wichtiges gelenkt.
- Außer bei Definitionen, Zitaten und Merksätzen gilt: keinen vollständigen Text, sondern nur Stichworte aufschreiben.

Regeln für das **Layout von Folientexten** sind:

- Lesbarkeit ist oberstes Gebot
- möglichst keine handschriftlichen Texte
- Schriftgröße mindestens Arial 20 pt/Times New Roman 26 pt
- ausreichend Rand lassen (mindestens allseitig 3 cm)
- Groß- und Kleinschreibung verwenden
- vorrangig mit waagerechten Elementen arbeiten (also keine schräg verlaufenden Schriftbilder, keine kreisförmig angeordneten Texte usw.)
- möglichst wenig verschiedene Schriftarten verwenden (maximal zwei pro Folie)
- Möglichst wenig verschiedene Farben verwenden (maximal drei pro Folie)
- keine blassen Farben verwenden (diese sind bei der Projektion kaum erkennbar)
- Folie klar aufbauen/strukturieren
- pro Folie maximal sieben Zeilen Text
- pro Zeile maximal sieben Wörter (eher weniger)

Für **Tabellen und Abbildungen** gilt:
- Lesbarkeit ist auch hier oberstes Gebot
- Darstellung und Schrift müssen eine ausreichende Größe besitzen (vorher im Vortragsraum ausprobieren)
- pro Folie maximal zwei Abbildungen
- eine einzelne Abbildung zentriert setzen
- für Tabellen und Abbildungen gelten die gleichen Gestaltungsvorschriften wie für Tabellen/Abbildungen in Facharbeiten (zu jeder Tabelle/Abbildung Über- bzw. Unterschrift, Quellenangabe usw. → Seite 126 ff.)
- in komplexen Tabellen/Abbildungen können wichtige Inhalte durch Markierungen hervorgehoben werden (Umkreisen, Pfeil usw.), um dem Zuhörer die rasche Erfassung der Kernpunkte zu ermöglichen
- beim Kopieren farbiger Abbildungen ist auf Farbtreue zu achten (z. B. sind Rottöne auf Kopien oft kaum noch unterscheidbar)

Generell sollte man:
- jede Folie oben mit der Nummerierung und Überschrift des Gliederungspunktes versehen, dem sie zugeordnet ist
- nur ein Thema pro Folie darstellen
- möglichst keine reinen Textfolien erstellen (außer zur Präsentation der Gliederung)

Für den **praktischen Einsatz** der Folien gilt:
- Nicht zu viele Folien verwenden (Aufnahmekapazität der Zuschauer beachten).
- Keine Textfolien verwenden, die lediglich den gerade gesprochen Referattext enthalten. Solche Folien könnte der Zuhörer auch alleine lesen!
- Der gesprochene Text muss zum Inhalt der Folie passen.
- Komplexe Tabellen und Abbildungen müssen ausführlich erläutert werden. Bedenken Sie: Die Zuhörer sehen diese zum ersten Mal.
- Bei komplexen Folien können die Inhalte dem Zuhörer/Zuschauer auch erst nach und nach zugänglich gemacht werden. Mögliche Methoden sind hier:
  - Teile der Folie mit Papier abdecken; Abdeckungen nach und nach entfernen
  - mehrere Folien übereinanderlegen; so wird die Gesamtfolie zunehmend komplexer (Achtung: Verrutschungsgefahr)
  - Folieninformationen durch handschriftliche Eintragungen (mit Folienstiften) ergänzen
- Folien müssen ausreichend lange gezeigt werden; kein hektisches Auf- und Ablegen.

- Den Zuhörern sollte „Einlesezeit“ zur Verfügung gestellt werden. Dies kann eine kurze Pause beim Auflegen der Folie oder nach jedem Erläuterungsabschnitt sein.
- Auf gerade angesprochene Informationen kann in der Folie gezeigt werden (spitzer Bleistift, Zeiger). Aber bitte exakt auf die gemeinte Information zeigen. Vage Andeutungen („Irgendwo hier ...“) helfen wenig.
- Die eingesetzten Folien sollte man selbst genau kennen.
- Der Referent darf nicht im Strahlengang des Overheadprojektors stehen.
- Der Referent sollte dem Publikum zugewandt am Projektor arbeiten.
- Den Overheadprojektor nicht zu häufig an- und abschalten.

„Digitale Folien“

„Digitale Folien“ in Präsentationsprogrammen wie z. B. PowerPoint® können Sie vom Laptop aus per Beamer zeigen (→ Beispiel Seite 179). Ist Ihr Vortragsraum mit einem interaktiven Whiteboard (Smartboard) ausgestattet, ist die Präsentation aber auch über dieses Medium möglich. Für Aufbau, Gestaltung und Einsatz digitaler Folien gelten die gleichen Regeln wie bei den Overheadprojektor-Folien. An Besonderheiten kommen hinzu:

Layout digitaler Folien

- Der Folientitel (= Kapitelnummer und Kapitelüberschrift) gehört oben auf jede Folie.
- In der Präsentation enthält (in der Regel)
  - die erste Folie das Thema, den Namen des Referenten und einen Eyecatcher
  - die vorletzte Folien ein Resümee und
  - die letzte Folie das Literaturverzeichnis.
- Für den Hintergrund der Folien gilt:
  - er sollte bei alle Folien gleich sein
  - er sollte nicht zu auffällig sein (da er sonst vom Inhalt ablenkt)
- Für die Schrift gilt:
  - sie muss gut lesbar sein (groß genug!)
  - ihre Farbe muss sich deutlich vom Folienhintergrund abheben.
- Bei den Animationen sollten Sie beachten:
  - keine Animationen beim Folientitel; er muss beim Aufblenden der Folie stehenbleiben
  - Animationen sparsam, inhaltsbezogen und zweckdienlich verwenden
- Folien sollten:
  - übersichtlich und klar strukturiert sein
  - nicht zu bunt gestaltet werden

Einsatz digitaler Folien

- Nutzen Sie die technischen Möglichkeiten des Präsentationsprogramms:
  - man kann nicht nur Text, sondern auch Abbildungen und Tabellen in die Folien einbinden
  - Folien bzw. einzelne Folienelemente kann man per Mausklick aufblenden
  - Schrift, Abbildungen und Tabellen können über- oder eingeblendet werden
  - Animation und Einblendung von Markierungen kann man dazu nutzen, den Zuhörern die rasche Erfassung zentraler Inhalte zu ermöglichen
- Vermeiden Sie eine Reizüberflutung der Zuhörer: Begrenzen Sie die Folienzahl, verwenden Sie Animationen mit Fingerspitzengefühl, lassen Sie nach dem Aufblenden ausreichend Zeit zum Einlesen.

Zum Zeigen in per Beamer präsentierten digitalen Folien eignet sich ein Zeigestock ebenso wie ein Laserpointer; zeigen Sie digitale Folien auf einem interaktiven Whiteboard, können Sie sogar innerhalb der Folien Markierungen und Beschriftungen anbringen.

Beispiel: Aufbau und Präsentation „digitaler Folien“

Erstes Aufblenden der Folie: nur der Folientitel erscheint

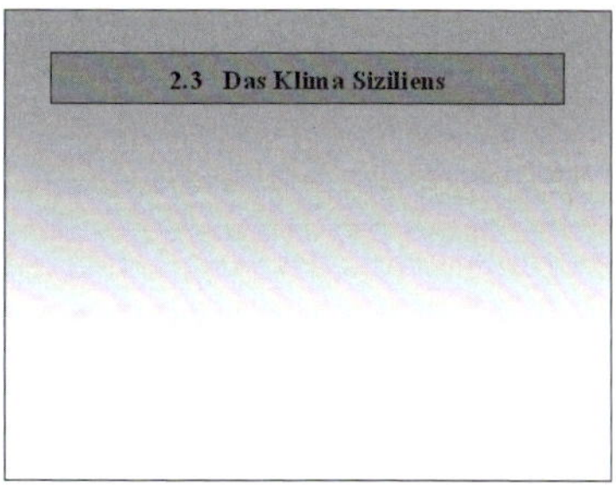

Zweiter Schritt: Klimadiagramm und Luftbild zur Lageeinordnung der Klimastation erscheinen

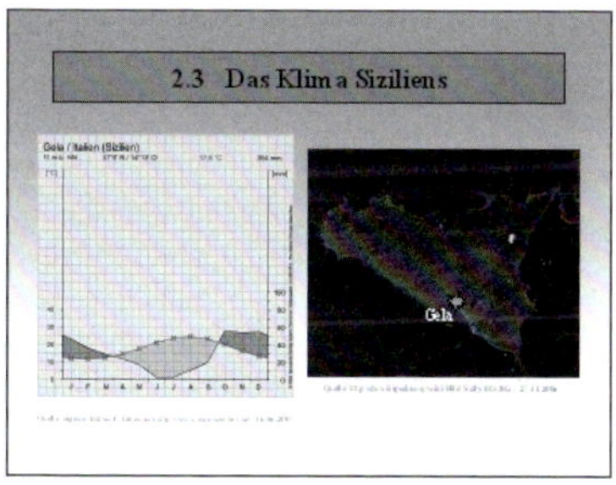

Dritter Schritt: Kasten zu den Kennzeichen des Klimas erscheint und überdeckt Luftbild

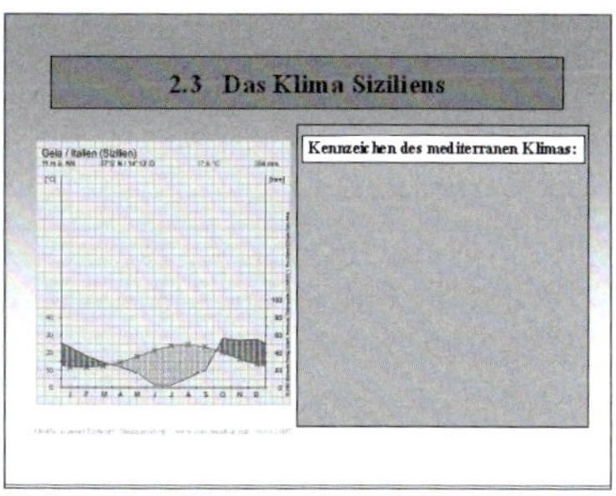

Vierter bis neunter Schritt: Im Kasten erscheinen passend zum gesprochenen Text nach und nach die Kennzeichen des Klimas Siziliens

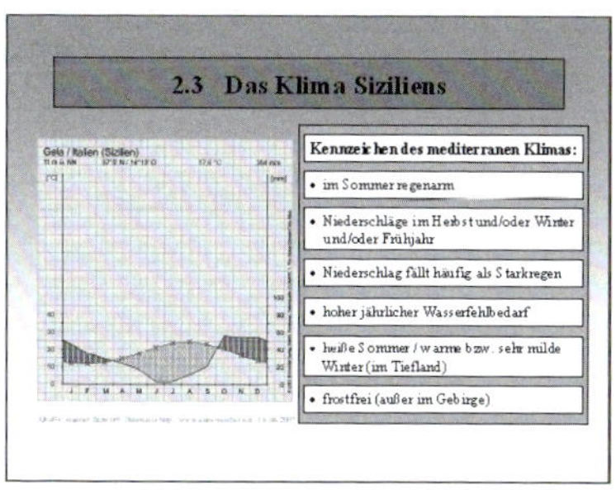

Kartencollage

Übrigens: Nach den Kompositionsvorgaben für die Kartencollage lässt sich leicht auch ein Tafelbild mit ähnlichem Visualisierungseffekt entwickeln – und dies kostenfrei (denn Tafel und Kreide sind im Klassenraum vorhanden).

Zum Vorstellen der Gliederung, zur Präsentation von Ergebnissen, zur Darstellung von Pro- und Kontra-Argumenten, zum Sammeln von Ideen und zu vielem mehr eignet sich die Kartencollage. Sie besteht aus einzelnen mit Stichworttexten beschrifteten Karten, die man zur Visualisierung nach und nach an einer Pinnwand, Flip-Chart, Wand oder Tafel befestigt.

- **Vorteile der Kartencollage**
  - Sie ist einfach in Herstellung und Handling
  - Sie ist flexibel. Man kann während des Referats „Ergänzungskarten" beschriften und einfügen oder Karten umgruppieren.
  - Sie ist in jedem Vortragsraum einsetzbar.
  - Eine Abdunklung des Raumes ist unnötig.
- **Nachteile der Kartencollage**
  - In großen Räumen sind die Karten hinten kaum erkennbar.
  - Das Befestigen der Karten kostet Zeit.
  - Die Collage wirkt weniger perfekt oder modern als eine Folie.

Auch eine Kartencollage sollten Sie vor Ihrem Vortrag vor Freunden ausprobieren.

- **Hinweise zu Kartengestaltung und -einsatz** (siehe Abb. 10.1)
  - Es sollte für die Karten fester Karton verwendet werden, die Verwendung verschieden gefärbter Karten ist möglich.
  - Auch Bilder, Icons, Diagramme usw. können in die Collage integriert werden. Doch ist hier auf ausreichende Größe zu achten.
  - Es kann mit verschiedenfarbigen und unterschiedlich dicken Filzstiften geschrieben werden. Doch gilt: Maximal zwei verschiedene Schriftdicken und maximal drei Farben!
  - Neben Karten können z. B. auch Pfeile zum Einsatz gelangen.
  - Karten müssen gegebenenfalls mit zwei Pins, Klebestreifen oder Magneten befestigt werden, um ein Verrutschen zu vermeiden.
  - Die Karten müssen in der vorgesehenen Abfolge und gegebenenfalls nach Gruppen sortiert bereitliegen. Ebenso die Befestigungshilfen.
  - Karten können in Reihen, Gruppen, als Kreis usw. angeordnet werden.
  - Erstellen Sie im Rahmen Ihrer Vorbereitung eine Skizze, wie die Karten passend zum Referatinhalt angeordnet werden können.

Bei der Erstellung der Karten sollte man beachten:

ausreichende Schriftgröße | in Druckschrift schreiben | möglichst gerade schreiben
gut leserlich schreiben | Groß- und Kleinbuchstaben | eng/blockartig schreiben
je Karte nur eine Angabe | einfache Formulierungen | nur Kernaussagen notieren
Stichworte

Abb. 10.1: Die Kennzeichen der Karten einer Kartencollage

10.6 Der Vortrag

Generalprobe

Auch wenn Sie das Referat bereits einmal vor Bekannten gehalten haben, sollten Sie am Tag vor dem Vortrag einen letzten Probedurchlauf fahren. Tragen Sie dabei das gesamte Referat vor. Setzen Sie alle Visualisierungsmittel so ein, wie für das Referat geplant.

- Fragen Sie anschließend die Zuhörer nach Lücken in der Darstellung und sonstigen zu verbessernden Schwachstellen.
- Überprüfen Sie Ihr Zeitmanagement.
- Testen Sie das benötigte technische Equipment und dessen Handhabung.
- Nutzen sie die Checklisten auf Seite 186 ff.
- Beseitigen Sie erkannte Schwachstellen.

Vor Referatbeginn

Ein Spaziergang, Entspannungsübungen, Musikhören oder eine Tasse Kaffee – all das hilft ein wenig, das Lampenfieber vor einem Referat in den Griff zu bekommen.

Begeben Sie sich dann frühzeitig in den Vortragsraum und bereiten Sie diesen vor:

- Lüften Sie den Raum falls notwendig.
- Ordnen Sie gegebenenfalls die Bestuhlung vortragsgerecht an.
- Überprüfen Sie die benötigte Technik.
- Legen Sie Manuskript, Visualisierungsmittel (z. B. Folien, Dias), Zeigegeräte bereit.
- Stellen Sie gegebenenfalls ein Glas Wasser an Ihr Rednerpult.

Sprache und Stil

- Das Referat muss in der Regel frei vorgetragen werden. Ausnahmen sind z. B. wörtliche Zitate und Definitionen.
- Machen Sie direkte (wörtliche) Zitate kenntlich (→ Seite 102).
- Stützen Sie sich beim Formulieren des Textes auf Ihr Redemanuskript (→ Seite 167 f.).
- Halten Sie das Manuskript so, dass es Ihr Gesicht nicht verdeckt.
- Müssen Sie das Manuskript zum Lesen augennah halten, ist die Schrift zu klein!
- Kurze Redepausen beim Blick ins Manuskript sind durchaus erlaubt. Sie bieten Referent wie Zuhörer eine Chance zum Luftholen.
- Sprechen Sie nicht zu schnell.
- Sprechen Sie laut und deutlich.
- Bilden Sie kurze, prägnante Sätze. Formulieren Sie nicht zu kompliziert.

- Behalten Sie das Sprachniveau der Zuhörer im Auge. Außer bei Definitionen und direkten Zitaten sollten Sie keine abgehobene, gestelzte Sprache verwenden.
- Erläutern Sie neue, den Zuhörern unbekannte Fachbegriffe. Schreiben Sie diese an die Tafel oder auf eine Folie.
- Sprechen Sie nicht monoton. Setzen Sie Betonung und (sparsam) auch Mimik und Gestik ein. Ihr Vortrag wirkt so lebendiger.
- Stellen Sie – sofern möglich – Bezüge zu bekannten Unterrichtsinhalten her.
- Vergleichen Sie genannte Daten falls möglich mit Größen, die den Zuhörern vertraut sind (Beispiel: „[...] *Die VR China ist 9,6 Millionen Quadratkilometer groß und damit rund 27-mal so groß wie Deutschland.* [...]")
- Sprechen Sie die Zuhörer direkt an (*„Wie ihr bereits aus dem Unterricht wisst ..."*).
- Wecken Sie das Interesse der Zuhörer immer wieder neu: Erzählen Sie eine kurze Anekdote, zeigen Sie eine Karikatur, spielen Sie ein Tondokument vor, beziehen Sie die Zuhörer aktiv in das Referat ein ...
- Fassen Sie am Ende eines Abschnitts wesentliche Inhalte knapp zusammen.
- Erklären Sie schwierige Sachverhalte eventuell zweimal mit unterschiedlichen Worten. Oder veranschaulichen Sie diese durch eine Strukturskizze oder Ähnliches.

Körperhaltung und Verhalten

- Stellen Sie möglichst häufig Blickkontakt mit dem Publikum her.
- Sprechen Sie nicht mit dem Rücken zum Publikum, auch nicht bei der Präsentation von Folien.
- Behalten Sie das Publikum im Auge, beobachten Sie dessen Reaktionen. Zeigt sich Unverständnis, sollten Sie die Passage wiederholen, neu formulieren oder nachfragen, worin die Unklarheit besteht.
- Auch bei der Arbeit am Overheadprojektor sollte sich Ihr Blick nicht an der Folie festsaugen, sondern zwischen Folie und Zuhören pendeln.
- Beim Aufblenden einer „digitalen Folie" sollten Sie den zugehörigen Text vortragen, ohne sich zur Folie hinzuwenden. Ausnahme: Sie nehmen Eintragungen auf einem interaktivem Whiteboard vor.
- In der Regel ist es günstig, in zentraler Position vor den Zuhörern zu stehen. Doch es gibt Ausnahmen:
  - Stehen Sie bei der Arbeit mit dem Overheadprojektor neben dem Gerät und nicht im Lichtkegel des Projektors.
  - Stehen Sie bei der Präsentation „digitaler Folien" seitlich von der Projektionsfläche und nicht mitten davor.

- Ihre Körperhaltung sollte entspannt, doch nicht betont lässig sein. Stehen Sie mit beiden Füßen auf dem Boden.
- Hände gehören nicht in die Hosentaschen. Nutzen Sie diese zum Halten des Manuskriptes, zum Zeigen in Folien, für den Vortrag unterstützende Gestik – oder lassen Sie sie zumindest locker hängen.
- Vermeiden Sie „Ticks" wie z. B. beständiges Spielen mit einem Stift, wiederholtes Klicken eines Kugelschreibers.
- Achten Sie auch auf angemessene Kleidung. Bei Referaten im Unterricht sollte diese „normal" sein, bei einer Präsentation im Abitur aber durchaus gediegen. Anzug oder schwarzes Kleid sind in der Regel jedoch ebenso fehl am Platz wie ein Minirock. Setzen Sie Baseballkappen oder ähnliche Kopfbedeckungen ab!

Zuhörerfragen

Sie können Zuhörerfragen
- während des laufenden Referats,
- jeweils zum Ende eines Kapitels oder
- erst am Ende des Referats zulassen.

Tipp

Informieren Sie die Zuhörer zu Referatbeginn, an welcher Stelle Sie Fragen erlauben. Meist ist es sinnvoll, diese erst am Ende des Referats zuzulassen. Denn auftretende Fragen werden oft im Verlauf des Referats geklärt. Bitten Sie die Zuhörer, sich ihre Fragen zu notieren.

Prinzipiell sollten Sie in der Lage sein, Fragen zum Thema Ihres Referats zu beantworten. Doch: Nobody is perfect! Auch ein gut vorbereiteter Referent kann nicht auf alle Zuhörerfragen eine Antwort wissen. Verweisen Sie gegebenenfalls auf entsprechende Literatur zum Thema oder bieten Sie an, die Frage bis zur nächsten Unterrichtsstunde abzuklären.

Steckenbleiben

Dies kann auch geübten Rednern passieren. Im Fall des Falles: Bleiben Sie ruhig. Atmen Sie tief durch. Sehen Sie im Manuskript nach. Überspringen Sie falls nötig einen Punkt. Eventuell hilft es auch, das gerade Gesagte kurz zusammenzufassen oder zu wiederholen, um in das „Fahrwasser" des Manuskripttextes zurückzugelangen.
Bei technischen Problemen erbitten Sie eine Auszeit für die Problembeseitigung. Scheuen Sie sich nicht, technisch versierte Zuhörer um Hilfe bei der Lösung des Problems zu bitten.

10.7 Das Handout

Als „Serviceleistung" für die Zuhörer sollten Sie ein Handout vorbereiten. Dieses kann bereits während des Referats Orientierungshilfen bieten, kann Ausgangspunkt einer anschließenden Diskussion sein oder als Gedächtnisstütze für zentrale Referatinhalte dienen.

Ein Handout *muss* vier Komponenten enthalten:
- Einen Kopf. Hier werden vermerkt: Name des Referenten, Schule, Jahrgangstufe, Kursbezeichnung, Datum und Thema.
- Die Gliederung des Referats. Sie erlaubt ein Nachverfolgen des Referatablaufs.
- Hilfreiche Informationen. So z. B. neue Fachbegriffe, Vokabeln, zentrale Definitionen.
- Das Literaturverzeichnis (→ Seite 101 ff.)

Es *kann* weitere Komponenten aufweisen:
- Zusammenfassungen; die Ergebnisse des Referats können in Form einer Strukturskizze oder einiger Merksätze dokumentiert sein.
- wichtige Abbildungen/Tabellen mit Über-/Unterschrift, Quellenangabe (→ Seite 126 ff.)
- Thesen und offene Fragen, insbesondere solche, die Ausgangspunkt für eine anschließende Diskussion sein sollen.

Ein Handout (→ Beispiel nächste Seite) sollte
- ein bis zwei Seiten umfassen (also nur ein evtl. beidseitig bedrucktes Blatt sein);
- übersichtlich gestaltet sein;
- prägnante, knappe Informationen enthalten (gegebenenfalls Stichworte);
- Platz für individuelle Notizen bieten;
- links einen Lochrand aufweisen.

Tipp

Der Zeitpunkt für die Ausgabe des Handouts richtet sich nach dessen Inhalt:
- Enthält es Ergebnisse und Thesen, so sollte es am Ende des Referats verteilt werden.
- Enthält es hingegen die Gliederung und während des Vortrages von den Zuhörern benötigte Arbeitsmittel (z. B. ein Diagramm, auf das die Referentin/der Referent verweisen möchte), dann sollte das Handout zu Beginn ausgegeben werden.

Handout zu einem Referat in einem Leistungskurs Erdkunde **Beispiel**

Hoppenstedtgymnasium Köln
Jahrgangsstufe 11
Leistungskurs Erdkunde

28.11.2011

Referat mit dem Thema

Der Naturraum Sizilien

gehalten von Eva Castrup

Gliederung des Referats

1 Sizilien – die Insel des Lichtes
2 Die Geographische Lage und naturräumliche Gliederung
3 Der Etna
4 Das Klima
5 Die Böden
6 Die Vegetation
7 Die Bodenschätze
8 Sizilien – keine Einheit, sondern faszinierende Vielfalt

Glossar

Lava (ital. „Regenbach“) – Magma, das an die Erdoberfläche ausgetreten ist

Magma (griech. „geknetete Masse“) – Masse aus Gesteinsschmelze in Teilen des oberen Erdmantels und der tieferen Erdkruste; die Fließfähigkeit des Magmas ist Ursache des Vulkanismus

Macchie (ital. *macchia*, franz. *maquis* „Dickicht, Gebüsch“) – 2 bis 3 m hoher, dichter, immergrüner Buschwald ohne Baumbestand; Degradationsstufe des Waldes im Mittelmeerraum

Degradation oder Degradierung (lat. *degrado* = herabsetzen) – bezeichnet in der Regel die Veränderung bestimmter Eigenschaften im Sinne einer Verschlechterung

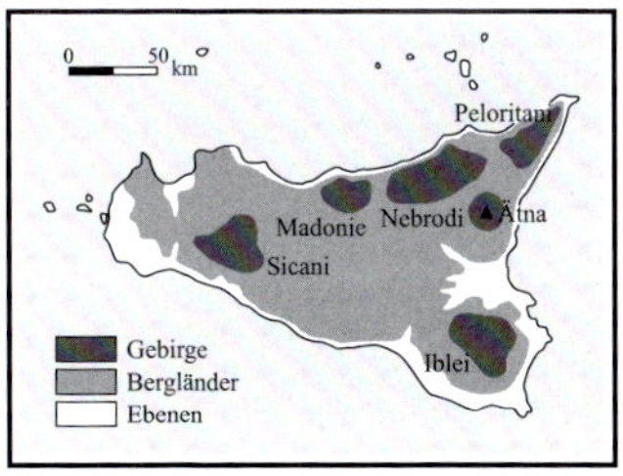

Abb. 1: Die naturräumliche Gliederung Siziliens
Quelle: Skizze nach Uhlenbrock 2011, S. 17

These

Zentrale Ursache für die wirtschaftliche Misere Siziliens sind die naturräumlichen Gegebenheiten.

Benutzte Quellen

BÄRTELS, A. (1997): Farbatlas Mediterrane Pflanzen. Stuttgart: Ulmer.
CARNABUCI, B. (2008): Sizilien. Ostfildern: DuMont. Reiseverlag.
PFEIFFER, T. (2002): Wird der Ätna zum Pulverfaß? In: Spektrum der Wissenschaft, 5, S. 54–63.
UHLENBROCK, K. (2011): Studienfahrtführer Sizilien. Rheine: o.V.

10.8 Checkliste: Kriterien zur Bewertung

Tipp Kopieren Sie sich diese Seiten oder erstellen Sie eine ähnliche Tabelle, die Sie dann für verschiedene Referate immer wieder nutzen können.

Thema: ______________________________

____

Referent/in: ....

Datum: .... Dauer des Referats: ....

1 Vorbereitung und organisatorischer Rahmen

	ja	z. T.	nein
Der Vortragsraum ist sorgfältig vorbereitet worden.			
Die benötigten Präsentationsmedien waren zu Referatbeginn funktionsbereit.			
Der vorgegebene Startzeitpunkt für das Referat wurde eingehalten.			
Der vorgegebene Zeitrahmen für das Referat wurde eingehalten.			

2 Aufbau und Präsentation des Vortrags

	ja	z. T.	nein
Thema und Gliederung wurden zu Beginn vorgestellt.			
Das Handling der Zuhörerfragen wurde zu Beginn geklärt.			
Der Vortrag wurde frei gehalten.			
Die Lautstärke des Vortrags war angemessen.			
Der Vortrag war akustisch gut zu verstehen (deutliche Sprache, kein Nuscheln usw.).			
Der Vortrag wurde fließend, doch nicht zu schnell/monoton vorgetragen.			
Der Text wurde verständlich formuliert (kein zu komplizierter Satzbau usw.).			
Direkte Zitate wurden kenntlich gemacht und formal korrekt vorgestellt.			
Am Ende des Referates wurden alle benutzten Quellen korrekt angegeben.			
Augenkontakt zum Publikum wurde gesucht.			
Es wurde nicht mit dem Rücken zum Publikum gesprochen.			
Die Körperhaltung der/des Vortragenden war angemessen.			

3 Inhalt des Vortrags

Allgemein	**ja**	**z. T.**	**nein**
Die Referentin bzw. der Referent war in der Sache sicher.			
Die Gliederung des Referats ist dem Thema angemessen.			
Das Referat wurde klar und logisch strukturiert. Ein roter Faden war erkennbar.			
Die zeitliche Strukturierung des Referats (das Timing) war stimmig.			
Einleitung	**ja**	**z. T.**	**nein**
Die Heranführung an das Thema ist gelungen.			
Das Interesse/die Neugier der Zuhörer wurde geweckt.			
Der organisatorische Rahmen des Referats wurde vorgestellt.			
Hauptteil	**ja**	**z. T.**	**nein**
Die Darstellung war sachlich richtig.			
Die Darstellung war verständlich und nachvollziehbar.			
Die Darstellung deckte das Thema umfassend ab.			
Wichtiges wurde ausführlich und Unwichtiges nur am Rande behandelt.			
Sachinhalte und eigene Deutung/Meinung wurden klar getrennt.			
Unbekannte, neue Fachbegriffe wurden erklärt und aufgeschrieben.			
Schlussteil	**ja**	**z. T.**	**nein**
Wesentliche Inhalte/Ergebnisse des Referats wurden zusammengefasst.			
Die vorgetragenen Wertungen/persönlichen Meinungen/Schlussfolgerungen sind stimmig und wurden nachvollziehbar begründet.			
Die Ausgangsfrage des Referats wurde (soweit möglich) beantwortet.			
(Vorhersehbare) Fragen der Zuhörer konnten korrekt beantwortet werden.			

4 Medien und Hilfsmittel

Präsentation allgemein	**ja**	**z. T.**	**nein**
Der Umgang mit der eingesetzten Technik war souverän und sicher.			
Die Zahl der eingesetzten Medien war angemessen (nicht zu viele/nicht zu wenige).			
Die/der Referent/in war mit den Inhalten der eingesetzten Medien vertraut.			
Die eingesetzten Folien usw. waren klar an den Referattext angebunden.			
Den Zuhörern wurde ausreichend Zeit zum Einlesen in z. B. Folien gegeben.			
Folien (Overheadprojektor und PowerPoint®)	**ja**	**z. T.**	**nein**
Die Folien sind überzeugend aufgebaut/strukturiert.			
Textinformationen wurden stichwortartig vermerkt.			
Es gibt maximal 7 Textzeilen je 7 Worte pro Folie.			
Die Folien unterstützen den Referattext; sie wurden nicht einfach nur vorgelesen.			
Die Schrift ist so gestaltet, dass der Folientext für die Zuhörer gut lesbar ist.			

Abbildungen/Diagramme wurden mit Unter-/Überschrift versehen.			
Abbildungen/Diagramme wurden mit Quellenangabe versehen.			
Abbildungen/Diagramme waren gut erfassbar/nicht zu komplex.			
Die technische Qualität der Abbildungen/Diagramme ist zufriedenstellend.			
Folienhintergrund ist angemessen (nicht zu unruhig/zum Thema passend).			
Soundeffekte wurden dosiert und stimmig zu den Inhalten eingesetzt.			
Optische Animationen wurden dosiert und stimmig zu den Inhalten eingesetzt.			
Filmausschnitte (in weiten Teilen auch auf Dias/Bilder zutreffend)	**ja**	**z. T.**	**nein**
Die Bild- und Tonqualität war zufriedenstellend.			
Die Länge der präsentierten Ausschnitte war angemessen.			
Der Filminhalt wurde deutlich in den Referattext eingebunden.			
Die präsentierten Filmausschnitte veranschaulichen Referatinhalte.			
Die Quelle des Bildmaterials wurde genannt (z. B. Regisseur, Filmtitel).			
Tafelbild	**ja**	**z. T.**	**nein**
Die Tafel war sauber und trocken.			
Das Tafelbild ist klar strukturiert.			
Die Schrift ist ausreichend groß und gut lesbar.			
Das Tafelbild veranschaulicht gesprochene Informationen.			

5 Handout

	ja	z. T.	nein
Der Kopf enthält alle notwendigen Angaben (Referent, Schule usw.).			
Die Gliederung des Referats (inkl. Nummerierung) wird aufgelistet.			
Die benutzten Quellen werden formal korrekt angegeben.			
Das Handout enthält weitere hilfreiche Informationen wie Zusammenfassungen, zentrale Abbildungen/Tabellen, ein Glossar neuer Fachbegriffe.			
Die auf dem Handout vermerkten Informationen sind sachlich richtig.			
Das Handout wurde übersichtlich gestaltet.			

Überblick

Merkmale von Referaten sind:

- **Ein Referat ist ein mündlicher Vortrag.**
- **Es ist prinzipiell frei zu halten (Ausnahme: Definitionen, direkte Zitate u. ä. dürfen abgelesen werden).**
- **Als Gedächtnisstütze kann ein ausformulierter Text, besser aber ein Stichwortmanuskript (z. B. DIN-A5-Karteikarten) erstellt werden.**
- **(Digitale) Folien (z. B. PowerPoint®) unterstützen den Vortrag, dürfen aber nicht den gesamten vorgetragenen Text enthalten.**
- **Zur Visualisierung der referierten Inhalte können zudem Bilder, Diagramme, Filme, Tafelbilder ... zum Einsatz kommen.**

Stichwortverzeichnis

G

H

I

K

L

M

O

P